Enfances?

¿Ser niño?

Ute Fendler, Liliana Ruth Feierstein (eds.)

Enfances?

Représentations de l'enfance en Afrique et en Amérique Latine

¿Ser niño?

Representaciones de la infancia en África y América Latina

AVM.edition

Bibliografische Information der Deutschen Nationalbibliothek

Die Deutsche Nationalbibliothek verzeichnet diese Publikation in der Deutschen Nationalbibliografie; detaillierte bibliografische Daten sind im Internet über http://dnb.d-nb.de abrufbar.

AVM - Akademische Verlagsgemeinschaft München 2013

Printed in Germany

Gedruckt auf chlorfrei gebleichtem, säurefreiem und alterungsbeständigem Papier (ISO 9706)

ISBN 978-3-95477-013-7

Verlagsverzeichnis schickt gern:
AVM - Akademische Verlagsgemeinschaft München
Schwanthalerstr. 81
D-80336 München

www.avm-edition.de

A la bendita memoria de Josefina Granja Castro,
cuyo recuerdo aún nos ilumina.

Remerciements

Nous tenons à remercier nos collègues qui ont contribué à ce volume qui, dû à des problèmes incontournables a pris un retard considérable. Néanmoins, nous sommes contentes de pouvoir présenter ce recueil à un public intéressé à qui de nouvelles perspectives et approches se présentent sur l'enfance et la jeunesse en Afrique et l'Amérique du Sud.

De même nous voudrions remercier à Viviane Azarian et Maroua ElNagarre pour les corrections et Monika Schmitt pour le travail infatigable du formatage et de la mise en page.

La conférence a pu avoir lieu grâce au soutien financier de la DFG (Deutsche Forschungsgemeinschaft).

Table des matières / Índice

Introduction / Introducción

Histoires, Concepts, Contextes / Historias, Conceptos, Contextos

Éducation et École: (dé)formation de l'Enfance / Educación y Escuela: (de)formación de la Infancia

Représentations et Médiatisations / Representaciones mediáticas

Auteurs / Autores

Introduction

Introducción

Enfances et Jeunes en Afrique et en Amérique Latine: une approche comparatiste

Ute Fendler et Liliana Ruth Feierstein

L'enfance et la jeunesse prennent une place primordiale dans les sociétés contemporaines parce qu'elles présentent la majorité des populations. Mais en même temps, leur situation est plus précaire en conséquence des grands bouleversements que ces sociétés ont subis suite à des conflits ou des renouveaux politiques et sociétaux.

Enfances et Jeunes en Afrique et en Amérique Latine: une approche comparatiste

L'enfance et la jeunesse tiennent un lieu central dans les sociétés contemporaines, surtout qu'elles représentent la majorité de la population mondiale de la planète. En même temps, la situation de la jeunesse en Afrique et en Amérique latine est très précaire en raison des conséquences désastreuses des conflits politiques et sociaux qui ont marqué les décennies, voire les siècles passés. Les sous-titres que l'UNICEF donnait à ses rapports de 2005 et 2006 sont, à ce propos, révélateurs. En 2005, le titre attirait l'attention sur les menaces qui planent sur l'enfance "L'enfance en péril", en 2006, le rapport titulait encore plus radicalement[1] "Enfants sans enfance", et dans la version espagnole: "Excluidos e invisibles", ce qui reprend la tendance de la discussion sur cette contradiction dangereuse, notamment la marginalisation de la majorité de la population dans beaucoup de pays du monde qui devrait, pourtant, prendre la relève dans l'avenir et bâtir les futures sociétés. Marginalisation, exclusion et instrumentalisation dominent les discours sur les enfants et les jeunes qui se trouvent au centre des intérêts économiques, politiques et sociaux.

La thématique "enfance et jeunesse" est souvent traitée sous forme d'analyses de cas qui – à leur tour – sont rassemblés dans des recueils, comme p. ex. celui de Jimmy Briggs intitulé *Innocents lost* (2005). Briggs parle des enfants soldats dans des régions aussi diverses que le Rwanda, Sri Lanka, l'Afghanistan et l'Ouganda, tout en cherchant des parallèles avec les histoires locales qui pourraient dévoiler les mécanismes de systèmes économiques et

[1] UNICEF (2006): *Zur Situation der Kinder in der Welt 2006: Kinder ohne Kindheit.*

politiques. Une démarche similaire se trouve dans le recueil de Jon Abbink et Ineke van Kessel *Vanguard or Vandals* (2005) qui se concentrent seulement sur le continent africain. Siobhán McEvoy-Levy rassemble des analyses portant sur la Bosnie, en passant par Israël, allant de Guatemala et le Brésil jusqu'au Congo et en Angola dans un recueil intitulé *Troublemakers or Peacemakers?* (2006).

Dans toutes ces approches, se trouve toujours une première réflexion sur la définition de l'enfance et de la jeunesse qui varie considérablement selon les contextes historiques, sociaux et culturels. Les divers auteurs soulignent unanimement le grand pourcentage de la population âgée de moins de 25 ans dans les régions respectives. La définition de l'UNESCO relie l'enfance à l'âge mineur, donc à l'âge de dix-huit ans. Mais les anthropologues et les sociologues, prenant en compte les rôles sociaux dans les diverses communautés, donnent un cadre plus large, incluant les jeunes de douze ans jusqu'à l'âge de 35 ans. Ceci pour pouvoir tenir compte d'une part des changements suite auxquels les jeunes assument des tâches d'"adultes" quand la génération aînée a disparu, p. ex., à cause des ravages que le SIDA ou un conflit armé a fait dans les rangs des adultes ou, d'autre part, les jeunes de 30 ans qui n'arrivent pas à assumer les responsabilités des adultes parce que le chômage les oblige à une dépendance économique prolongée.

Toutes ces études se concentrent sur l'époque contemporaine, la période après les indépendances, et surtout après des conflits armés dans des sociétés "post-modernes". Abbink and van Kessel attirent l'attention sur un éventail de sujets cruciaux dont l'analyse pourrait permettre de trouver des réponses aux questions urgentes, notamment celle du rôle que les jeunes pourront et devront jouer dans la construction des sociétés dans un avenir proche (Abbink/Kessel 2005: 13 et suiv.). Un autre point concerne la dimension historique des ruptures et des changements dans les systèmes politiques suite à la colonisation et la période post-coloniale suivie de la globalisation. D'Almeida-Topor et al. ont dédié deux volumes à la jeunesse en Afrique comportant un grand volet historique, ainsi les conflits contemporains sont placés dans une perspective diachronique (1992).

Dans le cas de l'Amérique latine, on doit différencier entre divers types de violence contre les jeunes: il ne s'agit pas seulement de la discrimination ethnique et de genre qui est présente dans toute l'histoire du continent, mais aussi de la terreur causée par les dictatures des années 1970 (avec des milliers d'orphelins et des enfants comme victimes de guerre comme dans le cas de l'Argentine, de l'Uruguay et de Guatemala), jusqu'à la violence sociale contre les jeunes qui se produit à partir des années 1980 parmi les garçons "voleurs" (Amérique du Sud) et les "bandes" jusqu'au phénomène des "maras".

Niños, adolescentes, pobreza, marginalidad y violencia en América Latina. ¿Relaciones indisociables? d'Irène Rizzini (2006) est un travail proposant une étude comparée. A côté d'approches relevant de disciplines aussi diverses que l'anthropologie, la sociologie ou les sciences politiques, la production littéraire et cinématographique issue des pays africains et latino-américains contribue à une réflexion riche et critique sur la situation des enfants dans les sociétés concernées. Ce faisant, les auteurs et cinéastes offrent une perspective *de l'intérieur*, dans l'intention de toucher leurs propres lecteurs et spectateurs, tout en apportant leur contribution aux débats sur l'enfance en Afrique et en Amérique latine "dans le monde" et en prenant position dans un dialogue dominé par des rapports de force politiques et économiques et par les gouvernements et les organisations internationales. Dans quelques cas, la réalité et la fiction se croisent, comme dans le triste cas du film *Pixote: A lei do mais fraco* du cinéaste Héctor Babenco (Brésil, 1981), qui traite de la vie des enfants de la rue au Brésil et dont le protagoniste, le jeune Fernando Ramos Da Silva, fut tué à l'âge de 19 ans par la police.

Les discours médiatiques – et le terme "médias" – doivent être compris dans un sens large, c'est-à-dire ce qui inclut les dispositifs différents pour véhiculer des messages, donc la littérature de fiction, de voyage, de témoignage, la littérature pour enfants comme les manuels scolaires; mais aussi le film télévisuel, documentaire ou cinématographique. Le numéro spécial de la revue *Mots Pluriels* sur le thème "Être enfant en Afrique", publié en 2002, a été la première approche interdisciplinaire dans le domaine.

Les contributions rassemblées dans ce recueil s'intéressent à la représentation médiatique de la jeunesse et de l'enfance dans deux régions qui ont connu la colonisation et une époque postcoloniale avec les impacts de changements politiques et sociaux difficiles dans un contexte de globalisation. On pourrait se demander en quoi réside l'avantage d'une approche comparatiste, d'un effort de faire ressortir des convergences entre deux régions pourtant si différentes malgré les points communs. Le comparatiste Daniel-Henri Pageaux décrit la littérature comme étant entre l'histoire et l'anthropologie: "L'histoire saisit les 'expressions conscientes', l'anthropologie les 'expressions inconscientes'." (Pageaux 2007: 131) La littérature se trouve dans l'entre-deux de ces deux pôles d'expressions conscientes et inconscientes. Le spécifique de ces expressions symboliques qui se servent de représentations diverses (visuelles, picturales ou graphiques) est le travail de médiation qui s'effectue entre la réalité sociale, historique et la réception individuelle ou communautaire et la transmission de celles-ci comme partie intégrante de l'imaginaire collectif.

En outre, s'inspirant des lectures de récits anthropologiques comme ceux de Michel Leiris ou de Françoise Héritier, Pageaux perçoit certains parallèles entre les démarches comparatistes et anthropologiques qui tentent, toutes les deux, de penser l'altérité tout en comparant des données culturelles, historiques et sociales. La littérature et les médias sont des formes culturelles qui permettent à une communauté de "se voir, de se dire, se rêver" (Pageaux 2007: 145). C'est une démarche qui vaut aussi pour le comparatiste. Les différentes tentatives de "symboliser", de donner un sens à des phénomènes rencontrés en combinaison avec la recherche de structures permettent de mieux comprendre comment l'homme entreprend de donner un sens aux étapes de l'enfance et de la jeunesse d'un côté et comment, de l'autre, il tente de symboliser, d'expliquer des phénomènes divergents de la norme conçue.

Les approches pluridisciplinaires permettront d'éclaircir des aspects constitutifs de "l'image de l'enfant ou du jeune". Les analyses anthropologiques, juridiques et pédagogiques donnent un aperçu des connaissances sur cette construction changeante de la jeunesse selon les intérêts portés à la jeunesse et à l'enfance dans les communautés respectives.

Les analyses littéraires et médiatiques éclaircissent comment l'enfant ou le jeune font partie de la construction d'un imaginaire qui – selon les besoins de l'époque – change.

Histoires, concepts, contextes

La première partie se focalise sur la construction de l'idée de l'enfance à partir du croisement des discours médicaux, historiques et juridiques. Ulrike Wanitzek explique dans son article *Les droits internationaux de l'enfant et leur importance en Afrique subsaharienne. L'enfant: acteur ou objet?* l'évolution des droits internationaux en faveur de la protection de l'enfant à la base de laquelle se trouvent aussi les définitions de ce que "enfance" et "jeunesse" peuvent signifier, notamment des êtres humains qui méritent de la protection en faveur de la sauvegarde des valeurs morales et de vie des communautés respectives. La signature des conventions internationales ne garantit pourtant pas la réalisation de ces conditions.

La contribution de Josefina Granja Castro *La infancia como construcción: miradas desde la historia conceptual. Un ejemplo mexicano* montre que l'enfance est – malgré tout – la conséquence d'un codage juridique et d'une construction historique et sociale. Granja Castro esquisse une cartographie conceptuelle de la notion tout en prenant en compte des exemples du cas mexicain pendant le dernier tiers du XIX siècle.

A travers cette cartographie, elle parvient à établir un rapprochement généalogique de l'institution scolaire qui permet d'identifier les représentations que la société a produites autour de l'enfant, et particulièrement celles produites à partir des narrations venant des sphères de l'éducation, de la médecine et de la criminologie.

L'approche foucauldienne permet de comprendre comment ont été établi les procédés d'observation, d'instrumentalisation et de connaissances. Les dispositifs utilisés dans ce contexte comme les tableaux et les grilles produisent des taxonomies sociales basées sur des dichotomies normales/ anormales. La combinaison des approches médicales, scolaires et pénitentiaires par rapport aux mineurs permet à l'état de réaliser et de légitimer une bio-politique de contrôle et de "modulation" de la population.

Dans le contexte africain, l'anthropologue Erdmute Alber montre également, dans sa contribution la construction de la notion de l'enfance et aussi celle de parenté: *A qui appartiennent les enfants? Des normes et des pratiques de parenté sociale en Afrique de l'Ouest.* Contrairement à une tendance de l'idéalisation de la petite famille en Europe, mais aussi dans le monde de l'Ouest, les résultats de ses recherches menées au Bénin qu'elle déploie ici, révèle la signification de l'enfant comme élément unificateur entre des familles et ainsi de la communauté.

Éducation et école: (dé)formation de l'enfance

Les deux contributions suivantes s'intéressent selon une démarche diachronique aux regards modernes portés par l'école mexicaine sur les "autres", dans ce cas les enfants indigènes, notamment par la négation du savoir nahuatl et de la culture indigène qui composent l'identité individuelle et communautaire des enfants. María Imelda González Mecalco aborde le problème d'être enfant au Mexique selon une perspective épistémologique: *Ser niño en tierra de volcanes: conceptualización y gestión de la infancia en el proceso de escolarización.* Ce rejet et cette privation de la diversité culturelle à l'école se reflètent dans une narration qui affirme que l'enfant (indigène) "ne sait rien". A partir d'un exemple concret, celui de la conception différente et conflictuelle autour du sens du volcan (des êtres vivants dans le monde nahuatl, des phénomènes de la nature dans la vision occidentale) se laisse entrevoir la violence symbolique exercée par l'école, qui, au nom de la démocratisation des connaissances, détruit en réalité plus qu'elle ne construit. Rossana Podestá présente dans son texte intitulé *Pobreza, discriminación y racismo. Lecciones de vida aprendidas por niños indígenas de México* un nouveau regard anthropologique sur la stéréotypisation et la discrimination des enfants indigènes nahuatl.

Grâce à la construction d'un dialogue avec les enfants par le biais des éléments communicatifs divers (des cartes, des photographies, vidéos et dessins), elle analyse leurs (auto)descriptions et leurs récits qui portent en eux les traces de la colonisation et de la discrimination des siècles précédents. Il s'agit de faire ressortir les pratiques de résistance culturelle et linguistique sans perdre de vue l'asymétrie et l'injustice des conditions dans lesquelles ils vivent. Podestá montre comment l'école au Mexique continue à être un exemple vif des formes de violence (verbales et non-verbales) qui annulent l'auto-estime et l'identité ethnique des générations futures.

La contribution de Sabine Diao-Klaeger *L'éducation sexuelle des enfants burkinabè aujourd'hui – topoï dans une discussion radiophonique* présente une analyse d'entretiens radiophoniques qui révèlent le changement des comportements sexuels et la transmission du savoir des parents aux enfants. Elle présente plusieurs cas exemplaires qui permettent d'analyser l'interaction entre les positions dites traditionnelles, la thématisation de l'influence des médias sur le comportement des jeunes et l'apport des médias à la négociation de ses conflits qui se reflètent dans le langage utilisé.

Littérature d'enfance et de jeunesse

Le texte de Carolina Kaufmann, *Libros, infancia y escuela en la última Dictadura argentina (1976-1983)* met en lumière les aspects liés à la répression culturelle dans les textes destinés à l'enfance pendant cette époque. Kaufmann se penche sur les discours autoritaires d'une fonctionnalité d'un régime jusqu'aux mesures de discipline dans la vie quotidienne. Dans son analyse, elle montre comment les manuels scolaires, les livres de lecture et les revues pour enfants étaient des matériaux qui tenaient un rôle principal dans le "plan de la substitution culturelle" des idées que étaient censées être éliminées. À partir des censures et des prohibitions de livres pour enfants, de brûler et de "transférer" de textes, on se rend compte de ce que l'auteure appelle "la disparition des livres" dans un procès parallèle à la désapparition forcée des personnes.

A la même époque de la dernière dictature militaire en Argentine se situe le travail qui ouvre la section sur *Littérature mineure*, dans laquelle des analyses sur la littérature d'enfants dans des dictatures et des contextes postcoloniaux sont présentées. Dans *Del otro lado del espejo: la pesadilla de crecer en dictadura*, Liliana Ruth Feierstein dé-couvert l'intertextualité de la figure d'Alice dans *Alice au Pays des Merveilles* comme métaphore qui transperce la société argentine pendant ces années. Ce classique de la littérature enfantine ne sert pas seulement à montrer les arbitraires, le manque de sens et la lourdeur de la vie quotidienne sous un régime de terreur, mais il montre aussi la dimension du fantastique dans le sens de Todorov qui parle du moment de l'hésitation quand les dimensions du fantastique transgressent les limites du réel. Une question reste pourtant ouverte, notamment à savoir si les militaires argentins utilisaient sciemment des éléments des narrations fantastiques (comme la figure du desaparecido: "disparu") comme une façon d'exacerber les angoisses d'une société par la réactivation des peurs enfantines latentes, qui, selon Freud, seraient à la base des sentiments de "unheimlich".

Dans le contexte africain, la production de livres pour enfants se présente autrement, comme le montre Véronique Tadjo dans son aperçu de la littérature pour jeunesse *Literature for young people in Côte d'Ivoire: Addressing key issues.* Après avoir abordé la problématique de la production et de la distribution en Afrique due aux situations économiques souvent précaires des pays concernés et par conséquent des lectorats respectifs, elle illustre à partir de trois auteurs que la littérature pour enfants et jeunes existe bel et bien et aborde des sujets aussi variés que l'exclusion, la responsabilité, l'amour etc. En guise de conclusion elle attire l'attention sur l'impact des conflits – souvent armés – qui empêche l'évolution des champs de l'éducation et des procédés éditoriaux. L'article de Brigitte Lindner *La littérature africaine francophone pour les enfants et la jeunesse?* complète en quelque sorte cet aperçu en décrivant l'évolution de la littérature africaine francophone pour les enfants et la jeunesse depuis les années 1920 jusqu'à nos jours. Dans un premier temps, elle décrit la situation précaire de la production éditoriale et artistique des auteurs, avant d'aborder l'évolution des thématiques à travers les décennies. Elle fait ressortir quatre grands champs thématiques, notamment l'école, la situation des filles, le travail des enfants et la guerre. La variété des sujets abordés laisse espérer une évolution propice, même si le manque d'une littérature de divertissement est frappant et souligne une fois de plus la prépondérance de l'aspect éducatif et didactique de ces littératures.

Jeunesses violentes

La précarité de la vie quotidienne des jeunes dans les régions respectives est une constante sous-jacente dans toutes les réflexions présentées jusqu'ici. Il est donc peu surprenant que la violence prenne une place importante dans la vie des jeunes et aussi dans les imaginations sur les jeunes. Les trois textes qui portent sur les littératures africaines subsahariennes thématisent la perte de l'enfance dans le sens d'une étape de vie qui est évoquée avec nostalgie pour sa douceur, son insouciance et son bonheur. Les auteurs montrent plutôt des enfants et des jeunes qui sont obligés de s'adapter à un environnement dominé par la violence des institutions, des conflits (armés) jusque dans les relations intimes.

Sélom Gbanou, dans sa contribution *De L'enfant noir à l'enfance noire dans le roman francophone. Le paradoxe d'une image* illustre comment le rôle de l'enfant et sa signification dans les sociétés changent depuis les années 1950 à nos jours en commençant par le classique "L'enfant noir" pour aller jusqu'aux divers romans des années 1990 et 2000 qui dessinent une image d'une "enfance noire". Isaac Bazié se concentre sur le personnage de l'enfant soldat dans son article *Enfant et soldat en Afrique: représentations littéraires et médiatiques de l'enfance-violence* et arrive à parler d'une enfance-violence. Le focus sur le contexte de la guerre met en exergue la violence que les jeunes subissent, incorporent et exercent eux-mêmes. Le génocide semble être le paroxysme de cette évolution vers une vie-violence pour les jeunes en Afrique subsaharienne, selon la thèse défendue par Josias Semujanga dans sa contribution *Du jeu de l'enfant à l'art du jeu dans un récit de génocide.* Semujanga fait ressortir comment Monénembo parvient à raconter le génocide à travers la perspective rétrospective d'un jeune en évitant le pathétique par des jeux de narration. La littérature permet ainsi de montrer et éventuellement de mieux cerner les mécanismes de la violence institutionnelle jusqu'à la violence extrême.

Représentations et médiatisations

Cette dernière partie aborde les représentations médiatisées de la jeunesse à partir de quelques exemples. Mechtild Gilzmer se penche sur la représentation de la fille dans un film marocain dans son article *Entre réalité et métaphore:* L'enfant endormi *de Yasmina Kassari.* Le phénomène de l'enfant endormi pour voiler des grossesses hors du mariage à cause de l'absence prolongée des hommes comme travailleurs migrants en Europe donne le cadre pour analyser le rôle de la progéniture dans un tel contexte. L'importance des institutions, comme le mariage, la reproduction sous le contrôle de la société, se heurte aux réalités vécues qui ne permettent ni aux femmes, ni aux filles de mener pleinement leur vie. La multiplication des perspectives permettent un regard critique sur cette forme de contrôle absolu sur la vie des filles et femmes.

Avec *Nouvelles icônes: enfants-soldats et jeunes guerriers*, Ute Fendler propose une comparaison des imaginaires visuels qui se retrouvent dans les films en Afrique et en Amérique latine dans lesquels fusionnent les représentations médiatiques des jeunes des banlieues avec celles des guerriers traditionnels et les enfants-soldats. Cette représentation, qui glisse entre divers champs sémantiques, renforce, d'un côté, la héroïsation des jeunes et, de l'autre côté, illustre la contradiction des attributs qui sont ainsi réunis dans la représentation d'un jeune homme, sa fragilité et sa jeunesse qui s'oppose à son aspect guerrier et violent. La question est de savoir dans quelle mesure la société est censée protéger la jeunesse qui, en quelque sorte, est le garant de l'avenir de la communauté ou au contraire de marginaliser les jeunes violents qui représentent un danger à l'intérieur de la société faute d'intégration possible.

Le travail de Joachim Michael *Los jóvenes y las maras en Centroamérica: del olvido al terror* propose un voyage thématique à partir du film *Los olvidados* de Buñuel jusqu'aux gangs des adolescents en Amérique centrale et leurs représentations dans les médias. Buñuel est cruel avec les spectateurs parce qu'il ne leur épargne pas la violence de la misère et la marginalisation qu'elle engendre. La violence fait ainsi irruption parmi les plus fragiles. Les oubliés ne ciblent pas ceux qui les oublient, mais plutôt ceux qui sont encore plus fragilisés par leur violence. Ce qui reviendrait d'une certaine manière pour les adolescents d'exercer la violence contre eux-mêmes. Ceci est le triste constat de la violence hors contrôle des maras durant les dernières décennies en Amérique Centrale.

Perspectives

Ce recueil d'analyses réunit des contributions qui invitent à la réflexion sur la construction des concepts de l'enfance et de la jeunesse au sein de systèmes éducatifs, politiques et culturels différents et à partir d'approches anthropologiques, juridiques, littéraires et médiatiques. Ces analyses contribuent à mettre en lumière des conceptions paradoxales de l'enfance, conceptions qui oscillent entre une idée romantique de l'enfance promesse d'espoir et gage d'avenir et l'idée d'instrumentalisation des enfants et des jeunes dans un contexte de violence difficilement assumé par les sociétés respectives. En outre, cette collection d'articles sur des régions géographiquement et culturellement éloignées propose un rapprochement fructueux à travers une perspective qui prend en compte les expériences de la (post-) colonisation établissant des parallèles parfois surprenants. On retrouve en effet dans ces différents contextes, des constantes dans l'interdépendance entre les structures données et la construction des notions de l'enfance et de la jeunesse qui se reflètent aussi dans les représentations des enfants et des jeunes.

Références bibliographiques

Abbink, Jon/Kessel, Ineke van (2005), *Vanguard or Vandals: Youth, Politics and Conflict in Africa*. Leiden [u.a.]: Rijksuniversiteit de Leiden.

Almeida-Topor, Hélène d'/Coquery-Vidrovitch, Catherine/Goerg, Odile/ Guitart, Françoise (1992), *Les Jeunes en Afrique. Evolution et rôle (XIX-XXe siècles)*. Tomes I-II. Paris: L'Harmattan.

Briggs, Jimmie (2005), *Innocents lost: When Child Soldiers Go To War*. New York: Basic Books.

McEvoy-Levy, Siobhán (2006), *Troublemakers or Peacemakers. Youth and Post-Accord Peace Building*. Notre Dame (U.S.): Univ. of Notre Dame Press.

Mots Pluriels (2002), "Être enfant en Afrique". N° 22, http://motspluriels.arts.uwa.edu.au/MP2202index.html (28.02.2013).

Pageaux, Daniel-Henri (2007), "Littérature générale et comparée et Anthropologie". Dans: Daniel-Henri Pageaux (éd.): *Littératures et cultures en dialogue*. Essais réunis, annotés et préfacés par Sobhi Habchi. Paris: L'Harmattan, 129-159.

Rizzini, Irene et al. (2006), *Niños, adolescentes, pobreza, marginalidad y violencia en América Latina. ¿Relaciones indisociables?* Rio de Janeiro: CIESPI.

UNICEF (2006), *Zur Situation der Kinder in der Welt 2006: Kinder ohne Kindheit*. Frankfurt a.M.: Fischer.

Filmographie

Pixote: A lei do mais fraco (1981), Brasil. Réalisateur: Héctor Babenco. 127 mns.

Niños y jóvenes en África y en América Latina: una aproximación comparatista

Ute Fendler y Liliana Ruth Feierstein

La infancia y la juventud tienen un lugar central en la sociedades contemporáneas ya que representan la mayoría de la población mundial del planeta. Pero, al mismo tiempo, su situación en África y América Latina es sumamente precaria, a consecuencia de las grandes devastaciones que han producido décadas (o incluso siglos) de conflictos políticos y sociales.

Sugerente resultan los subtítulos que la Unicef dio a sus informes sobre la situación de los niños en el mundo en el 2005 y 2006, los que desafían un poco el tono neutral de las publicaciones anteriores (y posteriores). Si en el 2005 se alertaba sobre *La infancia amenazada* (o, en la versión francesa, *L'enfance en peril*) en el 2006 se radicalizaba la descripción en el subtítulo *Enfants sans enfance* o, en su versión castellana, *Excluídos e invisibles* (UNICEF 2006). En ellos se recupera el énfasis en la discusión sobre esta contradicción peligrosa: la marginación de la mayoría de la población en muchos países del mundo, en las que aquellos (pequeños) sujetos deberían construir las futuras sociedades. Marginalidad, exclusión e instrumentalización dominan los discursos sobre los niños y los jóvenes que son transformados en el centro de intereses económicos, políticos y sociales.

La temática de la infancia y juventud es a menudo abordada bajo la forma del análisis de casos usualmente agrupados en compilaciones, como por ejemplo *Innocents lost: When Child Soldiers Go To War* (Briggs 2005). Briggs escribe sobre los niños soldados en regiones tan diversas como Ruanda, Sri Lanka, Afganistán y Uganda, buscando paralelismos entre las historias locales que podrían develar mecanismos subyacentes en los sistemas económicos y políticos. Una demarcación similar se encuentra en la recopilación de Jon Ablink e Ineke van Kessel: *Vanguard or Vandals: Youth, Politics and Conflict in Africa* (2005), que se concentra en el continente africano. Siobhán McEvoy-Levy reúne análisis sobre Bosnia, pasando por Israel, Guatemala y Brasil hasta el Congo y Angola, en un informe titulado *Troublemakers or Peacemakers. Youth and Post-Accord Peace Building* (2006).

En todas estas aproximaciones, siempre se vuelve a una primera reflexión sobre la definición de la infancia y la juventud, que varían considerablemente según los contextos históricos, sociales y/o culturales. Los diversos autores señalan unánimemente el gran porcentaje de población menor de 25 años en las regiones respectivas. La definición de la Unesco liga la idea de la infancia con la de minoría de edad, por consiguiente sólo incluye a los menores de 18 años. Pero antropólogos y sociólogos, quienes toman en cuenta los roles sociales en las diversas comunidades, encuadran esta etapa en ciclos más extensos, incluyendo a jóvenes de hasta 35 años, para poder tener en cuenta los cambios que se producirán en aquellos que asumen las reglas de los "adultos". Por ejemplo, las consecuencias en la nueva generación de la devastación producida por el SIDA o los conflictos armados entre sus mayores. O incluso los casos de jóvenes de 30 (o más) años, que no llegan a asumir la responsabilidad de los adultos porque el desempleo los obliga a una dependencia económica prolongada en casa de sus progenitores.

Todos estos estudios se concentran en la época contemporánea, el período después de las independencias (en el continente africano) y, sobre todo, de los conflictos armados en las sociedades "post-modernas". Abbink y van Kessel llaman la atención sobre un abanico de temáticas cruciales, en las que el análisis podría permitir encontrar respuestas a estas preguntas urgentes, destacando el rol que los jóvenes podrán y deberán jugar en la construcción de sociedades en un futuro próximo (Abbink/Kesssel 2005: 13 y ss.). Un tema central resulta la dimensión histórica de las rupturas y cambios dentro de los sistemas políticos que siguen a la colonización y al período post-colonial antes de la globalización. D'Almeida-Topor et al. (1992) han dedicado dos volúmenes a la juventud en África con un gran vuelo histórico, instalando los conflictos contemporáneos en una perspectiva diacrónica.

En el caso latinoamericano se debe distinguir entre diversos tipos de violencias en contra de los más jóvenes: no sólo la discriminación étnica y de género, que cruza toda la historia del continente, sino el terror producido por las dictaduras en la década de los 70s (con su saldo de miles de huérfanos, y de niños ilegalmente apropiados como botín de guerra, como en el caso de Argentina, Uruguay y Guatemala) pasando por la violencia social entre jóvenes que se produce a partir de mediados de los 80s con los chicos "ladrones" (Sudamérica) y las "bandas" hasta el fenómeno de las "maras". Un trabajo que intenta un estudio comparado se encuentra en *Niños, adolescentes, pobreza, marginalidad y violencia en América Latina. ¿Relaciones indisociables?* (Rizzini 2006).

En ambos continentes, junto a investigaciones sobre la situación de la infancia y la juventud en los países africanos y latinoamericanos llevadas a cabo desde diversos enfoques disciplinarios – incluyendo la antropología, la sociología y las ciencias políticas –, se encuentran abundantes reflexiones y contribuciones en la producción literaria y cinematográfica, en las que a menudo se llama la atención sobre la situación de los niños en las respectivas sociedades. Autores y cineastas ofrecen así una perspectiva desde el interior, con la intención de sacudir a sus propios lectores y espectadores, aportando a la vez una contribución a los debates sobre la infancia en África y en América

Latina "dentro de este mundo", tomando posición en un diálogo dominado por los informes de las fuerzas políticas y económicas, los gobiernos y las organizaciones internacionales. En algunos lugares se cruzan los niveles de la realidad y la ficción, como en el triste caso de la muy temprana película *Pixote: A lei do mais fraco* del director Héctor Babenco (Brasil, 1981), que tematiza la vida de los chicos de la calle en Brasil y cuyo actor principal, el joven Fernando Ramos Da Silva, fuera asesinado poco después a la edad de 19 años por la policía.

Los discursos mediáticos se multiplican – la denominación de los "medios" deben ser entendida aquí en el amplio sentido de la palabra, que incluye los diferentes dispositivos para vehiculizar los mensajes de la literatura de ficción, de viaje, de testimonio y la misma literatura infantil, así como los manuales escolares y las películas documentales, cinematográficas o televisivas. El número especial de la Revista *Mots Pluriels* sobre el tema "Être enfant en Afrique", publicada en el 2002, ha sido la primera aproximación interdisciplinaria en este ámbito.

Las contribuciones de este libro reúnen trabajos que se interesan en la representación mediática de los jóvenes y de la infancia en dos regiones que han conocido, aunque con siglos de diferencia, las experiencias de la colonización y de una época post-colonial, muchas veces diezmadas por guerras y dictaduras, con los impactos de cambios políticos y sociales difíciles en un contexto de globalización.

Se podrá preguntar en qué reside la ventaja de hacer el esfuerzo de reunir, comparativamente, estos trabajos para resaltar las convergencias entre dos regiones que son diferentes, a pesar de los puntos en común. El comparatista Daniel-Henri Pageaux ubica a la producción literaria entre la historia y la antropología. "La historia trata las 'expresiones conscientes', la antropología las 'expresiones inconscientes'." (Pageaux 2007: 131). Lo específico de estas expresiones simbólicas, que se sirven de técnicas diversas (visuales, pictóricas o gráficas), es el trabajo de mediación que se efectúa entre la realidad socio-histórica, la recepción individual o comunitaria y la transmisión de aquellas como parte integrante del imaginario colectivo.

Por otra parte, Pageaux se inspira en sus lecturas de ensayos antropológicos como los de Michel Leiris o Françoise Héritier en los cuales encuentra ciertos paralelismos entre las demarcaciones comparativas y antropológicas que intentan, ambas, pensar la alteridad siempre en comparación con herencias culturales, históricas y sociales. La literatura y los medios son formas culturales que permiten a una comunidad "verse, decirse y soñarse" (Pageaux 2007: 145). Una manera de ver que es también *comparatista*. Son, en verdad, diferentes tentativas para "simbolizar" los fenómenos encontrados, en combinación con una búsqueda estructural que permite una mayor comprensión de cómo el hombre intenta dar un sentido a las etapas de la infancia y de la juventud a través de un proceso de simbolización, de explicación de estos fenómenos divergentes de la norma establecida.

Las aproximaciones multidisciplinarias permiten esclarecer los aspectos constitutivos de estas "imágenes de la infancia y la juventud". Los análisis antropológicos, jurídicos y pedagógicos otorgan una apertura de conocimientos en las comunidades respectivas. Los trabajos que tematizan dimensiones literarias y mediáticas, por su parte, iluminan los mecanismos a través de los que niños y jóvenes parten de la construcción de un imaginario que – según las necesidades de la época – va transformándose.

Historias, conceptos, contextos

La primera sección focaliza la construcción de la idea de la infancia a partir del cruce de discursos médicos, históricos y jurídicos. Ulrike Wanitzek centra su artículo *Los derechos internacionales de la infancia y su importancia en África subsahariana. El niño: ¿actor u objeto?* en la evolución del derecho internacional en favor de la protección de los niños como la base donde se encuentran también las definiciones de qué pueden significar "infancia" y "juventud", particularmente cuando se trata de seres humanos que merecen esa protección para salvaguardar los valores morales y de vida de las comunidades respectivas. La sola firma de convenciones internacionales no garantiza su realización.

La contribución de Josefina Granja Castro: *La infancia como construcción: miradas desde la historia conceptual. Un ejemplo mexicano* pone en evidencia que la infancia es, a pesar de todo, consecuencia de un código jurídico y una construcción histórico-social. Granja Castro esboza una cartografía conceptual del concepto tomando ejemplos del caso mexicano en el último tercio del siglo XIX. A través de este mapeo logra un acercamiento genealógico a la institución escolar que permite divisar las representaciones que la sociedad ha generado en torno al niño, en especial las producidas desde las narrativas de la pedagogía, la medicina y la criminología. Una lectura cruzada por Michel Foucault descubre en estos ámbitos de saber la producción de observación, instrumentación y conocimientos. A través de dispositivos como "cuadros" y "tablas" se producen taxonomías sociales basadas en la binaridad dicotómica normal/anormal. La combinación de las miradas médica, escolar y penitenciaria sobre los menores permite al Estado llevar a cabo y legitimar su bio-política de control y "modelaje" de la población.

En el contexto africano, la antropóloga Erdmute Alber en su trabajo *¿A quién pertenecen los niños? Las normas y prácticas del parentesco social en África occidental* da cuenta de la construcción de la noción de la infancia a través de las concepciones sobre el parentesco. Contrariamente a una tendencia de idealización de la pequeña familia en Europa, pero también en el mundo de Occidente, los resultados de sus investigaciones en Benín revelan la significación del niño como elemento unificador *entre* las familias y, en un nivel más amplio, de la comunidad.

Educación y escuela: (de)formación de la infancia

La continuidad a través de los siglos de las miradas modernas de la escuela mexicana sobre los "otros", en este caso los niños indígenas, se tematiza en los dos textos siguientes.

María Imelda González Mecalco, en su trabajo *Ser niño en tierra de volcanes: conceptualización y gestión de la infancia en el proceso de escolarización*, aborda el problema desde una perspectiva epistemológica: la negación del saber náhuatl, la cultura indígena que constituye la identidad personal y comunitaria de los alumnos que acuden a las escuelas donde realizó su trabajo de campo. Este rechazo y deslegitimación de la diversidad cultural resulta en una narrativa docente que afirma que el niño (indígena) "no sabe nada". A través del análisis de un caso concreto, los conflictos culturales entre las concepciones sobre los volcanes (seres vivos para el mundo náhuatl, naturaleza "muerta" para la visión occidental) se hace evidente la violencia simbólica ejercida por la escuela que, en nombre de la democratización de conocimientos, en realidad destruye más de lo que construye. Rossana Podestá en su texto *Pobreza, discriminación y racismo. Lecciones de vida aprendidas por niños indígenas de México*, da cuenta de una nueva mirada antropológica sobre la estereotipización y discriminación de los indígenas nahuas. A través de la construcción de un diálogo interindígena entre niños que incluyó distintos elementos de comunicación (cartas, fotografías, videos, y dibujos) analiza sus (auto)descripciones y narrativas que llevan en sí las huellas de la colonización y la discriminación de siglos. Se trata de divisar las prácticas de la resistencia cultural y lingüística sin perder de vista la asimetría e injusticia de las condiciones en que viven. Podestá demuestra como la escuela sigue siendo en el México actual un ejemplo vivo de formas de violencia (verbales y no verbales) que anulan la autoestima y la identidad étnica de las futuras generaciones.

La contribución de Sabine Diao-Klaeger *L'éducation sexuelle des enfants burkinabè aujourd'hui – topoï dans une discussion radiophonique*, presenta un análisis de un programa radiofónico que revela los cambios de comportamiento sexual y la transmisión del saber de los padres a los niños en Burkina Faso. A través del análisis de una gran cantidad de ejemplos la autora da cuenta de la interacción entre las posiciones más tradicionales, la tematización de la influencia de los medios y su aporte a la negociación de los conflictos culturales que se reflejan en la lengua utilizada.

Literatura infantil y juvenil

El texto de Carolina Kaufmann *Libros, infancia y escuela en la última Dictadura argentina (1976-1983)* focaliza aspectos relativos a la represión cultural en los textos destinados a la infancia durante este período. Kaufmann se detiene en los discursos autoritarios funcionales a los objetivos de disciplinamiento de la vida cotidiana. En su análisis demuestra cómo manuales escolares, libros de lectura y revistas infantiles fueron materiales que ocuparon un papel relevante en el "plan de sustitución cultural" de las ideas que se pretendían eliminar. Mutilaciones y prohibiciones de libros infantiles, quemas y "traslados" de textos dan cuenta de lo que la autora denomina la "desaparición de los libros" en un proceso de alguna manera paralelo a la desaparición forzada de personas.

En el mismo marco de la última dictadura militar en Argentina se sitúa el trabajo *Del otro lado del espejo: la pesadilla de crecer en dictadura,* en el que Liliana Ruth Feierstein des-cubre la intertextualidad de la figura de *Alicia en el País de las Maravillas* como metáfora que atravesaba la sociedad argentina en esos años. Este clásico de la literatura infantil sirvió para dar cuenta de las arbitrariedades, la falta de sentido y la pesadilla que resultaba la vida cotidiana bajo el terror. La dimensión de lo fantástico representó lo que Todorov denominó el momento de duda (*hésitation*) en el que se cruzan los límites de lo real. Abierta queda la pregunta por la utilización consciente de los militares argentinos de elementos similares a las narrativas fantásticas (la misma figura del "desaparecido") como forma de potenciar el terror en una sociedad a través de la reactivación de los miedos infantiles latentes, los que para Freud son la base del sentimiento de lo *unheimlich.*

Otro es el contexto africano en lo que refiere a la literatura infantil, como Véronique Tadjo plantea en su panorámica *Literature for young people in Côte d'Ivoire: Addressing key issues.* Después de haber abordado la problemática producción y distribución de libros en África (debido a las situaciones económicas a menudo precarias de muchos países) y, en consecuencia, de las lecturas respectivas, demuestra basándose en tres autores que la literatura para niños y jóvenes sin duda existe y aborda temáticas tan variadas como la exclusión, la responsabilidad, el amor, etc. En lugar de una conclusión, la autora llama la atención sobre el impacto de los conflictos – muchas veces armados – que impiden la evolución de los campos de la educación y de las producciones editoriales.

El artículo de Brigitte Lindner *La littérature africaine francophone pour les enfants et la jeunesse* completa el panorama al describir el desarrollo de la literatura africana francófona para los niños y jóvenes desde 1920 hasta nuestros días. Ella describe las condiciones precarias de producción de autores y editoriales, antes de abordar la evolución de las temáticas a través de las décadas. En esta se encuentran cuatro campos temáticos centrales: la escuela, la situación de los hijos, el trabajo infantil y la guerra. La variedad de temas abordados permite esperar una evolución propicia, aún si la falta de una literatura "de pasatiempo" es sorprendente, y señala una vez más la preponderancia del aspecto educativo y didáctico de estos textos.

Violencia y juventud

La precariedad de la vida cotidiana de los jóvenes en las regiones respectivas es una constante subyacente en todas las reflexiones aquí presentadas. Es pues poco sorprendente que la violencia tome un lugar importante en la vida y también en la imaginación de estos jóvenes. Los tres textos que tratan sobre la literatura africana subsahariana tematizan la época de la infancia en el sentido de una etapa de la vida que es evocada con nostalgia por su dulzura, su inocencia y su felicidad. Los autores muestran sobre todo niños y jóvenes que están obligados a adaptarse a un entorno dominado por la violencia de las instituciones, de los conflictos (armados) y hasta de las relaciones íntimas.

En su artículo *De L'enfant noir à l'enfance noire dans le roman francophone. Le paradoxe d'une image* Sélom Gbanou ilustra como el rol de la infancia y su significado dentro de las sociedades – y en la literatura – cambian después de los años 1950 hasta nuestros días, comenzando por el clásico *L'enfant noir* hasta llegar a las diversas novelas de las décadas de 1990-2000 que esbozan la imagen de una "*infancia negra*". Isaac Bazié, por su parte, en *Enfant et soldat en Afrique: représentations littéraires et médiatiques de l'enfance-violence* se concentra en el personaje del niño soldado, para abordar la problemática de una infancia violenta. Aunque él va un paso más lejos que Gbanou que habla de una infancia negra, el foco sobre el contexto de la guerra pone de manifiesto la violencia que subsiste en los jóvenes, incorporada y ejercitada por ellos mismos. Los genocidios parecen ser el paroxismo de esta evolución hacia una vida violenta para los jóvenes en África subshariana, como Josías Semujanga demuestra en su contribución *Du jeu de l'enfant à l'art du jeu dans un récit de génocide.* El autor destaca como Monénembo llega a contar el genocidio a través de la visión retrospectiva de un joven, evitando lo patético en el juego narrativo. La literatura permite también mostrar y eventualmente precisar mejor los mecanismos de violencia institucional hasta la violencia extrema.

Representaciones mediáticas

La última sección aborda las representaciones mediáticas de la juventud a partir de algunos ejemplos. Mechtild Gilzmer enfoca la representación de una joven en un filme marroquí, en su artículo *Entre réalité et métaphore:* L'enfant endormi *de Yasmina Kassari.* El fenómeno del niño adormecido por velar a causa de la prolongada ausencia de los hombres, trabajadores inmigrantes en Europa, proporciona un encuadre para analizar el rol de los hijos en un contexto de esas características. La importancia de instituciones como el matrimonio y la reproducción, bajo el control de la sociedad, choca contra una realidad vacía que no permite a las mujeres ni a los niños llevar una vida plena. La multiplicación de perspectivas sugiere una mirada crítica alrededor de esta forma de control absoluto sobre la vida de niños y mujeres.

Con *Nouvelles icônes: enfants-soldats et jeunes guerriers*, Ute Fendler propone una comparación entre los imaginarios visuales que se reflejan en filmes africanos y latinoamericanos, en los cuales se fusionan las representaciones mediáticas de jóvenes de los arrabales con aquellas de guerreros tradicionales y niños soldados. Estas representaciones, que se deslizan entre diversos campos semánticos, refuerzan por un lado la heroicidad de los jóvenes y, por el otro, ilustran la contradicción de los atributos que son así reunidos en la representación de un hombre joven, su fragilidad y una juventud que se opone a su aspecto guerrero y violento. La cuestión central se relaciona con saber en qué medida la sociedad está dispuesta a proteger a esa juventud que, de alguna forma, garantiza el futuro de la comunidad o, por el contrario, marginaliza a los jóvenes violentos a los que ve como un peligro, a falta de una integración posible.

Regresando al continente latinoamericano, Joachim Michael en su trabajo *Los jóvenes y las maras en Centroamérica: del olvido al terror*, nos propone un viaje temático desde la película *Los olvidados* de Luis Buñuel (México, 1950) al fenómeno de las pandillas adolescentes en América central y su representación en los medios. Buñuel es cruel con los espectadores porque no les ahorra la violencia implacable que la miseria y la marginación producen. La violencia irrumpe precisamente entre los más débiles. *Los olvidados* no dirigen su furia contra quienes los olvidan sino contra los más débiles de los débiles. Contra ellos mismos. Este es, justamente, el triste fenómeno de la descontrolada violencia de las maras en las últimas décadas en Centroamérica.

Perspectivas

Esta publicación reúne contribuciones que proporcionan indicios para la reflexión y análisis sobre la construcción de los conceptos de infancia y juventud en el seno de los sistemas educativos, políticos y culturales, a partir de ejemplos analizados desde diversas perspectivas disciplinarias (antropológicas, jurídicas, literarias y mediáticas).

Los trabajos están atravesados por la contradicción entre, por una parte, una noción romántica de la infancia portadora de todas las esperanzas y del futuro y, por otra, una noción que instrumentaliza y marginaliza a niños y jóvenes portadores de una violencia que difícilmente puede ser asumida e integrada en las respectivas sociedades, tomando en cuenta sus eventuales causas en el seno de la misma comunidad.

Al mismo tiempo, la compilación de los análisis que nos alcanzan regiones geográficas y culturalmente alejadas, pero que pueden ser acercadas a través de una mirada que tome en cuenta las historias de la colonizaciones y las experiencias post-coloniales con sus sorprendentes paralelismos, propone a los lectores una reflexión abstracta que deja entrever las constantes en la interdependencia de las estructuras dadas y la construcción de las nociones de infancia y juventud, que también se reflejan en las representaciones de niños y jóvenes.

Bibliografía citada

Abbink, Jon/Kessel, Ineke van (2005), *Vanguard or Vandals: Youth, Politics and Conflict in Africa.* Leiden [u.a.]: Rijksuniversiteit de Leiden.

Almeida-Topor, Hélène d'/Coquery-Vidrovitch, Catherine/Goerg, Odile/ Guitart, Françoise (1992), *Les Jeunes en Afrique. Evolution et role (XIX-XXe siècles).* Tomes I-II. Paris: L'Harmattan.

Briggs, Jimmie (2005), *Innocents lost: When Child Soldiers Go To War.* New York: Basic Books.

McEvoy-Levy, Siobhán (2006), *Troublemakers or Peacemakers. Youth and Post-Accord Peace Building.* Notre Dame (U.S.): Univ. of Notre Dame Press.

Mots Pluriels (2002), "Être enfant en Afrique". N° 22, http://motspluriels.arts.uwa.edu.au/MP2202index.html (28.02.2013).

Pageaux, Daniel-Henri (2007), "Littérature générale et comparée et Anthropologie". Dans: Daniel-Henri Pageaux (ed.): *Littératures et cultures en dialogue.* Ensayos reunidos, anotados y con prefacio de Sobhi Habchi. Paris: L'Harmattan, 129-159.

Rizzini, Irene et al. (2006), *Niños, adolescentes, pobreza, marginalidad y violencia en América Latina. ¿Relaciones indisociables?* Rio de Janeiro: CIESPI.
UNICEF (2006), Estado Mundial de la Infancia. *Excluídos e invisibles.* http://www.unicef.org/spanish/sowc/archive/SPANISH/Estado%20Mundial%20de%20la%20Infancia%202006.pdf (01.03.2013).

Filmografía

Pixote: A lei do mais fraco (1981), Brasil. Realizador: Héctor Babenco. 127 mns.

Histoires, Concepts, Contextes

Historias, Conceptos, Contextos

Les droits internationaux de l'enfant et leur importance en Afrique subsaharienne. L'enfant: acteur ou objet?[2]

Ulrike Wanitzek

Les contributions dans ce volume traitent de l'enfance et de la jeunesse en Afrique francophone et en Amérique Latine. Les deux régions diffèrent considérablement par plusieurs aspects. Ainsi sera-t-on peut-être étonné que cet article commence par présenter un corps de normes juridiques relatif aux droits de l'enfant qui sont applicables dans ces deux régions. La *Convention relative aux droits de l'enfant* (CDE) des Nations Unies de 1989 a été ratifiée par

Figure 1 : États parties à la Convention relative aux droits de l'enfant, 1989 (CDE)

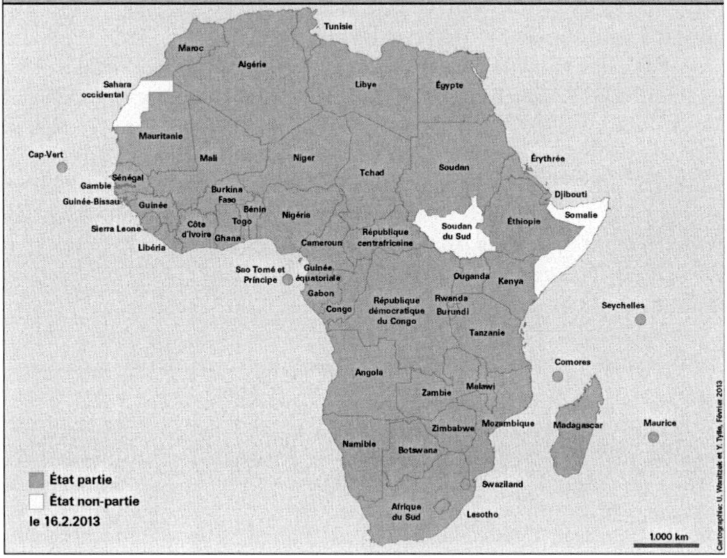

[2] Cette contribution était présentée à l'Université de Bayreuth le 28 février 2008 au Colloque "Enfances? Nostalgie, perte et instrumentalisation. Témoignages médiatiques sur l'enfance et la jeunesse en Afrique francophone et en Amérique Latine". Alors que dans cet article les listes d'états parties des conventions internationales et les sites Internet sont réactualisés, le contenu est le même que dans la présentation.

tous les états de l'Amérique Latine; et par tous les états africains avec comme seules exceptions la Somalie et le Soudan du Sud ainsi que le Sahara occidental qui n'est pas reconnu comme Etat par les Nations Unies (fig. 1).[3]

Les règlements de la Convention relative aux droits de l'enfant (CDE) font partie des thèmes traités dans ce volume, par exemple le travail des enfants, le commerce des enfants, l'exploitation économique ou sexuelle des enfants, les enfants-soldats; ou les droits des enfants à la nourriture, à l'éducation et aux soins médicaux. Le but commun des Etats parties à la Convention relative aux droits de l'enfant (CDE) – la protection des droits de l'enfant – met en relation des régions très diverses, comme l'Afrique et l'Amérique Latine, d'une manière étonnante: tous les rapports que tous les états parties doivent soumettre au comité des droits de l'enfant à Genève tous les cinq ans, selon l'article 44 de la CDE, sur les mesures que les états parties ont adoptées pour donner effet aux droits de l'enfant, suivent la même structure et sont évalués et jugés selon les mêmes standards. On peut lire tous ces rapports et leurs évaluations sur Internet,[4] et on verra là que, par exemple, lors de la session de l'année 2007, des mois de janvier et février, le Chili et le Mali figuraient sur le programme côte à côte. Bien sûr, il s'agit seulement d'un cadre normatif, et ce qui se passe dans le droit aux niveaux locaux et nationaux dans les régions et les pays autonomes concernant les droits de l'enfant est tout à fait disparate. Ce qu'on a ici est un point de départ commun normatif, une obligation juridique des pays individuels et de leurs gouvernements, portant sur les divers droits de l'enfant et leur implémentation et réalisation.

En Afrique, il y a une autre convention relative aux droits de l'enfant, plus adaptée au contexte culturel spécifiquement africain – la Charte africaine des droits et du bien-être de l'enfant (CADE) de l'Union africaine de 1990, qui a été ratifiée par 47 états africains sur un nombre total de 54 états africains (fig. 2).[5]

---

[3] www2.ohchr.org/french/law/ (20.2.2013). Cf. McGoldrick (1991); Grover (2004).

[4] www2.ohchr.org/french/bodies/crc/, sous: Sessions (20.2.2013).

[5] www.africa-union.org/root/au/Documents/Treaties/treaties_fr.htm (20.2.2013). Cf. Arts (1992); Chirwa (2002); Lloyd (2008).

Fig. 2 : États parties à la Charte africaine des droits et du bien-être de l'enfant, 1990 (CADE)

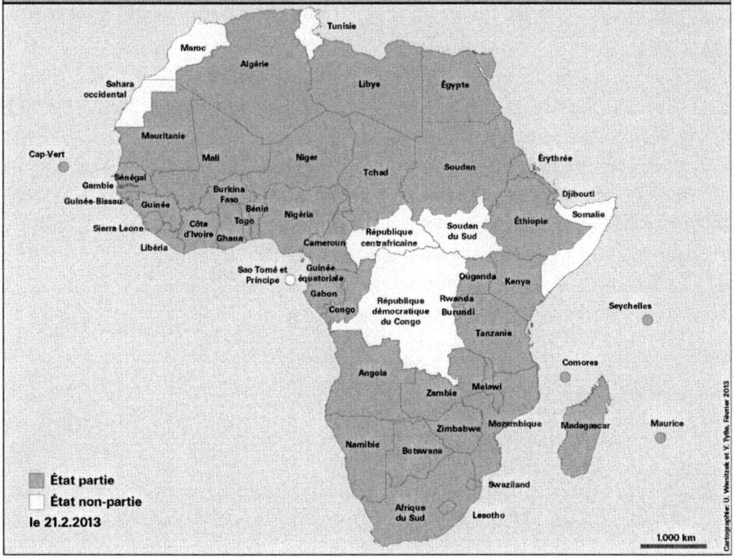

A. Les concepts 'd'enfant' et 'd'enfance' dans la Convention relative aux droits de l'enfant (CDE) et la Charte africaine des droits et du bien-être de l'enfant (CADE)

Les deux conventions – la *Convention relative aux droits de l'enfant* (CDE) des Nations Unies et la *Charte africaine des droits et du bien-être de l'enfant* (CADE) de l'Union africaine – exprimaient, pour la première fois sur le terrain du droit international et régional relatif aux droits de l'Homme, le respect de l'enfance comme une phase spécifique de la vie, et des droits de l'enfant en tant que sujet juridique autonome, au lieu d'un seul objet de protection. Le respect et la garantie des droits de l'enfant sont inscrits dans ces deux conventions (art. 2 (1) CDE, art. 1 (2) CADE).

1. L'enfant comme sujet

Un grand nombre de droits de l'Homme, qui existaient avant et qui font partie d'autres conventions internationales,[6] sont aussi présents dans les deux conventions, particulièrement pour l'enfant, comme le droit à la vie (art. 6 (1) CDE, art. 5 (1) CADE), la liberté d'opinion (art. 13 CDE, art. 7 CADE) ou le droit à la non-discrimination (art. 2 CDE, art. 3 CADE). De plus, les deux conventions contiennent des droits nouveaux, qui expriment également clairement la perspective nouvelle de l'enfant comme un sujet au lieu d'un objet, comme, par exemple, le droit de l'enfant à être entendu dans toute procédure judiciaire ou administrative touchant à ses intérêts (art. 12 CDE, art. 4 (2) CADE). Cet article accorde à l'enfant le droit à une participation active aux décisions qui l'intéressent.

2. Des droits de l'enfant spécifiques

Ces deux conventions comportent aussi des droits qui sont spécifiques aux enfants et à la phase de l'enfance, comme le droit de l'enfant au repos et aux loisirs, le droit de se livrer au jeu et à des activités récréatives propres à son âge (art. 31 CDE, art. 12 CADE); le droit de l'enfant à l'éducation (art. 28 CDE, art. 11 CADE); ou le droit de l'enfant d'être protégé contre l'exploitation économique (art. 32 CDE, art. 15 CADE).

3. Les définitions 'd'enfant'

Les définitions 'd'enfant' sont différentes dans les deux conventions sous certains aspects. Selon l'article 1 de la CDE, au sens de la présente Convention, le terme 'enfant' s'entend de tout être humain âgé de moins de 18 ans, sauf si la majorité est atteinte plus tôt en vertu de la législation qui lui est applicable. Cette définition a suscité la critique en ce qu'elle ouvre la porte à des restrictions de la protection de l'enfant par une définition plus étroite dans le droit national, par exemple par la détermination de l'âge de la majorité à 17 ans au lieu de 18. Par contre, dans l'article 2 de la CADE, aux termes de la présente Charte, on entend par 'enfant' tout être humain âgé de moins de 18 ans, sans la restriction contenue dans l'article 1 de la CDE. Cela signifie que l'applicabilité de la Charte africaine des droits et du bien-être de l'enfant (CADE) est plus large que celle de la Convention relative aux droits de

[6] Par exemple, le Pacte international relatif aux droits économiques, sociaux et culturels de 1966 et le Pacte international relatif aux droits civils et politiques de 1966, www2.ohchr.org/french/law/ (20.2.2013).

l'enfant (CDE) des Nations Unies. Peut-être n'aurait-on pas pensé de prime abord que la convention régionale africaine sur les droits de l'enfant serait plus large et donc plus forte dans la protection des droits individuels de l'enfant que la convention internationale des Nations Unies.

4. La réciprocité des droits et des obligations

D'autre part, la Charte africaine des droits et du bien-être de l'enfant (CADE) ne prévoit pas seulement des droits mais aussi des obligations de l'enfant. En effet, l'article 31 de la CADE dispose: "Tout enfant a des responsabilités envers sa famille, la société, l'Etat et toute autre communauté reconnue légalement ainsi qu'envers la communauté internationale."[7] Et selon le préambule de la CADE: "Considérant que la promotion et la protection des droits et du bien-être de l'enfant supposent également que tous s'acquittent de leurs devoirs."

Ces dispositions reflètent la réciprocité des droits et des obligations, un élément culturel africain selon le préambule de la CADE qui considère "les vertus de l'héritage des Etats africains, leur passé historique et les valeurs de la civilisation africaine qui devraient inspirer et guider leur réflexion en matière de droits et de protection de l'enfant."

B. Quelques règlements dans les deux conventions qui sont importants pour les thèmes de ce volume

De ces réflexions s'ensuit la question de savoir si cette position de l'enfant comme sujet, avec des droits et des obligations, est compatible avec l'idée que l'enfant doit aussi être protégé, par exemple contre l'exploitation économique (art. 32 CDE, art. 15 CADE); l'exploitation sexuelle (art. 34 CDE, art. 16, 27 CADE); le commerce d'enfants (art. 35 CDE, art. 29 CADE); ou des pratiques sociales et culturelles négatives (art. 21 CADE). La protection des enfants peut contenir un élément paternaliste car la personne ou l'institution qui protège l'enfant prend pour lui des décisions qui l'affectent et en même temps l'empêchent de décider par lui-même. Protéger les enfants – cela implique-t-il que l'enfant est mis sous tutelle, et privé d'autonomie?

---

[7] Art. 31 CADE continue: "L'enfant, selon son âge et ses capacités, et sous réserve des restrictions contenues dans la présente Charte, a le devoir: a) d'œuvrer pour la cohésion de sa famille, de respecter ses parents, ses supérieurs et les personnes âgées en toutes circonstances et de les assister en cas de besoin; …". Cf. Sloth-Nielsen/Mezmur (2008).

La même question se pose dans le cas des droits de l'enfant à l'éducation (art. 28 CDE, art. 11 CADE) ou aux soins médicaux (art. 24 CDE, art. 14 CADE), etc.

Elle se pose aussi dans les cas des enfants avec des besoins spécifiques, comme les enfants-soldats (art. 38 CDE, art. 22 CADE), les enfants réfugiés (art. 22 CDE, art. 23 CADE) ou les enfants handicapés (art. 23 CDE, art. 13 CADE).

Dans tous ces cas, la question est de savoir si la protection des enfants a aussi pour effet de les mettre sous tutelle et, par cela, de porter atteinte à leur autonomie.

C. Le travail des enfants

1. Le concept de 'travail'

Parmi ces thèmes, le travail des enfants a été choisi ici comme exemple et illustration. D'après les sources de l'Organisation internationale du travail (l'OIT), l'Afrique a le plus grand nombre d'enfants travailleurs au monde: 26,4% de tous les enfants africains entre 5 et 14 ans étaient économiquement actifs en 2004.[8] Le degré du travail des enfants dans les diverses régions et états dépend d'une combinaison de facteurs différents, mais la pauvreté reste le plus important d'entre eux. La plupart des enfants qui travaillent le font à cause de la pauvreté de leurs familles (Van Bueren 1995: 262).[9]

Les statistiques sur le travail des enfants sont problématiques car, entre autres, les concepts et les définitions du 'travail de l'enfant' diffèrent

[8] Bureau international du travail, Rapport du Directeur Général, La fin du travail des enfants: un objectif à notre portée. Rapport global en vertu du suivi de la Déclaration de l'OIT relative aux principes et droits fondamentaux au travail, Conférence internationale du travail, 95e session, 2006, Rapport I (B), Genève 2006, 8-9, http://www.ilo.org/public/french/standards/relm/ilc/ilc95/pdf/rep-i-b.pdf (20.2.2013). Cf. aussi Harsch (2001).

[9] Harsch (2001): "It is no coincidence that Africa also is the poorest region, with the weakest school systems. And among African children, those from poorer families are far more likely to seek work. A 1999 Child Labour Survey in Zimbabwe, conducted by the ILO, found that about 88 per cent of economically active children aged 5-17 came from households with incomes below Z$2,000 (US$36) per month. As family incomes rose above Z$3,000, the participation rate dropped to less than 1 per cent. Parents and guardians of working children, when asked why they let their children work, most often responded 'to supplement household income' or 'to help household in enterprise'."
Cf. aussi Heidel (2004); Chirwa (2008: 105).

considérablement – selon que l'on prenne en compte dans les statistiques seulement l'activité professionnelle ou aussi le travail domestique; le travail salarié ou aussi le travail gratuit; le travail formel ou aussi le travail informel; le travail sans des éléments de formation professionnelle ou aussi l'apprentissage; tout le travail, ou seulement ce qui représente une exploitation économique de l'enfant?[10]

Il n'y a pas un concept uniforme (Ennew/Myers/Plateau 2005: 27).

Regardons quel concept de 'travail' est utilisé dans les deux conventions.

a) Travail – exploitation économique

La Convention relative aux droits de l'enfant (CDE) et la Charte africaine des droits et du bien-être de l'enfant (CADE) ne règlent pas le travail des enfants en général mais plutôt l'abus du travail des enfants (Van Bueren 1995: 264; Gallinetti 2008: 326).

Selon l'article 32 alinéa 1 de la CDE (et similaire l'article 15 alinéa 1 de la CADE),[11]

> Les États parties reconnaissent le droit de l'enfant d'être protégé contre l'exploitation économique et de n'être astreint à aucun travail comportant des risques ou susceptible de compromettre son éducation ou de nuire à sa santé ou à son développement physique, mental, spirituel, moral ou social.[12]

---

[10] Les statistiques diverses aussi réfèrent aux groupes d'âge différents. En plus, on ne peut pas facilement compter certaines formes de travail des enfants, par exemple le travail domestique parce qu'il est grandement invisible; ou le travail informel à cause de l'absence des structures formelles. Cf. la distinction en anglais entre "child labour" et "children's work", par exemple: Weston (2005a: xv): "By child labor I mean work done by children that is harmful to them because it is abusive, exploitative, hazardous, or otherwise contrary to their best interests – a subset of a larger class of children's work, some of which may be compatible with children's best interests (variously expressed as 'beneficial', 'benign', or 'harmless' children's work." Cf. aussi Ennew/Myers/Plateau (2005).

[11] Voir Gallinetti (2008: 327), sur les différences entre les deux articles.

[12] Continuation de l'art. 32 CDE: "(2) Les États parties prennent des mesures législatives, administratives, sociales et éducatives pour assurer l'application du présent article. A cette fin, et compte tenu des dispositions pertinentes des autres instruments internationaux, les États parties, en particulier: a) Fixent un âge minimum ou des âges minimums d'admission à l'emploi; b) Prévoient une réglementation appropriée des

Cela montre que la Convention relative aux droits de l'enfant (CDE), de même que la Charte africaine des droits et du bien-être de l'enfant (CADE), ne parlent pas du travail de l'enfant en général, mais de l'exploitation économique des enfants, et du travail comportant des risques pour eux. Les conventions ne veulent pas protéger les enfants contre chaque forme de travail mais seulement contre certaines formes: celles par lesquelles les enfants sont exploités économiquement ou peuvent être exposés à certains risques.[13]

b) Secteurs formel – informel

On se demande si cette protection contre l'exploitation économique concerne le travail des enfants seulement dans le secteur officiel ou également dans le secteur informel, qui occupe une large partie de l'économie dans les pays africains. Ici la Charte africaine des droits et du bien-être de l'enfant (CADE) est plus claire que la Convention relative aux droits de l'enfant (CDE) des Nations unies qui laisse ouverte cette question: selon l'article 15 alinéa 2 de la CADE,[14]

> Les États parties à la présente Charte prennent toutes les mesures législatives et administratives appropriées pour assurer la pleine application du présent article qui vise aussi bien le secteur officiel et informel que le secteur parallèle de l'emploi, compte tenu des dispositions pertinentes des instruments de l'Organisation internationale du travail touchant les enfants. [...].[15]

---

horaires de travail et des conditions d'emploi; c) Prévoient des peines ou autres sanctions appropriées pour assurer l'application effective du présent article."

[13] Le droit de l'enfant d'être protégé contre l'exploitation était déjà contenu – pour la première fois dans un instrument international – dans la Déclaration sur les droits de l'enfant de 1924 (principe 4), et encore – amplifié – dans la Déclaration sur les droits de l'enfant de 1959 (principe 9).

[14] Art. 15 (1) CADE: "(1) L'enfant est protégé de toute forme d'exploitation économique et de l'exercice d'un travail qui comporte probablement des dangers ou qui risque de perturber l'éducation de l'enfant ou de compromettre sa santé ou son développement physique, mental, spirituel, moral et social."

[15] Cela veut dire que la protection des enfants travailleurs s'étend aussi au secteur informel. Emploi – non-emploi/travail sans être employé: Une autre distinction est entre le travail des enfants en général et l'emploi des enfants. Art. 32 CDE et art. 15 CADE utilisent tous les deux termes et alors ne se limitent pas à l'emploi seulement. Aussi les conventions de l'Organisation internationale du travail (OIT/ILO) ne parlent pas seulement de l'emploi mais aussi du travail des enfants (par exemple art. 1 de C138). Ça

L'article 15 alinéa 2 de la CADE se réfère aussi aux instruments de l'Organisation internationale du travail (l'OIT) touchant les enfants. Les plus importants d'entre eux sont: premièrement, la Convention sur la fixation des salaires minima (C131) de 1970; dix États africains ont ratifié cette convention (fig. 3); deuxièmement, la Convention sur l'âge minimum (C138) de 1973; cette convention a été ratifiée par 52 États africains (fig. 4); et troisièmement, la Convention sur les pires formes de travail des enfants (C182) de 1999 qui a été ratifiée par 52 États africains (fig. 5).[16]

Figure 3 : États parties à la Convention sur la fixation des salaires minima, 1970 (C131)

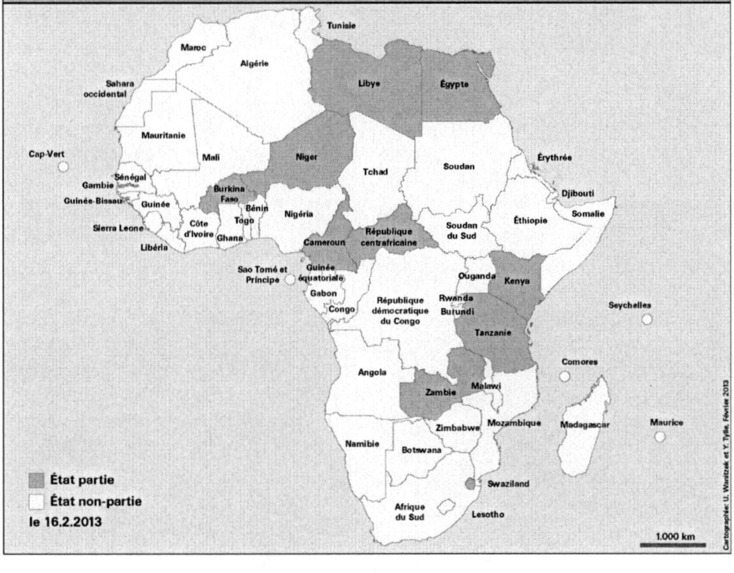

veut dire que ces conventions veulent protéger aussi des enfants qui travaillent sans être employés, par exemple au ménage ou à la ferme de la famille.

[16] http://www.ilo.org/dyn/normlex/fr/ (20.2.2013). Cf. Noguchi (2002); Gallinetti (2008: 327-330).

Figure 4 : États parties à la Convention sur l'âge minimum, 1973 (C138)

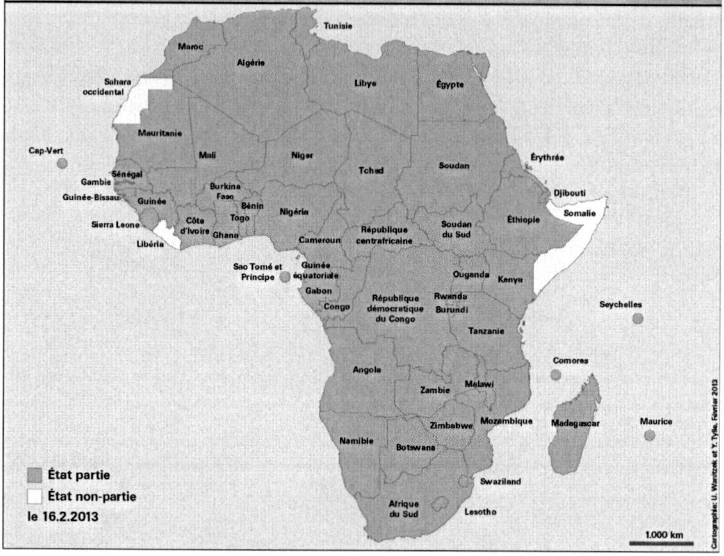

Fig. 5 : États parties à la Convention sur les pires formes de travail des enfants, 1999 (C182)

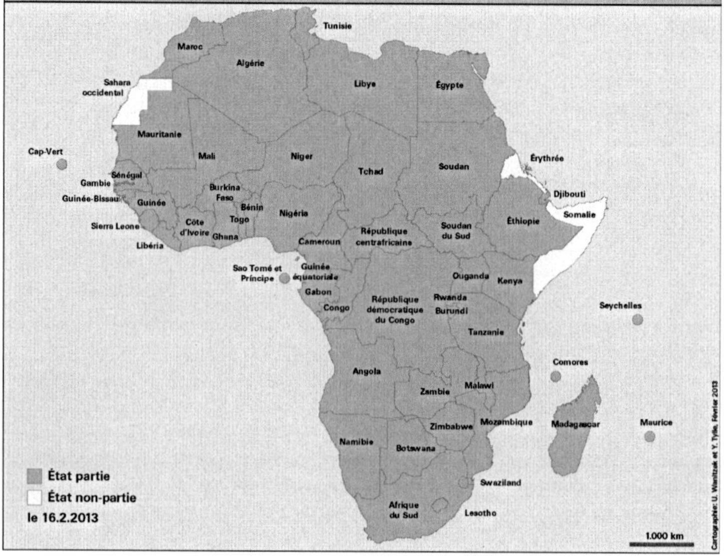

2. Deux positions contraires concernant le travail des enfants

a) L'objectif de suppression du travail des enfants

L'Organisation internationale du travail (l'OIT) s'est fixé comme but important l'abolition du travail de l'enfant, comme cela est visible dans le Programme international pour l'élimination du travail des enfants (IPEC)[17] qui a été établi en 1992 et dans l'intitulé du rapport de 2006: "La fin du travail des enfants: un objectif à notre portée".[18] Comme le directeur général du Bureau international du travail, Monsieur Juan Somavia, l'a souligné:

> La fin du travail des enfants est à notre portée. Le combat contre le travail de l'enfant reste un défi impressionnant, mais nous sommes sur la bonne voie. Nous pouvons mettre un terme au travail des enfants dans ses pires formes en une décennie, sans perdre de vue notre but final: en finir avec le travail des enfants dans toutes ses formes.[19]

Les conventions sur le travail de l'enfant de l'Organisation internationale du travail (OIT) réfléchissent également aux moyens d'atteindre cet objectif. Par exemple, l'article 1 de la Convention sur l'âge minimum (C138) prévoit que:

> Tout membre pour lequel la présente convention est en vigueur s'engage à poursuivre une politique nationale visant à assurer l'abolition effective du travail des enfants [...].

b) L'objectif d'améliorer les conditions du travail des enfants – le travail avec dignité

Mais la question se pose de savoir s'il s'agit de l'unique solution et si l'accord se fait sur cet objectif. Ce n'est pas le cas. Il y a des mouvements et des organisations des Enfants et Jeunes Travailleurs (EJT)[20], qui ne visent pas

---

[17] Programme international pour l'abolition du travail des enfants, www.ilo.org/ipec/lang--fr/index.htm (20.2.2013).

[18] Bureau international du travail 2006 (ci-dessus note 8).

[19] Selon l'annoncement de CRIN (Child Rights Information Network) du 4 mai 2006 présentant le rapport, www.crin.org/resources/infoDetail.asp?ID=8418 (20.2.2013). Cf. aussi Weston (2005a: xv); mais d'autre côté, Weston (2005b: 433): "Everyone should respect and promote the right of working children to organize."

[20] La voix des enfants actifs, http://www.enfants-actifs.org/?page_id=6 (20.2.2013).

l'éradication du travail des enfants mais qui réclament un droit de l'enfant au travail avec dignité (Hanson/Vandaele: 2003).

Sur la base, entre autres, de l'article 12 de la CDE, ils exigent leur droit à participer au débat sur le travail des enfants et aux décisions prises dans ce domaine. Les premières organisations et mouvements des Enfants et Jeunes Travailleurs, dirigés par des enfants ou par des jeunes, sont apparus dans les années 1970 en Amérique Latine (au Pérou et au Brésil). Dans les années 1990 des organisations similaires étaient fondées aussi en Afrique (au Sénégal et en Côte d'Ivoire).[21]

Le droit de l'enfant au travail avec dignité – c'est une manière de voir le travail des enfants qui diffère de celle de l'Organisation internationale du travail (l'OIT): au lieu de l'objectif de l'OIT qui est l'abolition du travail des enfants, celui qui est principalement poursuivi par les organisations des Enfants et Jeunes Travailleurs est au contraire l'affermissement et la consolidation du statut des enfants travailleurs, et l'encouragement de leurs organisations (Hanson/Vandaele 2003: 77). Divers auteurs, comme Hanson et Vandaele, se demandent pourquoi les enfants travailleurs ne pourraient pas faire des demandes concernant les conditions de leur travail, quand les travailleurs adultes le peuvent (Hanson/Vandaele 2003: 73).

3. Le travail des jeunes

Quand on observe les deux positions opposées concernant le travail des enfants présentées ci-dessus, il semblerait plus simple de décider en faveur de l'une ou de l'autre si l'on distinguait entre les enfants en bas âge et ceux plus âgés. Un certain problème des conventions protectrices des enfants est qu'elles couvrent un large segment de la population avec des besoins très différents selon l'âge. Cependant une autre convention internationale comporte une solution au moins partielle. Avec sa définition du "jeune", la Charte africaine de la jeunesse (CAJ) de 2006 couvre le groupe d'âge de 15 à 35 ans (cf. Définitions, CAJ). Cette convention récente a déjà été ratifiée par 31 états sur un nombre total de 54 états.[22] Pour la tranche d'âge entre 15 et 18 ans, les conventions internationales relatives aux droits de l'enfant et la Charte africaine de la jeunesse se chevauchent. Pour cette tranche d'âge, l'article 15

---

[21] La voix des enfants actifs, Dakar, Sénégal; cf. Hanson/Vandaele (2003); Mouvement Africain des Enfants et Jeunes Travailleurs (MAEJT), http://www.groupe-initiatives.org/IMG/pdf/Fiches_GI_09.pdf (20.2.2013); Cf. aussi *ProNATs – Solidarität mit arbeitenden Kindern und Jugendlichen*, www.pronats.de (20.2.2013).

[22] http://www.integration.gouv.ci/fichier/African_Youth_Charter_fr.pdf (28.2.2013).

(1) de la CAJ donne à chaque jeune le droit à un emploi rémunéré. Selon l'alinéa suivant (2), "[t]out jeune a droit à la protection contre l'exploitation économique et l'exercice de fonctions qui semblent dangereuses, qui affectent les études du jeune ou susceptibles de nuire à sa santé ou à son épanouissement." Cet article est conforme au concept de la dignité dans le travail. Depuis l'entrée en vigueur de la Charte africaine de la jeunesse, il est nécessaire d'analyser sous un nouveau jour la prise de position de l'Organisation internationale du travail présentée ci-dessus sous peine d'y voir une contradiction.

Figure 6 : États parties à la Charte africaine de la jeunesse, 2006 (CAJ)

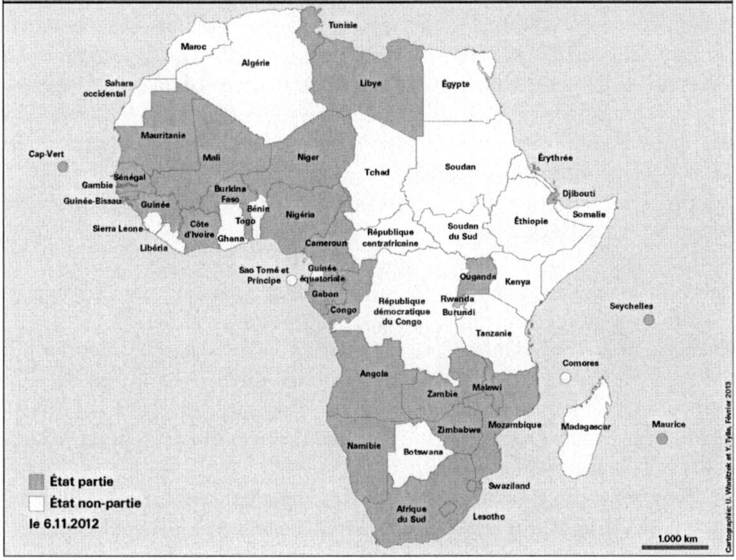

D. Conclusion: Le rôle des enfants – acteurs ou objets de protection?

Cette contradiction entre les deux positions concernant le travail des enfants implique en même temps la question de savoir si l'on veut voir les enfants surtout comme acteurs, ou comme objets de protection.[23] Cela est aussi lié à la question de savoir si l'enfance est considérée comme une phase autonome existante dans son droit même; ou comme une phase décidée par autrui, une phase de transition seulement, qui aboutit à une autre phase plus importante, c'est-à-dire celle de la vie d'adulte.

Le travail des enfants fait partie de la socialisation et de l'éducation (Hanson/Vandaele 2003: 79) des enfants, d'un mode de vie normal dans beaucoup de sociétés africaines. L'apprentissage peut être un exemple positif du travail de l'enfant. Selon plusieurs auteurs, pour beaucoup d'enfants en Afrique, le travail est la source d'une conscience de leur valeur propre en tant qu'ils voient une reconnaissance personnelle dans cette opportunité de travailler (Hanson/Vandaele 2003: 78).

Le problème étant de tracer les frontières entre, d'un côté, une conception positive du travail des enfants dans ce sens social et culturel et, de l'autre, le travail comme exploitation des enfants qui de ce fait diminue ou empêche totalement leur accès à l'éducation, à la santé, et à un sain développement. Il n'y a pas de critères évidents – jusqu'à quel point est-il permis de perturber l'éducation et la santé d'un enfant par le travail? Cependant les deux positions contraires sont peut-être moins contradictoires qu'il ne peut être allégué car les deux écoles de pensée n'acceptent pas l'abus et les excès du travail de l'enfant, non plus que les formes de travail qui empêchent le développement, la santé et l'éducation des enfants.

Il se présente également un risque d'instrumentalisation de la situation de pauvreté en Afrique. En effet, les employeurs potentiels peuvent exploiter les enfants sous couvert de répondre favorablement au souhait de ces derniers d'obtenir plus d'autonomie par le travail et en leur accordant le droit au travail revendiqué par les organisations des Enfants et Jeunes Travailleurs.

L'éradication de la pauvreté est alors un but à terme (Heidel 2004).[24] Cependant, étant sur la voie, il faut améliorer les conditions du travail de

---

[23] Heidel (2004): "Die Wahrnehmung der sozialen Wirklichkeit von Kindern und Jugendlichen ist in den (I)-PRSPs [Poverty Reduction Strategy Papers] durchweg fragmentiert, und missachtet, dass Kinder Rechtssubjekte und nicht bloße Objekte sozialpolitischer Maßnahmen sind."

[24] Cf. aussi Heidel (2005).

l'enfant. Bien que cela devrait être une solution intermédiaire seulement, on ne doit pas délaisser les enfants qui sont forcés par les circonstances à travailler. Dans les deux cas, il n'est pas possible de choisir entre le rôle de l'enfant comme acteur ou comme objet de la protection. Plutôt, les deux éléments doivent être pris en considération. On ne devrait pas accentuer une contradiction entre ces deux idées, mais plutôt leur commun intérêt: l'encouragement des droits de l'enfant. La combinaison des conventions relatives aux droits de l'enfant et la Charte africaine de la jeunesse trace le chemin: Il faut regarder et traiter les enfants selon leur croissance, leurs capacités et leurs besoins à entreprendre une activité indépendante et responsable. L'enfance est un processus dynamique. Il est réducteur de considérer l'enfant seulement comme acteur ou comme objet, le point central porte plutôt sur le développement et l'épanouissement de sa personnalité.

Conventions internationales

Charte africaine de la jeunesse (adoptée le 2 juillet 2006 – entrée en vigueur le 8 août 2009). Organisation de l'unité africaine. (16.2.2013). http://www.integration.gouv.ci/fichier/African_Youth_Charter_fr.pdf.

Charte africaine des droits et du bien-être de l'enfant (adoptée le 11 juillet 1990 – entrée en vigueur le 29 novembre 1999). Organisation de l'Unité africaine. http://www.unhcr.org/refworld/docid/493fd2ad2.html (16.2.2013).

Convention relative aux droits de l'enfant (adoptée le 20 novembre 1989 – entrée en vigueur le 2 septembre 1990). Organisation des Nations unies. http://www2.ohchr.org/french/law/crc.htm (16.2.2013).

Convention N°131 sur la fixation des salaires minima (adoptée le 22 juin 1970 – entrée en vigueur le 29 avril 1972). Organisation internationale du travail. http://www.ilo.org/ilolex/cgi-lex/convdf.pl?C131 (16.2.2013).

Convention N°138 sur l'âge minimum (adoptée le 26 juin 1973 – entrée en vigueur le 19 juin 1976). Organisation internationale du travail. http://www.ilo.org/ilolex/cgi-lex/convdf.pl?C138 (16.2.2013).

Convention N°182 sur les pires formes de travail des enfants (adoptée le 17 juin 1999 – entrée en vigueur le 19 novembre 2000). Organisation internationale du travail. http://www.ilo.org/ilolex/cgi-lex/convdf.pl?C182 (16.2.2013).

Références bibliographiques

Arts, Karin C.J.M. (1992), "The International Protection of Children's Rights in Africa: The 1990 Charter on the Rights and Welfare of the Child", dans: *Revue africaine de droit international et comparé*. 5, 139-162.

Chirwa, Danwood Mzikenge (2002), "The Merits and Demerits of the African Charter on the Rights and Welfare of the Child", dans: *International Journal of Children's Rights*. 10, 157-177.

Chirwa, Danwood Mzikenge (2008), "Combating Child Poverty: The Role of Economic, Social and Cultural Rights", dans: Julia Sloth-Nielsen (éd.): *Children's Rights in Africa. A Legal Perspective*. Aldershot: Ashgate, 91-108.

Ennew, Judith/Myers, William E./Plateau, Dominique Pierre (2005), "Defining Child Labor as if Human Rights Really Matter", dans: Burns H. Weston (éd.): *Child Labor and Human Rights. Making Children Matter*. Boulder, Colorado/London: Lynne Rienner Publishers, 27-54.

Gallinetti, Jacqui (2008), "Worst Forms of Child Labour: A View from out of Africa", dans: Julia Sloth-Nielsen (éd.): *Children's Rights in Africa. A Legal Perspective*. Aldershot: Ashgate, 323-341.

Grover, Sonja (2004), "On Recognizing Children's Universal Rights: What Needs to Change in the Convention on the Rights of the Child", dans: *International Journal of Children's Rights*. 12, 259-271.

Hanson, Karl/Vandaele, Arne (2003), "Working Children and International Labour Law: A Critical Analysis", dans: *International Journal of Children's Rights*. 11, 73-146.

Harsch, Ernest (2001), "Child Labour Rooted in Africa's Poverty. Campaigns Launched against Traffickers and Abusive Work", dans: *Africa Recovery 15*. No. 3 ("Special Feature: Protecting Africa's Children"), 14.

Heidel, Klaus (2004), "Poverty Reduction Strategy Papers – Blind to the Rights of the (Working) Child?" Heidelberg, www.crin.org/resources/infoDetail.asp?ID=4386 (20.2.2013).

Heidel, Klaus (2005), "Strategiepapiere zur Armutsbekämpfung: Kinder zuerst! Eine Fallstudie über die PRSP-Prozesse in Äthiopien, Kenia und Sambia in kinderrechtlicher Perspektive." Erstellt im Auftrag der Kindernothilfe Duisburg e.V. Heidelberg, www.woek-web.de/web/cms/upload/pdf/forum_kinderarbeit/publikationen/heidel_2005_prsps_children_first.pdf (20.2.2013).

Lloyd, Amanda (2008), "The African Regional System for the Protection of Children's Rights", dans: Julia Sloth-Nielsen (éd.): *Children's Rights in Africa. A Legal Perspective*. Aldershot: Ashgate, 33-51.

McGoldrick, Dominic (1991), "The United Nations Convention on the Rights of the Child", dans: *International Journal of Law and the Family*. 5, 132-169.

Noguchi, Yoshie (2002), "ILO Convention No. 182 on the Worst Forms of Child Labour and the Convention on the Rights of the Child", dans: *International Journal of Children's Rights*. 10, 355-369.
Sloth-Nielsen, Julia/Mezmur, B.D. (2008), "A Dutiful Child: The Implications of Article 31 of the African Children's Charter", dans: *Journal of African Law*. 52, 159-189.
Van Bueren, Geraldine (1995), *The International Law on the Rights of the Child*. Dordrecht: Nijhoff.
Weston, Burns H. (2005a), "Introduction", dans: Burns H. Weston (éd.): *Child Labor and Human Rights. Making Children Matter*. Boulder, Colorado/London: Lynne Rienner Publishers, xv.
Weston, Burns H. (2005b), "Bringing Human Rights to Child Labor: Guiding Principles and Call to Action", dans: Burns H. Weston (éd.): *Child Labor and Human Rights. Making Children Matter*. Boulder, Colorado/London: Lynne Rienner Publishers, 427-436.

La infancia como construcción: miradas desde la historia conceptual

Josefina Granja Castro
(con la colaboración de Elena Torres Sánchez)

Para todos es conocido que la obra de Phillip Ariés *L'enfant et la vie familiale sous l'Ancien Régime* publicada en 1960 constituye una referencia pionera en los estudios sobre la infancia. De acuerdo con Ariés, en la Europa medieval no existía todavía un concepto de niñez, fue hasta fines del siglo XVII cuando comienza a surgir la infancia como una entidad diferenciada del mundo adulto. Dicha obra tuvo una gran influencia en los modos de enfocar el tema tanto en términos de situar la génesis del concepto como en términos de una aproximación metodológica que hace medio siglo era poco común en las ciencias sociales.

De entonces a la fecha nuevos interrogantes se han planteado a la caracterización de Ariés sobre el concepto de infancia visto desde una genealogía de la historia europea que se asumía como la "modernidad occidental". La relevancia de las diferencias culturales y el rescate de la particularidad de los procesos históricos locales condujo a replantear a fondo la cuestión entendiendo que no se trata de una modernidad occidental única y homogénea que se irradia y expande, sino de "múltiples modernidades" al interior de las cuales el surgimiento y desarrollo de representaciones sobre la infancia va tomando matices y especificidades. Este es precisamente, me parece, el motivo que nos reúne en el objetivo de este libro: narrar procesos locales que nos permitan entender lo común y lo diferente de la infancia como construcción histórica.

Decir que la infancia es una construcción histórica no supone negar el hecho de que siempre ha habido niños, lo que indica es la ocurrencia de cambios en las formas de observarlos y representarlos como miembros de la sociedad y la cultura, cambios asociados a las categorías y distinciones de razonamiento mediante las cuales se construyen los objetos de conocimiento. Los sistemas de ideas propios de las diversas disciplinas sitúan al niño en espacios epistemológicos a través de los cuales se lo construye como sujeto con disposiciones, conciencias y sensibilidades propias, como sujetos en riesgo o como sujetos de la normalización. Por tanto adentrarse, desde la historia conceptual, en la infancia como construcción supone seguir la pista de cómo cambian las categorías, distinciones y diferenciaciones a través de las cuales la hemos pensado.[25]

Este trabajo presenta fragmentos de una cartografía conceptual sobre la infancia tomando ejemplos del caso mexicano en el último tercio del siglo XIX. Me interesa explorar algunas de las distintas representaciones que la sociedad ha generado en torno al niño, en especial las producidas desde las narrativas de la educación, la medicina y la criminología para mostrar cómo cada uno de estos ámbitos del saber generó formas de observación, instrumentación y saber. Lejos de una visión globalizante y totalizadora se trata de fragmentos que funcionan, a la manera de Walter Benjamin, como "relámpagos de la memoria": "articular históricamente el pasado no significa conocerlo como verdaderamente ha sido. Significa apoderarse de un recuerdo tal como éste relampaguea en un instante de peligro" (Benjamin 1997: 50-51). Mis relámpagos serán narrativas producidas por esos ámbitos del saber.

Narrativas sobre la infancia, instrumentalización de saberes

La función narrativa responde a la necesidad fundamental de la cultura de representar, comunicar y explicar la experiencia humana. Con sus lenguajes especializados y retórica propia, las diversas narrativas (literaria, histórica, científica, del arte, etc.) han sido y siguen siendo fuente de representaciones y procesos de significación. En el acto creativo de relatar una historia, comunicar una experiencia, relacionar acontecimientos y procesos se constituyen fuentes de representaciones, se propician disposiciones y conciencias con las que los individuos recrean el mundo y actúan en él.

Paul Ricoeur habla de la intencionalidad propia del "acto de contar" para referirse a que todas las formas de relato tratan de decir algo sobre nuestra historicidad radical. La estructura temporal de la narrativa permite construir y relacionar hechos, acontecimientos y procesos; estructura la representación, los procesos de significación e interpretación del pasado otorgándoles sentido en el presente. Extendiendo esta caracterización, otras formas de representar y comunicar nuestra condición histórica podrían ser tratadas como narrativas en la medida que permiten elaborar configuraciones significativas a partir de acontecimientos dispersos propiciando de ese modo una experiencia de la temporalidad (cfr. Ricouer 1999: 104).

---

[25] Sobre las afinidades entre historia conceptual e historia cultural, véase Popkewitz/Franklyn/Pereyra (2003).

Estadísticas, registros, listas, tablas, cuadros, etc., instrumentos todos ellos propios de los contextos de control y vigilancia de las poblaciones dedicados a medir y cuantificar rasgos individuales (físicos, mentales, habilidades, etc.) y colectivos, integrarían algo que podría llamarse "narrativas de género menor" que desde una racionalidad particular relatan historias sobre los cuerpos y los sujetos, sobre sus enfermedades y desviaciones, sobre el deseo de formar y ser formado. Las herramientas de descripción escolar, médica y penal no solo cuantifican sino que también cualifican la vida social: medir y jerarquizar implica establecer parámetros valorativos sobre las cosas, las personas y las situaciones. Los dispositivos de registro y codificación funcionan como mediación entre la observación y los saberes especializados, dan cauce a la manera en que la observación se traduce en datos susceptibles de ser sistematizados y acumulados, que permiten clasificaciones y comparaciones.

A través de esta instrumentación se establecen estilos de pensamiento y tecnologías para generar datos: formas de recolectar información, registrarla, acumularla y utilizarla posteriormente para nuevas observaciones. La instrumentación toma forma en dispositivos como el "cuadro" y la "tabla" que, mas allá de ser sólo procedimientos de acopio de información, constituyen dispositivos epistémicos con efectos sobre las relaciones y taxonomía sociales. Michel Foucault analiza el papel desempeñado desde el siglo XVIII por estos dispositivos en diversos campos del conocimiento señalando que se trata a la vez de procedimientos de saber y técnicas de poder: taxonomías naturalistas para clasificar a los seres vivos, observar, controlar y regularizar la circulación de mercancías, inspeccionar a los hombres, comprobar su presencia y su ausencia, distribuir a los enfermos separando unos de otros, dividir el espacio de los hospitales y hacer una clasificación sistemática de las enfermedades, etc. En todos los casos se trata de dispositivos con modos de operar basados en la distribución y el análisis, el control y la inteligibilidad cuya función consiste en "transforman las multiplicidades confusas, inútiles o peligrosas en multiplicidades ordenadas" (Foucault 1976: 152).

Aunado a ello, el carácter escrito de la instrumentación aporta una serie de rasgos de largo alcance: mayor formalización de las normas, despersonalización de la interacción, comunicación a distancia y en ausencia del emisor, acumulación y conservación de información para la toma de decisiones y para elaboraciones reflexivas *a posteriori*. Esta "potencialidad reflexiva de la escritura" se vincula con los procesos de racionalidad característicos de la modernidad (Goody 1990: 89), que en el caso mexicano coincide con el afianzamiento de un Estado nacional – en el último tercio del siglo XIX – que encontró en esa instrumentación de la infancia un mecanismo de gobernación. Así, el Estado se hace cargo de las prácticas reguladoras y de coordinación de los comportamientos individuales basándose en el desarrollo de todo un conjunto de saberes, análisis y reflexiones, cálculos y tácticas que cobran vida en las diversas instituciones de la sociedad: hospitales, escuelas, fábricas, prisiones, etc. La descripción de grupos, la caracterización de hechos colectivos, la medición de fenómenos generales, el cálculo de distancias entre individuos y su distribución en una población, constituyeron condiciones iniciales para la obtención de conocimiento sobre la población y la acumulación de documentación individual con miras a un mejor control y un ejercicio del poder más eficiente (Foucault 1981: 25).

En México, al igual que en otros países, es durante el último tercio del siglo XIX cuando poco a poco va tomado forma un cambio fundamental en las representaciones sociales: el niño y sus necesidades cobran visibilidad y dejan de ser percibidos como apéndices del mundo adulto. El análisis que realizo en este artículo se sitúa en un período de la vida nacional en el cual se consolidan definiciones fundamentales en ese sentido: la noción de obligatoriedad de la enseñanza para los niños de 6 a 12 años se establece en el Primer Congreso Nacional de Instrucción Pública en 1899, en 1892 se crea la clínica de enfermedades infantiles como cátedra de perfeccionamiento en la Escuela Nacional de Medicina, etc. El cuidado y desarrollo de la infancia se plasmó no sólo en las leyes de instrucción pública sino en diversos corpus jurídicos y códigos sanitarios que mejoraron las condiciones de la infancia en desamparo. La secularización de los hospitales y casas de beneficencia decretada en 1861 fue el inicio de un proceso en el que el Estado asumía la responsabilidad por el bienestar y la seguridad social. El pensamiento liberal y el positivismo desempeñaron un papel central en la conformación de un horizonte de principios filosóficos, científicos y políticos en el último tercio del siglo XIX, algunas de cuyas huellas son perceptibles en las descripciones producidas por estos diversos dominios del saber. Una de las consecuencias de este proceso fue que en el cambio de siglo XIX al XX la infancia irrumpió en la esfera pública asociada con la idea del ciudadano.

Los materiales que sirven de base a este análisis consisten fundamentalmente en registros escolares, médicos y penales a través de los cuales es posible observar las distintas maneras en que estos campos instrumentalizaron saberes sobre la infancia. Proceden de diversas formaciones discursivas situadas en la doble articulación entre el campo de cientificidad al que pertenecen y el campo de prácticas institucionales en que cobran vida: enseñar, sanar, corregir no son sólo prácticas definidas al interior del entramado conceptual propio de cada formación discursiva, sino también ámbitos en que emergen subjetividades y se constituyen sujetos: alumno, enfermo, delincuente. Escuela, hospital, prisión constituyen una red de instituciones y saberes de la modernidad que establecen patrones de normalidad y dibujan las fronteras entre lo normal y lo anormal administrando distinciones para operar en la vida social: sano/enfermo, letrado/analfabeta, normal/delincuente.

El concepto de infancia admite una lectura transversal a estos saberes identificando las zonas de visibilidad sobre el niño que cada uno de ellos establece, las formas de ver y enunciar a la infancia que contribuyeron a la gestación de formas sociales de percepción sobre la infancia. Las narrativas producidas por estos campos del saber son espacios discursivos que construyen memorias con capacidad referencial, potenciadoras de la experiencia de la temporalidad que atraviesa a toda construcción social.

La mirada escolar

El concepto moderno de niñez se encuentra estrechamente vinculado a los inicios del sistema educativo en el siglo XIX. La escolarización separó a los niños de los adultos no sólo en sentido figurado sino también en el sentido material y espacial. El tiempo dedicado a las actividades de aprendizaje en un lugar específicamente destinado para ese fin implicó, en el largo plazo, la formación de ambientes diferenciados que condujeron a construir progresivamente identidades distintas entre el niño y el adulto.

La escolarización hizo también una las aportaciones fundamentales a la configuración de la moderna concepción de infancia a través de la noción de edad para la enseñanza obligatoria que en México fue tomando forma a finales del siglo XIX.

El proceso de convertir al niño en una entidad cognoscible y descriptible desde el ámbito de la escolarización y sus prácticas traza una trayectoria de clasificaciones y jerarquías diversas que trataron de ordenar y describir lo que, por naturaleza propia, es el heterogéneo paso de los niños por la escuela. A través de las narrativas propias de la escolarización como los registros, noticias e informes se instrumentalizó un saber sobre la infancia primero de manera esporádica y siguiendo criterios subjetivos, y después de manera constante y conforme a normas cada vez más precisas y estandarizadas. Los reportes escolares que comenzaron a hacerse con fines de saber cuántas escuelas había, dónde se localizaban y quién las atendía pronto comenzaron a incorporar descripciones y distinciones sobre los niños y jóvenes que asistían a ellas.

Las formas de describir y conceptualizar los aspectos relacionados con la población escolar a lo largo del siglo XIX, rastreadas en noticias, informes y estadísticas, permiten visualizar un proceso de cambio y diferenciación conceptual que fue crucial para construir la moderna escolarización y la noción de infancia asociada a ella. La complejidad de esta tarea desde el punto de vista epistemológico y práctico se aprecia mejor si pensamos en la dificultad que entrañaba dar forma a un sistema de clasificación para caracterizar al colectivo de niños, niñas y jóvenes cuyas edades oscilaban entre los 5 y 16 años, que circulaban de manera intermitente por los establecimientos de enseñanza y diferenciarlos conforme al nivel de aprendizajes alcanzados, en un momento en que todavía no existían delimitaciones temporales ni de los contenidos de aprendizaje para las distintas clases que integraban la enseñanza primaria.

Nociones como "registrados", "inscritos", "asistencia" utilizados indistintamente en las décadas de 1820-1830 irán cobrando perfiles más definidos en elaboraciones de décadas posteriores donde se vuelve habitual el uso de la diferenciación entre "registrados" y "asistencia". En 1836 un maestro reporta que en su escuela el número de "niños en la lista" asciende a 300 pero sólo asisten 120 y eso con mucha variación de un día a otro "a pesar de mis llamadas de atención, entrevistas y advertencias a los padres". Expresiones similares son recurrentes en las décadas siguientes.

Hacia mediados del siglo empiezan a ser más frecuentes las explicaciones sobre las causas con que se asocia la irregular asistencia y se solicita información expresamente dedicada a documentar este problema del medio escolar. Los vínculos entre asistencia/inasistencia y aprovechamiento de los inscritos ya se mencionaban en la década de 1840, pero es hasta el último tercio del siglo cuando su uso está claramente asociado con establecer conexiones causales entre inasistencia y bajo aprovechamiento. Sin duda estaba en marcha un proceso de racionalización basado en cuantificaciones sistemáticas que permitiría apreciar las dimensiones de la irregular asistencia a la escuela y sus causas, uno de los principales problemas de la época que habría de conducir a plantear la obligatoriedad de la enseñanza.

Otro componente fundamental para pensar la infancia aportado por las categorías de la escolarización es la noción de "edad escolar". Durante buena parte del siglo las clasificaciones de los aprendizajes tomaban como referencia el nivel de competencias de cada niño, dando lugar a descripciones sumamente heterogéneas que no permitían definir grupos de enseñanza. Es hacia finales de siglo cuando empiezan a incorporarse criterios de clasificación homogéneos y comunes, entre los que se encuentra precisamente la categoría de "edades de los asistentes", que redundó en una organización más racional y un mayor control de las prácticas de escolarización. Los rangos establecidos para caracterizar a la población escolar fueron objeto de redefiniciones frecuentes: menores de 10 años, de 11 a 15 y mayores de 15, o bien: menores de 5 años, de 5 a 10 años, de 10 a 15 y mayores de 15.

La mirada médica

En el siglo XIX ocurre un cambio de mirada, un cambio de episteme, en los modos de observar y entender el cuerpo y sus enfermedades. El método clínico estableció relaciones entre dos tipos de fenómenos: las lesiones de carácter anatómico y la observación clínica de registros corporales de los enfermos. En el cruce de ambos nace una nueva forma de observación-saber-instrumentación basada en métodos de exploración del cuerpo mediante aparatos como el estetoscopio y técnicas como el registro sistemático en las historias clínicas individuales.

Las nuevas representaciones acerca de la infancia se vieron estimuladas con la creación de espacios para la práctica y la investigación. En 1861 se establece el Hospital de Maternidad e Infancia "el primer y original intento en el México independiente para tratar los problemas relacionados con la salud de los niños [...] y la primera ocasión en que de manera precisa y explícita se usa el término hospital en lo concerniente a la niñez" (Ávila/Padrón/Frenk 1997: 333). Las primeras cátedras sobre cirugía y enfermedades infantiles en la Escuela Nacional de Medicina se establecieron a fines del siglo XIX por los médicos mexicanos Carlos Tejada y Roque Macouzet.

Marfán, médico francés con cuyas obras se formaron los estudiantes de Medicina mexicanos, delimitaba la infancia como "el periodo de la vida que alcanza desde el nacimiento hasta la pubertad, la cual se establece entre los 12 y los 16 años más pronto en las niñas que en los niños. Se caracteriza ante todo por ser el periodo de mayor crecimiento por el cual el organismo infantil experimenta rápidas y profundas modificaciones" (Marfán 1899: 1). El nivel de especialización identificaba además varias etapas en el desarrollo: primera infancia de recién nacido a 2 años, segunda infancia de 2 a 7 años y tercera infancia de los 7 años a la pubertad.

La observación y exploración médica ponía al descubierto rasgos y síntomas propios del niño solo visibles desde esta mirada especializada:

> En las primeras edades es necesario buscar fenómenos que se desdeñan en el adulto, como las enfermedades del esqueleto que descubren el raquitismo, el estado del cráneo y de la fontanela mayor, y debe tenerse en cuenta la presencia en el tórax de un órgano que está atrofiado en el adulto: el timo… existen accidentes como las convulsiones y signos como el aumento de volumen en el hígado y el bazo que no tienen en el recién nacido y en el lactante la misma significación que en otras edades. (Marfán 1899: 5)

En la elaboración de las historias clínicas de los pacientes se registraron y codificaron signos físicos que se tradujeron en nuevas formas de representación y percepción del cuerpo. La observación médica se complementaba con análisis microscópicos de muestras patógenas, radiografías y otros registros documentales.

Como resultado de la observación clínica se produjeron, por ejemplo, tablas anatómicas que describían el desarrollo físico de los niños mediante indicadores muy precisos que ponían en relación diversas variables como talla, peso, edad y sexo que permitían trazar fronteras entre lo normal y lo patológico.

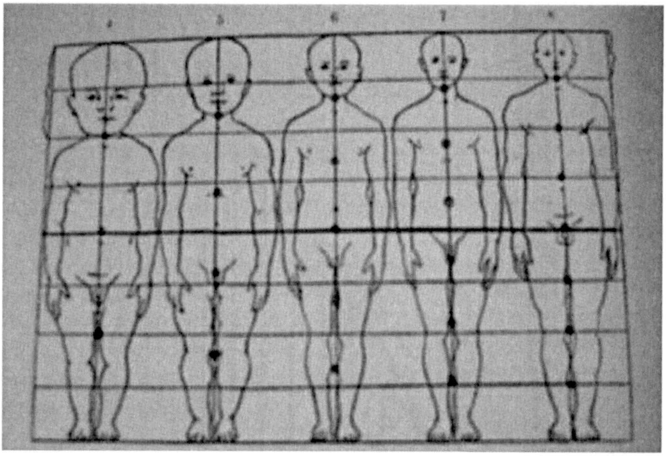

Fig. 1

Las narrativas generadas por este campo de prácticas y saberes dieron forma a una infancia imaginada que se alejaba en gran medida de la infancia real distribuida a lo largo del espectro de clases sociales del México de inicios del siglo XX. Mas que dar cuenta de la infancia real, estas narrativas contribuyeron a construir representaciones de largo aliento sobre la otredad infantil: el niño como diferente del adulto.

La mirada penal

Al movernos hacia las conceptualizaciones generadas desde el pensamiento penal nos introducimos en un campo de saberes que definió la infancia a partir de caracterizar y clasificar la conducta desviada que debía ser corregida. También en este terreno se registra un cambio de paradigma a finales del siglo XIX en las formas de entender la conducta delictiva. Se transita de una concepción del acto criminal como producto de la herencia y la fisiología a otra en la que empiezan a tener relevancia el contexto social y las condiciones de vida de los niños. Paralelamente se transita de una concepción penal basada en "castigar el cuerpo" a otra dirigida a "corregir el alma". En México el Código Penal de 1872, que nace al abrigo del pensamiento liberal en el último tercio del siglo XIX, expresaba ya esta transición al establecer la posibilidad de regeneración del delincuente y el papel de las cárceles como lugares de regeneración y no sólo de encierro y suplicio.

Se trata de un pasaje epistemológico que dio paso a nuevas tecnologías y formas instrumentalizar la infancia. Procedimientos y dispositivos tendientes a medir los rasgos físicos y diagnosticar la conducta con el fin de controlar y encauzar a los individuos. "Someter los cuerpos" a través de la vigilancia, los ejercicios, la disciplina, los registros, las jerarquías, etc., para "corregir las almas". Se generan así modos de observar y describir la infancia, propios de este ámbito del saber.

Siguiendo el método desarrollado por Lombroso se comenzó a estudiar a los delincuentes encarcelados, hacerles fotografías, tomarles medidas y enlistarlos de acuerdo con sus características físicas. Esa fue la base para producir narrativas que asociaban a los menores internados en las correccionales con "malformaciones cerebrales" por traumas en alumbramientos o accidentes en la niñez, y que postulaban que, al corregirse quirúrgicamente estas deformaciones se eliminarían la tendencias a la criminalidad (Gaceta de Policía, 08/04/1906).

El estudio del alma y sus manifestaciones en los rasgos físicos establecía asociaciones entre el estado mental del individuo y su fisonomía. Medir el cuerpo y caracterizarlo hasta en sus más íntimos detalles se convirtió en el eje de la instrumentación de un saber penal basado en la observación de rasgos antropomórficos y en minuciosos métodos de registro que resaltaban los rasgos singulares que volvían a cada individuo identificable e inconfundible: estatura, altura del tronco, perímetro del pecho, extensión de las extremidades, longitud de la mano, longitud del pie, diámetro del cráneo, etc. La descripción del rostro ocupaba un lugar especial, como si la expresión facial fuese la síntesis de la historia personal: longitud entre las cejas, longitud entre los huesos salientes de las mejillas, punto intermedio entre los incisivos superiores, descripción de la frente, quijada superior, saliente de la barba, nariz, dimensiones y forma de los ojos, orejas y boca, señales diversas (tatuajes, cicatrices), etc. El cuadro consagrado a cada sujeto incluía además datos relativos al parentesco directo (padres: profesión, hábitos, estado de salud, grado de fortuna) a su infancia, al estado del sujeto en el momento del delito, al estado de ánimo después de cometerlo. La observación de los rasgos psicológicos no estaba sujeta a cuantificación, sin embargo se apegaba a métodos de registro que se pretendían confiables.

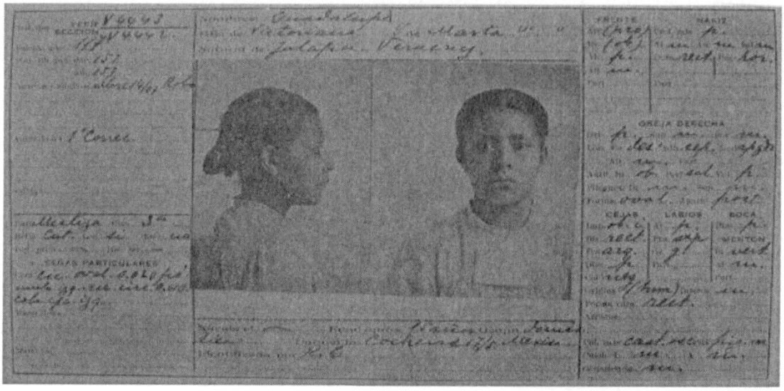

Fig. 2

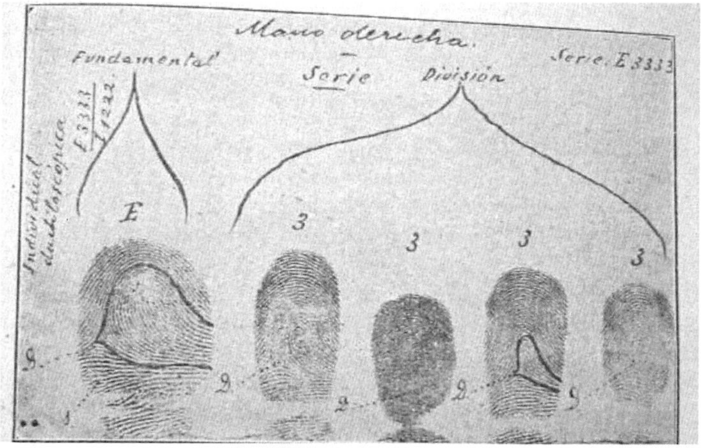

Fig. 3

Las siguientes narrativas conservadas en el archivo del Tribunal para Menores trazan el "perfil" que los especialistas de la época trazaban de la infancia en abandono:

> Se remite al menor Antonio de 15 años, nacido en esta ciudad, acusado de robo. Determinación de su situación: el menor ha desempeñado ocupaciones ambulantes pésimas para su educación y ha tenido amistad con muchos vagos de malas tendencias con quienes hacía travesuras y cometía robos. Se trata de un muchacho con marcadas tendencias al robo. Se notan sus inclinaciones a la maldad. Tiene pésimos antecedentes debido a la miseria en que vive, las malas compañías y a la falta de vigilancia enérgica e inteligente. Aunque su familia se interesa por él no ofreció ningunas garantías morales ni económicas. Necesita ser internado y estrictamente vigilado.
> Se remite a la menor Hilda de 14 años de edad para que sea internada [...]. La menor ha vivido siempre al lado de sus padres, ha asistido a la escuela en la que cursó el tercer año, pero como la madre necesitaba de su ayuda, la sacó de la escuela. Trabajó una semana como vendedora de un puesto de ropa, pero fue despedida por no cumplir con su trabajo. Es desobediente e irrespetuosa con sus padres que la reprenden frecuentemente [...] huyó del hogar, al regresar siguió su mal comportamiento y tenía intenciones de irse con un hombre que le habló de amores por lo cual la madre se vio obligada a internarla en esta institución. Veredicto médico: retraso mental de 2 años 5 meses y sana físicamente. El Tribunal resuelve: que la menor queda en calidad de depósito en esta institución por el tiempo que sea necesario. (Azaola 1990: 64-65)

A modo de cierre

El entretejimiento y consolidación de un conjunto de saberes y disciplinas modernas como la pedagogía, la medicina, el derecho tomaron forma hacia finales del siglo XIX en una red de dispositivos institucionales y dieron sustento a una nueva conceptualización sobre la infancia: el niño y sus necesidades cobran visibilidad y dejan de ser percibidos como apéndices del mundo adulto. De manera particular, el entrecruce de saberes médicos y pedagógicos en el campo de la higiene escolar operó un cambio de mirada sobre el espacio escolar y los educandos que permitió encausar los intereses y acciones modernizadoras del Estado desde la base misma de la vida social, la infancia. Al abrigo de los principios de la ciencia positiva las instituciones del

Estado establecieron prácticas de registro y clasificación como punto de partida para el diagnóstico y diseño de medidas públicas, generando pautas de relación entre el Estado y la población basadas en la vigilancia y el control poblacional. La escolarización desarrolló un estilo de documentación que pretendía indagar en las facultades del educando, "gobernar el alma, es decir, moldear las convicciones internas, los sentimientos y las sensibilidades que generan acciones" (Popkewitz 1998: 65). A la par se despliega todo un campo de documentación de tipo físico sobre los niños mexicanos iniciada con los exámenes individuales de los servicios de higiene escolar, los promedios anatómicos y funcionales propios de la exploración clínica, la fotografía antropométrica aplicada como parte de la mirada criminológica.

En estas formas de instrumentación la infancia pudo ser representada cumpliendo el sueño de la modernidad de acceder a un lenguaje universal: imágenes y representaciones supuestamente científicas y objetivas basadas en la cuantificación de aspectos diversos del cuerpo, la mente y las disposiciones, que propagaron nuevas ideas sobre la naturaleza del niño y los modos para su buen encauzamiento. Los ángulos en que dieron visibilidad a la infancia fueron terreno donde se gestaron categorías administrativas para organizar prácticas de gobernación como programas sociales de atención y contención dirigidos a esta franja poblacional.

En el proceso no sólo se produjeron categorías administrativas para organizar programas sociales sobre la participación, el rendimiento y la "salvación" de los niños, también se produjeron prácticas sociales de clasificación y diferenciación. Así, desde el razonamiento poblacional del cual formó parte, este andamiaje de discursos dio forma a un horizonte de representaciones desde el cual se ofrecieron modelos de explicación-comprensión sobre la individualidad de las disposiciones, capacidades y sensibilidades del niño.

Bibliografía citada

Ariés, Phillipe (1960), *L'enfant et la vie familiale sous l'Ancien Régime.* Paris: Pion.

Ávila-Cisneros, Ignacio/Padrón, Francisco/Frenk, Silvestre (1997), *Historia de la pediatría en México.* México: Fondo de Cultura Económica.

Azaola, Elena (1990), *La institución correccional en México. Una mirada extraviada.* México: Siglo XXI Editores.

Benjamin, Walter (1997), *Sobre el concepto de historia. Tesis V y VI.* En: *La dialéctica en suspenso. Fragmentos sobre la historia.* Santiago de Chile: ARCIS y LOM Ediciones.

Del Castillo Troncoso, Alberto (2006), *Conceptos, imágenes y representaciones de la niñez en la ciudad de México 1880-1920.* México: El Colegio de México-Instituto Mora.
Foucault, Michel (1976), *Vigilar y castigar.* México: Siglo XXI Editores.
Foucault Michel (1981), "La gubernamentabilidad", en: Michel Foucault et. al.: *Espacios de poder.* Madrid: La Piqueta, 9-26.
Gaceta de Policía (1906), 8 de abril.
Goody, Jack (1985), *La domesticación del pensamiento salvaje.* Madrid: Akal Editores.
Goody, Jack (1990), *La lógica de la escritura y la organización de la sociedad.* Madrid: Alianza Editorial.
Granja Castro, Josefina (2007), "Narrations and Knowledges at the Beginnings of Modern Schooling in Mexico", en: *Paedagogica Historica. International Journal of the History of Education.* N° 6, 819-837.
Granja Castro, Josefina (2009), "Thinking Childhood: Categories of Schooling in Mexico 1850-1930". En: Christine Mayer/Ingrid Lohmann/Ian Grosvenor (eds): *Children and Youth at Risk. Historical and International Perspectives.* Frankfurt a. Main: Peter Lang Publishing House.
Marfán, Antonin (1899), *Traité de l'allaitement et de l'alimentation des enfants du premier age.* Paris: Steinheil Editor.
Padilla Arroyo, Antonio (2001), *De Belem a Lecumberri. Pensamiento social y penal en el México decimonónico.* México: Archivo General de la Nación.
Popkewitz, Thomas (1998), *La conquista del alma infantil. Política de escolarización y construcción del nuevo docente.* Barcelona: Pomares Editores.
Popkewitz, Thomas/Franklin, Barry/Pereyra, Miguel (2003), *Historia cultural y educación. Ensayos críticos sobre conocimiento y escolarización.* Barcelona: Pomares Editores.
Ricoeur, Paul (1999), *Historia y narratividad.* Barcelona: Paidós.

"A qui appartiennent les enfants?" Des normes et des pratiques de parenté sociale en Afrique de l'Ouest[26]

Erdmute Alber

Elever des enfants placés en Afrique de l'Ouest – Un champ théorique fonctionnaliste

Depuis les recherches menées par Esther Goody sur la parenté sociale au Ghana (1982), les anthropologues se sont penchés sur différentes formes du phénomène de l'enfant gardé en Afrique de l'Ouest, une région dans laquelle cette pratique semble plus répandue qu'ailleurs au monde. Les débats continuent de se concentrer sur la diversité des formes de cette pratique ainsi que sur les différentes fonctions et justifications économiques du principe de la parenté sociale.[27] Esther Goody allègue qu'au lieu de se charger de la reproduction sociale, il apparaît plus raisonnable pour la société de partager les tâches entre parents biologiques et sociaux. Elle trace les grandes lignes des différentes fonctions de parenté pouvant être partagées entre parents biologiques et sociaux: D'un côté, engendrer et mettre au monde; de l'autre, conférer des statuts et des droits; puis enfin assurer la formation, l'éducation et les diverses assistances (Goody 1982: 7 et suiv.).

Goody a ainsi ouvert des perspectives de recherche, en démontrant qu'il est judicieux pour une société de ne pas laisser aux seuls parents biologiques la responsabilité de leurs enfants. Cette perspective met en question les idées généralement admises en Europe et aux Etats-Unis au sujet de la parenté, idées selon lesquelles seuls les parents biologiques sont de bons parents: des parents "réels" ou "naturels", tandis que toute autre forme de parenté par adoption ou placement est perçue comme une solution précaire en situation de crise et implique une connotation de "déviation". A la suite des travaux de

---

[26] Cet article est basé sur une recherche dans la République du Bénin que je mène depuis 1999. Quelques résultats ont été publiés en anglais dans: Alber (2003), Alber/Sommer (2003) et Alber/Elwert (2004). Je tiens à remercier la Deutsche Forschungsgemeinschaft à Bonn, l'Université Libre de Berlin l'Institut Frobenius à Francfort sur le Main et l'Université de Bayreuth pour leur soutien financier et institutionnel. Et je remercie Catrien Notermans, Axel Harneit-Sievers, Hippolyte Amouzouvi et Saskia Walentowitz de leurs commentaires utiles et critiques donnés sur des versions précédentes du texte.

[27] Allman (1997), Atto (1996), Bledsoe (1980), Bledsoe/Brandon (1992), Bledsoe/Isingo-Abanike (1989), Isaac et al. (1982), Lallemand (1993, 1994), Page (1989), Roost Vischer (1997).

Goody, la recherche sur la parenté sociale en Afrique de l'Ouest a continué d'élaborer un cadre fonctionnaliste pour comprendre ces phénomènes. Il a été démontré que la pratique de parenté sociale contribue à résoudre de nombreuses tâches sociales: elle contribue à minimiser les risques de famine ainsi que les risques sociaux (Bledsoe/Brandon 1992; Bledsoe/Isingo-Abanike 1989), y compris ceux qui sont causés par la stérilité (Meier 1999; Shell-Duncan 1994). En outre, elle aide à équilibrer le nombre d'enfants entre les différents foyers (Shell-Duncan 1994), offre des opportunités pour l'éducation et l'accès à l'apprentissage formel (Goody 1982), tout en contribuant à renforcer la cohésion entre les clans (Lombard 1965: 56 et suiv.). Enfin, elle contribue à subvenir aux besoins des personnes âgées (Bledsoe/Isingo-Abanike 1989).

Ces arguments tentent de démontrer que la pratique de l'échange d'enfants entre différentes personnes offre de nombreux avantages. Cependant, cette perspective ne prend pas en considération la manière dont les pratiques de parenté s'articulent aux normes sociales. Si les pratiques de placement et d'adoption d'enfants paraissent d´être tellement utiles, pourquoi dans d'autres sociétés comme celles d'Europe ou d'Amérique du Nord, l'adoption et le placement constituent-ils des exceptions? La raison pour laquelle Européens et Américains ne pratiquent pas l'échange d'enfants à l'intérieur des familles ne réside pas dans le fait que les problèmes pouvant être réglés ou minimisés par le placement d'enfants, n'existent pas dans leurs sociétés, mais dans le fait que la pratique de faire circuler des enfants n'est pas habituelle en Europe car cette pratique ne correspond pas à certaines normes et idées considérées comme fondamentales. La conviction selon laquelle les parents biologiques sont les meilleures personnes pour éduquer un enfant, et que tout changement de parenté pourrait représenter une entrave au développement de l'enfant, empêche de considérer l'éventualité de placer un enfant ailleurs.

De ce fait, les arguments fonctionnalistes seuls ne sont pas en mesure d' expliquer l'existence et la persistance d'une institution telle que le placement d'enfants en Afrique de l'Ouest. Pour mieux comprendre la logique de la parenté sociale en Afrique de l'Ouest, on pourrait recourir à une perspective de recherche qui reconnaît la signification de la parenté sociale dans le contexte des normes et idées générales relatives à la parenté, à l'enfance et aux groupes sociaux prévalant dans une société particulière. Dans cet objectif, il sera utile de se focaliser sur le point de vue des personnes concernées. Des normes importantes à prendre en considération sont celles qui concernent la paternité. Ces normes définissent celui qui a le droit de prendre des enfants en charge, de les élever et de leur choisir des conjoint(e)s; elles abordent également des questions d'héritage et de responsabilité vis-à-vis des enfants en matière de besoins fondamentaux tels que: se nourrir, se loger, se vêtir, se soigner, s'instruire etc. Comme il a été démontré par les récentes discussions sur le terme de "clan" (Carsten 2000), la réponse à la question de la structuration du clan dans une société donnée, ne peut jamais être la simple dichotomie entre le "biologique" et le "social". Il vaudrait mieux chercher à comprendre les dynamiques spécifiques de la société au sujet des relations parentales ou, comme Edwards et Strathern (2000) l'ont souligné, au sujet de l'appartenance.

La société des Baatombu au Nord-Bénin semble constituer un cas extrême: la parenté biologique y est niée. L'individu a honte de s'afficher comme géniteur de ses enfants biologiques. De plus, il cherche à démontrer publiquement qu'il n'a rien à faire avec ses enfants biologiques, que ces derniers ne lui appartiennent pas.

Questions de terminologie

En désignant la pratique chez les Baatombu par "parenté sociale" et plus précisément "garde d'enfants", j´utilise la conceptualisation proposée par Esther Goody (1982: 7f.). Elle désigne par "adoption" exclusivement les rares cas où toutes les fonctions paternelles, sauf conception et mise au monde, sont transférées aux parents sociaux. Etant donné que les enfants Baatombu héritent leur identité de clan et l'accès à des postes de chefferie par l'intermédiaire de leurs pères biologiques, quelques fonctions restent liées aux parents biologiques. De ce fait, j'assimile leurs formes de parenté sociale à des "placement d'enfants". Dans ce contexte, j'utilise le terme de "placements d'enfant" exclusivement comme terme analytique qui n'exprime pas la manière spécifique des Baatombu de penser et de dire la parenté. Ces aspects, particulièrement le sentiment prononcé de honte chez les Baatombu au sujet de la parenté biologique et leurs efforts de la rendre invisible, s'expriment par une description qui fait apparaître le point de vue des personnes concernées et complètent les approches analytiques.

En Baatonum, la langue des Baatombu, on ne fait pas de distinction entre les termes de parenté "sociale" et de parenté "biologique". La notion de *baa*, père, est appliquée aux pères biologiques et sociaux ainsi qu'à leurs frères. Ceci est également valable pour le terme de *mero*, mère. Pour dénoter le véritable père ou la véritable mère biologiques en Baatonum, il est nécessaire d'avoir recours à des paraphrases particulières, selon les circonstances.

Même le terme Baatonum de *mara*, conventionnellement traduit par l'acte physique de donner naissance, est utilisé tout autant par des hommes que des femmes, parents biologiques et sociaux, quand ils parlent de "leur" enfant. Certes, cette manière de gommer les différences entre parents biologiques et parents sociaux fait partie des habitudes chez les Baatombu qui tout à la fois reconnaissent les parents sociaux comme les véritables personnes de référence et nient l'importance de la parenté biologique.

Cependant, en vue d'expliquer ou de traduire une situation donnée, j'utilise le terme de "parents biologiques" de façon analytique. Le terme évoque des personnes ayant engendré et mis au monde un enfant au sens physique. J'appelle "parents sociaux" les personnes qui prennent soin d'un enfant et en assument la responsabilité.

D'abord, je décrirai ce qu'on entend par les pratiques "traditionnelle" de placement d'enfant – pratiques toujours respectées dans les régions rurales. Ensuite, j'esquisserai les grandes lignes des idées et normes sous-jacentes à ce phénomène. Enfin, j'analyserai les processus de transformation intervenus dans les modes de circulation des enfants.

Les Baatombu: économie, droit foncier et parenté

Les Baatombu sont majoritairement des paysans et font partie de la région multiethnique du Borgou située au nord-est du Bénin et au nord-ouest du Nigeria. Ils partagent les terres avec d'autres groupes de paysans, de bergers et de commerçants. Depuis environ 1960, une forte tendance de migration vers les grandes villes au Sud du Bénin, essentiellement vers Cotonou, a été enregistrée, ainsi qu'une tendance de migration à l'intérieur du Borgou vers le chef-lieu de Parakou et d'autres centres urbains[28].

L'économie est basée sur la production de subsistance (igname, mil, maïs) combinée avec la production de coton en culture de rente. Suite à la croissance de la population et l'introduction progressive du droit foncier moderne, l'accès relativement libre aux terres a été remplacé par l'accès par héritage. Ce changement est important car, dans le passé, la question d'acquisition de richesses par l'agriculture ne dépendait pas de la quantité de terres héritée mais des qualités personnelles, p. ex. être bon agriculteur, avoir beaucoup de femmes et d'enfants pour travailler sur les champs et d'autres facteurs qui pouvaient être acquis et/ou perdus par un individu de son vivant. De ce fait, la question d'héritage n'avait pas beaucoup d'importance pour déterminer les chances d'un individu. Un agriculteur assidu et prospère avec une grande famille pouvait devenir relativement riche. La différenciation

---

[28] Pour des descriptions générales anthropologiques et historiques de la société multiethnique du Borgou, voir Lombard (1965), Crowder (1973), Sargent (1982), Schottman (1991), Kuba (1996), et Alber (2000).

économique n'a pas joué de rôle important entre les paysans Baatombu. Ces facteurs me semblent constituer des conditions importantes pour la pratique de la parenté sociale.

La société Baatombu est patrilinéaire et essentiellement patrilocale. Les foyers sont créés essentiellement par les pères et fils avec leurs femmes actuelles. Le mariage est assez instable, la plupart des femmes contractent plusieurs mariages. Mais seul le premier est soumis au paiement d'une dot. Ce premier mariage est normalement arrangé par les parents sociaux de la mariée et ceux du futur époux. Oute l'enterrement, c'est le rite de passage le plus important et le plus intensément célébré en société Baatombu, car il marque le transfert de l'appartenance de la fille, de la famille de son père vers la famille de son mari. Les deux formes d'appartenance ont des connotations de propriété: la mère sociale ainsi que la famille de l'époux ont des droits prononcés sur le corps de la fille et sur la force de travail qu'elle représente. Mais le mariage constitue une forme instable d'appartenance, beaucoup plus instable que les relations avec un enfant gardé. Après avoir mis au monde quelques enfants la femme est relativement libre de retourner dans sa famille, soit dans le foyer de ses parents biologiques, soit dans le foyer de ses parents sociaux, et de commencer un nouveau contrat de mariage plus librement choisi.

Cette liberté relative se rapporte à une autre relation d'appartenance beaucoup plus stable: durant toute leur vie, les femmes appartiennent à leur famille. Elles ont le droit p. ex. d'élever les enfants de leurs frères ou de demander à rester dans les foyers de leurs frères à tout moment. Ces deux formes d'appartenance qui se chevauchent, expliquent partiellement pourquoi le divorce est facile et fréquent. Le divorce peut se faire de façon très informelle, p. ex. une femme, qui a officiellement quitté le foyer pour rendre visite à sa famille ou pour se rendre à une cérémonie, ne retourne tout simplement pas chez son mari.

Le système patrilinéaire et patrilocal est affaibli par plusieurs pratiques qui le contredisent avec ce système lui-même. Les foyers ont tendance à se diviser en cas de conflit. Comme l'accès aux terres est relativement libre, très souvent une des parties en conflit quitte le foyer pour en créer un nouveau ailleurs. La pratique de placement d'enfants a des effets ambigus sur les principes patrilinéaires et patrilocaux. Comme les enfants sont élevés par les membres de la famille paternelle ou maternelle, le principe patrilocal peut être confirmé ou affaibli selon la destination des enfants. Dans le cas fréquent où les filles sont élevées par les sœurs de leur géniteur, les liens patrilinéaires de la mère sociale sont confirmés et renforcés par l'acte du placement de l'enfant. Mais l'enfant grandit dans le foyer du mari de sa mère sociale qui n'est ni le foyer paternel, ni maternel. Vu du côté des filles, non seulement les liens patrilocaux mais également patrilinéaires peuvent être affaiblis, au moins dans les cas ou les filles ne rendent presque jamais visite à leur famille paternelle. Dans le cas des garçons placés chez leur oncle maternel, cet effet peut être encore plus prononcé. Comme ils ont le droit de rester dans sa concession même après leur mariage et de devenir parfois chef du foyer, leurs liens paternels sont très affaiblis. En résumé, la pratique de l'enfant placé ne confirme pas nécessairement les principes patrilinéaires ou patrilocaux, elle peut également créer des relations entrecroisées, confirmant parfois, mais pas necessairement les principes patrilinéaires.

Parenté sociale et genre

La pratique d'élever des enfants non pas par les parents biologiques mais par d'autres personnes, est très répandue dans les villages Baatombu. Pendant mes recherches menées sur le terrain depuis 1992, j'ai parlé de façon informelle avec plus de cent personnes de plus de 70 ans. Il n'y en a eu que deux qui aient affirmé avoir passé toute leur enfance avec leurs parents biologiques. D'habitude, les tantes et les oncles ou les grands-parents classificatoires "demandent un enfant pour vivre avec eux" comme disent les Baatombu. Placer un enfant constituait donc une pratique courante il y a environ soixante ans. Parmi les 65 Baatombu âgés de plus de 50 ans dans le village de Kika, 42 personnes avaient été des enfants placés dans leur enfance. Soit un taux de 67% d'enfants placés, il y a environ quarante ans. Des 311 enfants biologiques issus de ces 65 personnes âgées, 125 enfants avaient été également placés, ce qui revient à un taux de 35%. L'âge moyen de ces enfants est de 23 ans. En conséquence, même aujourd'hui bon nombre d'enfants continuent à être placés. Le taux varie d'un village à l'autre; la moyenne se situant autour de 30%. Ainsi les données confirment ce que les Baatombu disent toujours: autrefois, presque tout le monde a été placé; la pratique est en voie de diminution considérable, mais elle ne disparaît pas entièrement.

C'est toujours un seul individu qui détient les droits et devoirs de parent d'un enfant placé: une fille est prise en charge par une femme, un garçon par un homme. Normalement, c'est à l'âge de 3 à 6 ans que l'enfant passe dans le foyer de sa mère ou de son père social. Cette fourchette d'âge est préférée pour deux raisons: premièrement, l'enfant est sevré à 3 ans environ; d'autre part, son frère cadet ou sa sœur cadette est probablement déjà né(e). Deuxièmement, il est soutenu qu'il est souhaitable que le transfert d'un enfant se fasse à un jeune âge avant que l'enfant "prenne conscience" comme disent les Baatombu. Ils considèrent les six ou sept premières années de vie comme la période d'avantsa "prise de conscience". Ce point de vue suppose que des évènements ou des changements intervenus pendant cette période, ne peuvent pas causer un choc fondamental à la personnalité de l'enfant ou plus tard à l'adulte.[29]

Les parents sociaux portent l'entière responsabilité non seulement d'élever l'enfant, mais également de lui apprendre toutes les tâches et rôles spécifiques à son genre afin qu'il devienne un future membre de la société. Les conjoints s'occupent de "leurs" enfants sociaux respectifs de façon indépendante. Les femmes mariées vivent dans les foyers de la famille de leur époux et s'y trouvent en position précaire, particulièrement quand elles sont jeunes. Elles souffrent de la rivalité avec les co-épouses et de la domination de leurs époux. Leurs enfants biologiques appartiennent à un autre clan et seront probablement placés chez d'autres personnes. Dans une telle situation, les enfants gardés renforcent la position de la femme mariée, provenant de son propre clan et lui appartenant exclusivement. Ceci est une des deux raisons pour lesquelles le nombre de placements de filles en milieu rural n'a pas baissé au même degré que les placements de garçons.

La deuxième raison réside dans le fait que la scolarisation des filles ne semble pas être aussi importante que celle des garçons. La carrière envisagée pour une fille est en général celle de se marier et de devenir une bonne mère au foyer. La question de savoir chez qui la fille grandira n'est pas aussi importante que pour le garçon. C'est la raison pour laquelle les hommes ont aujourd'hui tendance à garder leurs fils biologiques avec eux afin de pouvoir prendre des décisions à leur sujet.

Parlant des difficultés rencontrées par les jeunes femmes mariées, une vielle femme affirme:

> Si tu es une femme mariée vivant dans la maison de ton époux et que tu as ta propre famille, tu prendras ta chose ["enfant"! La précision est de nous] pour l'élever. Même si tu as mis au monde des enfants avec lui, tu le feras. Tu vas prendre l'enfant de ton frère, l'enfant de ta sœur, pour les tenir (élever). (Interview enregistré à Tɛbo, 24 mars 1998, traduction du Baatonum: Erdmute Alber)

Il faut attirer l'attention sur l'utilisation des pronoms possessifs de cette femme. En disant "tu prendras ta chose pour la tenir" elle a mis l'accent sur le

[29] Cette idée est, bien sûr, complètement différente du concept de Freud qui essaie d'expliquer des structures de la personnalité de l'adulte par des expériences traumatisantes faites lors de sa jeune enfance.

fait que les enfants issus de son propre clan sont les siens. En même temps, elle a complètement évité d'exprimer un sens d'appartenance par rapport à ses propres enfants auxquels elle a fait allusion comme "les enfants mis au monde avec lui". "Lui" désignant bien sûr l'homme avec qui elle a été mariée à l'époque. Comme dans le cas des enfants, elle n'a pas attribué de pronom possessif à son mari, ni avancé une autre marque de relation d'appartenance. Par rapport à son clan, par contre, elle a utilisé toutes les expressions possibles pour désigner une telle relation: "tu as ta propre famille", "tu prendras ta chose", "l'enfant de ton frère, de ta sœur".

Elever des enfants de son propre clan – dans le présent contexte, elle les appelait ses "propres choses" – a pour effet de renforcer sa propre position dans un foyer où elle continue d'être considérée comme étrangère, une personne sans relations spécifiques de maternité qui sont réservées aux progénitures de son propre clan. Elle appartenait, dans un autre sens, à la famille de son mari car les membres de cette famille la désignent par: "notre femme" pendant que le mari dit "mon épouse". En revanche, elle n'est pas en mesure d'exprimer ce même sentiment d'appartenance. Alors que paradoxalement, "ses enfants" auxquels elle faisait allusion comme "ses choses", étaient les enfants biologiques de ses frères ou sœurs.

Droits et devoirs des parents d'enfants gardés

Avoir pris en charge des enfants donne des droits différents à la mère ou au père social. Ils ont le droit de faire travailler l'enfant pour eux. Elever des filles, offre des avantages importants aux femmes. Elles disposent ainsi de jeunes aides ménagères pour accomplir les nombreuses tâches du foyer. Les hommes ont besoin des garçons afin qu'ils les aident au champ. Cependant, le travail des enfants est toujours lié à l'idée que l'enfant doit apprendre quelque chose afin de devenir un bon agriculteur ou une bonne femme au foyer.

L'adulte qui a pris en charge un enfant placé a également des devoirs. Le devoir le plus important est l'obligation de donner à l'enfant son premier conjoint. Dans le cas d'espèce, il s'agit de faire face à l'essentiel des frais exigés pour le mariage: à commencer par le paiement de la dot. Le mariage ne marque pas seulement la fin de l'enfance, mais également la fin de la période pendant laquelle les enfants appartiennent à leurs parents sociaux. Le paiement de la dot en vue du mariage, libère en quelque sorte l'enfant.

Qui prend en charge des enfants placés?

Le droit de demander un enfant est soumis à certaines règles. Le premier enfant issu d'un couple devrait rester avec une personne appartenant au clan du père, une tante, un oncle ou un grand-parent classificatoire. Le deuxième enfant appartient normalement à la personne qui a élevé la mère biologique, dans la plupart des cas, c'est la grand-mère sociale. Cette relation d'appartenance tente de compenser les investissements en travail et argent mobilisés par la mère pour élever la fille. Elle cherche également à compenser la main-d'œuvre que la mère sociale perd en libérant sa fille pour le mariage. Si le deuxième enfant est un garçon, la mère sociale de sa mère biologique peut le donner à quelqu'un des siens, par exemple à un de ses fils. Le troisième enfant est destiné à la famille du père, et le quatrième enfant est celui que les parents biologiques ont le droit de garder pour eux-mêmes. Ces règles n'épuisent pas complètement les pratiques de placement d'enfants, étant donné qu'il y a de nombreuses personnes qui peuvent se présenter comme des parents ayant le droit de prendre en charge un enfant. Ces règles servent plutôt à justifier des revendications. Les pratiques de placement d'enfants sont très flexibles et offrent de l'espace à des préférences individuelles, à des décisions personnelles et, bien sûr, à beaucoup de conflits qui surgissent essentiellement quand deux personnes se présentent comme candidates à la prise en charge d'un enfant ou quand la famille tente de se dérober au placement d'un enfant.[30]

Même si quelqu'un cherche à refuser une requête particulière de prise en charge d'enfant, il y a un consensus général qui atteste que des personnes d'un certain rang ont le droit de "demander un enfant" sans que face à eux, les parents biologiques n'aient la possibilité de s'opposer à une telle demande. Dans l'objectif de comprendre les négociations concrètes sur le transfert d'un enfant, il est nécessaire d'esquisser les grandes lignes des normes de comportement et d'appartenance. Ces normes constituent la base sociale sur laquelle reposent les pratiques concrètes de placements d'enfants.

[30] Il est contraire aux normes de refuser de placer un enfant. Néanmoins, quelques parents cherchent à le faire, mais indirectement. Ils disent que les enfants sont trop jeunes ou malades ou ils demandent au parent social potentiel d'envoyer l'enfant à l'école (s'il n'y a pas d'école là où il vit). Parfois, ils prétendent que l'enfant est déjà promis à une autre personne.

Normes et idées sur la parenté et les relations d'appartenance

Les parents biologiques affichent un sentiment notoire de honte envers leurs enfants biologiques afin de montrer ou de justifier qu'ils ne tiennent pas à eux comme à leurs propres enfants. Il y a un grand nombre de tabous et de règles pour que parents et enfants biologiques s'évitent. Les parents biologiques n'ont pas le droit d'appeler leurs enfants par leur prénom et en public, ils prennent ostensiblement leurs distances à l'égard de leurs enfants biologiques.

J'ai observé des mères afficher cette distance à l'égard de leurs nouveaux-nés. Immédiatement après l'accouchement dans des centres de santé villageois, l'enfant a été enlevé à sa mère par d'autres femmes qui prennent soin du bébé. A chaque fois que j'ai assisté à un accouchement, quelques heures devaient passer avant que la mère biologique prenne son bébé dans ses bras pour la première fois pour l'allaiter. Elle le fait seulement après le départ des parents et ami(e)s venus la féliciter.

Le changement d'environnement et de personnes prenant soin de l'enfant n'est pas considéré comme un facteur pouvant faire du tort à un enfant. De ce fait, on admet qu'ils sont capables de s'adapter très facilement à de nouveaux parents et à des circonstances différentes. La plupart des jeunes ou des adolescents avec qui j'ai parlé ne se sont même pas souvenus de leur transfert. Parmi ceux qui se rappellent cette situation concrète au cours de leur vie, personne n'a dit qu'il s'agissait d'un moment dur ou traumatisant

La pratique selon laquelle on donne de nouveaux vêtements à l'enfant au moment de son transfert ne constitue pas seulement une stratégie pour le convaincre de suivre son nouveau parent. Cette pratique marque également le moment liminaire pour le transfert de l'appartenance. Le nouveau parent manifeste par ce geste que c'est désormais sa tâche de subvenir aux besoins de l'enfant. L'enfant doit laisser ses "anciens vêtements" derrière lui et, en même temps, l'ancienne relation d'appartenance. Contrairement à d'autres moments de changement profond au cours de la vie d'un Baatombu comme le mariage, la mort du premier mari ou ses funérailles (pour ce qui concerne les femmes) il n'y a pas de rituel complet au moment de transfert d'enfant. Mais quelques actes du rituel de transition sont également exécutés au moment de la remise de l'enfant. Il y a lieu, plus particulièrement, de constater des parallèles entre placement d'enfant et mariage.

Au moment du mariage, la mariée prend un bain rituel en public avant de quitter le foyer de sa mère pour aller dans celui de son époux. Ensuite elle est habillée de nouveaux vêtements et de bijoux. La mariée est obligée de pleurer au moment de partir, et elle doit paraître forcée de partir alors qu'elle manifeste qu'elle ne le désire pas. C'est la même chose pour un enfant à l'occasion de son placement: il prend un bain avant de quitter le foyer de sa mère et est ensuite habillé de nouveaux vêtements. Si un enfant ne pleure pas au moment de partir, on estime que l'établissement d'un lien positif et durable avec le nouveau parent a échoué.

Alors que l'enfant et la mariée sont obligés de pleurer au moment du départ, leurs mères biologique pour l'une et sociale pour l'autre, par contre, ne doivent afficher aucune émotion dans ces deux situations. Elles sont obligées de manifester qu'elles n'ont plus aucun droit de clamer un sentiment d'appartenance. Beaucoup de femmes avec qui j'ai parlé m'ont raconté qu'afin d'éviter de pleurer ou de créer des difficultés en montrant leur émotion le jour de la remise de leur enfant, elles ont quitté la maison très tôt le matin pour collecter du bois ou aller au champ et n´y revenir que lorsque l'enfant est déjà parti. De cette manière, elles évitent de faire face à ce moment difficile de l'enlèvement de l'enfant.

Les femmes utilisent feuilles, incantations et bains rituels à substances spéciales pour renforcer la liaison avec l'enfant gardé. Mais comparé au mariage, ces rituels sont moins pratiqués. Dans les deux cas, le transfert d'une personne établit de nouvelles relations entre les familles.

Beaucoup de valeurs de la société Baatombu ont changé dans le contexte urbain. Cependant, la conviction que les enfants s'adaptent vite à presque tous les milieux où ils sont bien traités, y est partagée également. Si les gens sont honnêtes ou considérés tels, leur confier un enfant ne pose aucun problème, même si de dernier leur est complètement étranger. L'idée qu'un jeune enfant ne "prend pas conscience" prévaut en ville comme à la campagne.

Une autre conviction est également importante, celle que les parents biologiques ne sont pas les "propriétaires" de l'enfant et que de plus, ils ne sont pas capables de lui garantir une bonne éducation. Comme beaucoup d'autres ethnies en Afrique de l'Ouest, les Baatombu estiment que les gens ne sont pas capables de se comporter de manière cohérente et équitable vis-à-vis de leurs enfants biologiques, et qu'ils ont tendance à être trop indulgents à leur égard.

Placer un enfant ne signifie nullement que les Baatombu n'attribuent pas de valeur aux enfants. Au contraire, beaucoup de gens m'ont expliqué, qu'en confiant son enfant, on se sépare de la chose la plus précieuse. Donc, la personne qui prend en charge un enfant, sera toujours reconnaissante d'avoir reçu ce cadeau le plus précieux que soit. La grande valeur attribuée aux enfants, rend l'enfant placé particulièrement précieux. C'est précisément cette grande valeur qu'on leur attribue qui fait des enfants des termes idéaux d'échange.

Il y a différents modes d'échanges dans la société des Baatombu, et il y a de nombreuses règles régissant le comportement de générosité et de redistribution au cours de l'échange de différents dons (Alber 2000: 101 et suiv.). Dans ce contexte, il devient évident que, ne pas offrir un enfant comme "don", est un acte de comportement antisocial qui exclut des gens des règles générales de vie en société basée sur différents types d'échange.

La parenté biologique, malgré toutes les normes et pratiques la niant, est perçue comme une valeur spéciale chez les Baatombu. La question de l'identité parentale est symptomatique de cette tendance. Un des éléments essentiels de la pratique de l'enfant gardé est que les enfants n'apprennent pas qui sont leurs parents biologiques. Beaucoup de gens m'ont raconté des histoires très émouvantes sur comment et quand ils ont appris les noms et identités de leurs parents biologiques. On m'a rapporté de nombreuses histoires sur les petits gestes ou petits cadeaux offerts par les parents biologiques à leurs enfants en cachette. A l'abri des regards, lorsque personne d'autre n'est présent ou dans le secret des maisons, les parents biologiques s'intéressent à leurs enfants. Ils leur offrent de la nourriture et font des petits cadeaux d'argent ou de vêtements. De telles pratiques sont connues de tout le monde: elles sont en fait attendues, particulièrement de la part de la mère biologique.

Les Baatombu sont très fiers d'avoir des enfants biologiques. Mais ceci ne signifie pas nécessairement qu'ils doivent vivre avec eux. Au contraire, on peut être très fier de son enfant biologique en sachant qu'il ou elle vit avec une personne importante ou dans la maison d'un très bon ami.

Une des raisons fréquemment données pour justifier la pratique de l'enfant placé est que la parenté sociale sert au renforcement des liens de la parenté. Comme il a été mentionné plus haut, les parents éloignés sont les parents sociaux de préférence. Les gens se demandent souvent, "pourrais-je jamais oublier quelqu'un qui accepta mon enfant et lui permit de vivre à ses côtés?". Bien sûr, on ne le peut pas. Si une famine se produisait, les parents biologiques enverraient de la nourriture dans le foyer des parents sociaux. Ils ne diront jamais qu'ils le font. Faire un tel aveu en public, reviendrait à dire que l'enfant leur appartient. Mais tout le monde dans la société Baatombu sait et comprend que l'assistance apportée dans une situation de crise est en rapport avec le lien spécial de clan renforcé par l'enfant placé.

En raison de règles exogamiques régissant la société Baatombu, le mariage lie des personnes n'appartenant pas au même clan. La parenté sociale, par contre, lie des gens du même clan. C'est pourquoi fonder une relation par l'enfant placé signifie nouer une relation au niveau du clan. J'ai pu observer quelques cas de profonde amitié entre hommes dans des villages ou petites villes Baatombu dans lesquels une personne a demandé à son ami de lui donner un de ses enfants. Dans ces cas, les acteurs ont interprété ces demandes comme une marque d'amitié particulièrement profonde comparable à un lien de clan, ainsi que l'a exprimé un des pères biologiques.

Transformations

Le système de parenté sociale commence à être contesté. Ce changement est dû à beaucoup de facteurs. Un des facteurs le plus décisif est l'importance croissante de l'éducation formelle. Les parents envoient souvent leurs enfants biologiques à l'école pendant que les enfants placés travaillent au champ ou sont occupés à des tâches de ménage. Par conséquent, beaucoup de parents refusent de placer leurs enfants ailleurs. Un autre facteur important est l'influence prononcée du concept euro-américain selon lequel les enfants appartiennent exclusivement à leurs parents biologiques. Les lois nationales régissant l'héritage ou la succession des chefferies favorisent la parenté biologique, de même que les livres scolaires et les médias promeuvent l'image de la famille nucléaire "normale" composée du mari, de la femme et de "leurs" enfants biologiques. Cette influence a laissé des traces particulièrement dans les familles Baatombu en milieu urbain qui partagent aujourd'hui la conviction qu'à l'époque moderne, des "familles modernes" (comme ils disent) doivent assurer elles-mêmes les responsabilités vis-à-vis de leurs enfants biologiques. Ceci conduit à un autre facteur de changement: la différence entre style de vie urbain et rural et de ce qu'on attend de la vie. Ce que les familles en milieu urbain considèrent comme "moderne" signifie que des enfants nés dans des ménages en ville ne sont plus placés chez des parents en milieu rural. Ces derniers sont considérés comme incapables de garantir les conditions de vie adéquates pour des enfants du milieu urbain. Comme les Baatombu des villes ont maintenu la conviction que le fait d'être élevé par d'autres que les parents biologiques, ne cause pas de préjudice aux enfants, ils ne voient pas d'objection à envoyer leurs enfants biologiques vivre temporairement comme enfant placé dans d'autres ménages urbains.

Des enfants issus du milieu rural, cependant, continuent d'être placés dans des foyers en ville, mais partiellement. C'est-à-dire sous des conditions qui n´impliquent plus le transfert de tous les droits et devoirs parentaux. De nos jours, les relations entre parents biologiques et sociaux sont autrement négociées. Dans certains cas, les parents sociaux s'occupent uniquement de la ration alimentaire et du toit sans se charger des autres frais.

Les formes de parenté sociale sont tout à fait différentes dans le contexte urbain. La question de savoir: Qui paie les frais? dépend essentiellement de la réponse à la question de savoir: A qui appartient l'enfant? Cette question donne lieu la plupart du temps à beaucoup de mécontentements. Quelques acteurs sociaux urbains se sont plaints, p. ex., que les parents ruraux de l'enfant n'avaient payé les frais de scolarisation que pour la première année. Pour la deuxième année, ils n'étaient pas là au moment de l'inscription et, de ce fait, les parents sociaux étaient obligés de payer. Aux demandes de remboursement, les parents biologiques avaient répondu qu'à leur avis, les parents sociaux devaient se charger des frais d'éducation.

Dans un contexte urbain, les deux parties ont la possibilité de demander un enfant: les parents en milieu rural peuvent demander à la famille en ville de prendre un enfant, de façon temporaire ou permanente, et les familles des villes peuvent demander à la famille rurale de leur donner un enfant. Le "type rural" de demande d'enfant simplement parce que l'on dispose d'un tel droit et parce que le transfert d'enfants est généralement perçu comme une mesure importante pour garantir à l'enfant une éducation en bonne et due forme, n'existe pratiquement plus. Cependant, l'idée qu'un transfert ne cause pas de préjudice à l'enfant reste inchangée dans le contexte urbain.

La transformation des normes et pratiques d'enfant placé – quelques conclusions

J´ai tenté de démontrer que des explications fonctionnalistes ne suffisent pas pour expliquer les formes concrètes du phénomène de placement d'enfants au sein de la société Baatombu. Afin de comprendre les pratiques d'enfant placé, il ne suffit pas seulement dans quelle mesure cette pratique est utile pour résoudre des problèmes pratiques quotidiens mais également d'étudier les normes et idées sociales spécifiques prévalant au sujet de la parenté et de l'appartenance. Cependant, cet argument ne s'applique pas seulement à une situation relativement stable, i.e. les formes traditionnelles de placement d'enfants toujours pratiquées en milieu rural, mais également aux processus de transformation. La renégociation des normes et idées en termes de parenté chez les Baatombu en milieu urbain, a provoqué une pluralité des pratiques du placement d'enfant et des arrangements quelques fois manifestes dans un même ménage urbain. Le changement le plus important est intervenu dans la conviction de l'appartenance prioritaire des enfants.

Avant les transformations, la plus importante conviction, base de toute forme de transfert d'enfants, réside dans l'idée que les enfants n'appartiennent pas exclusivement à leurs parents biologiques mais aux parents sociaux. Cette conviction exige un comportement normatif spécifique: les parents biologiques doivent renoncer à toute revendication d'appartenance des enfants qu'ils ont conçus et mis au monde. En public, ils restent timidement à distance de leurs enfants, et au moment de l'enlèvement, ils ne doivent pas montrer leur émotion. Comme la parenté sociale est considérée comme étant la vraie parenté, des pronoms possessifs sont appliqués pour indiquer que l'enfant appartient aux parents sociaux.

Il est typique en milieu urbain que l'idée d'appartenance des enfants aux parents sociaux s'affaiblisse. Elle a été progressivement remplacée par l'idée que les enfants appartiennent premièrement aux parents biologiques. Nous assistons à un renforcement de la position des parents biologiques ce qui crée souvent des conflits avec les revendications de la famille éloignée.

Il y a ainsi lieu d'observer une "politique de placement d'enfant" menée par des hommes et des femmes qui négocient la question de parenté sociale de leurs enfants biologiques ainsi que des enfants qu'ils ont le droit de revendiquer. Dans les négociations menées dans le contexte rural, les normes existant au sujet de la parenté sociale mettent les parents sociaux dans une position plus puissante tandis que les parents biologiques sont obligés d'appliquer des stratégies détournées pour atteindre leurs objectifs.

Dans la littérature scientifique à ce sujet, des arguments sont avancés dans le sens que la pratique de l'enfant gardé offre aux enfants des opportunités de scolarisation et d'éducation formelle. Le résultat de mes recherches démontre, plus précisément, que l'éducation formelle dans une situation donnée peut conduire à l'introduction de nouvelles formes d'arrangements pour les enfants gardés. Des arrangements nouveaux et à caractère plus temporaire ont été introduits entre Baatombu. La charge économique d'un enfant n'est plus supportée exclusivement par les parents sociaux mais également par les parents biologiques. Mais l'arrangement des pratiques concrètes de placement d'enfants et de parenté sociale est ancré dans le changement des normes et idées au sujet de l'appartenance et des relations.

La conviction que le transfert d'autorité paternelle ne pose aucun problème pour le développement d'un enfant, n'a pas changée chez les Baatombu, ni en contexte rural, ni en contexte urbain. Par conséquent, même dans le contexte urbain, les familles laissent leurs enfants facilement avec d'autres familles. Ce qui a changé c'est la question de savoir à qui revient le droit de prendre des décisions envers l'enfant, c'est-à-dire, à qui appartient l'enfant.

Références bibliographiques

Alber, Erdmute (2000), *Im Gewand von Herrschaft. Modalitäten der Macht bei den Baatombu (1895-1995)*. Köln: Rüdiger Köppe Verlag.

Alber, Erdmute (2003), "Denying biological parenthood – Child fosterage in northern Benin", dans: *Ethnos*, 68/4, 486-506.

Alber, Erdmute/Sommer, Jörn (2003), *Demand limiting the implementation of national law: an analysis of legal reality, disputing and legitimacy in a Baatombu village in Bénin*. Berlin: Schiler.

Alber, Erdmute/Elwert, Georg (2004), *Un-selfish genes? Preferential upbringing of adopted and genetically distant children as a stable pattern among the Baatombu in the precolonial Slave Coast, Dahomey and modern Bénin*. Berlin: Schiler.

Allman, Jean (1997), "Fathering, mothering and Making sense of Ntamoba: Reflections on the Economy of Child-Rearing in Colonial Asante", dans: *Africa*, 67/2, 296-322.

Atto, Ursula (1996), "Verpflichtung, Belastung, Freude: Pflegekinder und ihr Verständnis der Hausarbeit", dans: Kurt Beck/Gerd Spittler (éds): *Arbeit in Afrika*. Hamburg: Lit Verlag, 225-242.

Bledsoe, Caroline (1980), "The manipulation of Kpelle Social Fatherhood", dans: *Ethnology*, Vol. 19, N° 1, 29-47.

Bledsoe, Caroline/Isingo-Abanike, Uche (1989), "Strategies of Child-Fosterage among Mende Grannies in Sierra Leone", dans: Ron J. Lesthaeghe (éd.): *Reproduction and Social Organisation in Sub-Saharan Africa*. Berkeley/Los Angeles/London, 442-474.

Bledsoe, Caroline/Brandon, Anastasia (1992), "Child Fosterage and Child Mortality in Sub-Saharan Africa: Some Preliminary Questions and Answers", dans: Étienne van de Walle/Gilles Pison/Mpembele Sala-Diakanda (éds): *Mortality and Society in Sub-Saharan Africa*. Oxford: Clarendon Press, 279-302.

Carsten, Janet (2000), "Introduction: cultures of relatedness", dans: Janet Carsten (éd.): *Cultures of relatedness. New approaches to the study of kinship*. Cambridge: Cambridge University Press, 1-36.

Crowder, Michael (1973), *Revolt in Bussa. A Study of British "Native Administration" in Nigerian Borgu, 1902-1935*. London: Faber and Faber.

Edwards, Jeanette/Strathern, Marilyn (2000), "Including our own", dans: Janet Carsten (éd.): *Cultures of relatedness. New approaches to the study of kinship*. Cambridge: Cambridge University Press, 149-166.

Goody, Esther (1982), *Parenthood and Social reproduction: fostering and occupational roles in West Africa*. Cambridge: Cambridge University Press.

Isaac, Barry L./Conrad, Shelby R. (1982), "Child Fosterage Among the Mende of Upper Bambara Chiefdom, Sierra Leone: Rural-Urban and Occupational Comparisons", dans: *Ethnology*, Vol. 21, 243-258.

Kuba, Richard (1996), *Wasangari und Wangara: Borgu und seine Nachbarn in historischer Perspektive*. Hamburg, Lit Verlag.

Lallemand, Suzanne (1993), *La circulation des enfants en société traditionelle: Prêt, don, échange*. Paris: L´Harmattan.

Lallemand, Suzanne (1994), *Adoption et Marriage: Les Cotocoli du Centre du Togo*. Paris: L´Harmattan.

Lombard, Jacques (1965), *Structures de type "feodal" en Afrique Noire. Etude des dynamismes internes et des relations sociales chez les Bariba du Dahomey*. Paris/La Haye: Imprimerie Nationale/Mouton.

Meier, Barbara (1999), "Doglientiri: An Institutionalised Relationship between Women among the Bulsa of Northern Ghana", dans: *Africa*. Vol. 69, 1: 87-107.

Page, Hillary (1989), "Childrearing versus Childbearing: Coresidence of Mother and Child in Sub-Saharan Africa", dans: Ron J. Lesthaeghe (éd): *Reproduction and Soicial Organisation in Sub-Saharan Africa*. Berkeley/Los Angeles/London, 401-441.

Roost Vischer, Lilo (1997), *Mütter zwischen Herd und Markt: das Verhältnis von Mutterschaft, sozialer Elternschaft und Frauenarbeit bei den Moose (Mossi) in Ouagadougou/Burkina Faso*. Basel: Wepf.

Sargent, Carolyn (1982), *The cultural context of therapeutic choice. Obstetrical care decisions among the Bariba of Bénin*. Dordecht [u.a.]: Reidel.

Sargent, Carolyn (1988), "Born to die: Witchcraft and infanticide in Bariba culture", dans: *Ethnology*. Vol. 27, 1: 79-95.

Schottman, Wendy (1991), "La Parole dans la Vie Sociale des Baatombu". Unpublished Dissertation. Université Paris V.

Shell-Duncan, Bettina K. (1994), "Child Fostering Among Nomadic Turkana Pastoralists: Demographie and Health Consequences", dans: Elliot Fratkin/ Kathleen Galvin/Eric Abella Roth (éds): *African Pastoralist Systems. An Integrated Approach*. London: Boulder, 147-164.

Éducation et École: (dé)formation de l'Enfance

Educación y Escuela: (de)formación de la Infancia

Ser niño en tierra de volcanes: conceptualización y gestión de la infancia en el proceso de escolarización

María Imelda González Mecalco

No es posible imaginar enseñanza más sectaria que la que recibí. Manuales escolares, libros, clases, conversaciones: todo convergía. Nunca me dejaron oír, ni de lejos, ni en sordina, otro tañido de la campana.

Simone de Beauvoir

La intención del presente trabajo es plantear algunas reflexiones en torno a cómo el proceso de escolarización se ve irremisiblemente atravesado por las diversas concepciones que se tienen de la infancia y la escuela, elaboradas por los agentes encargados de regular tal relación. Se parte de la premisa de que las instituciones escolares gestionan la infancia a través de diversas prácticas diseñadas *ad hoc* para ello. Dichas prácticas se abordan con ejemplos obtenidos en un trabajo previo de investigación, a través de entrevistas y observaciones de clases con niños de 6° grado de educación primaria en una escuela de una comunidad indígena nahua en México ubicada al pie de dos volcanes de relevancia en México.

El trabajo comienza con algunas breves acotaciones sobre la conceptualización de la infancia y el arribo de ésta a las instituciones escolares en las que el niño deja de ser visto únicamente como infante y se convierte en alumno, de tal manera que la relación entre infancia y escuela ocurre bajo la conceptualización de los sujetos como seres en proceso de escolarización.

Se parte de entender la gestión como el diseño de acciones pertinentes para el logro de objetivos, en este caso, para organizar la práctica educativa en pro del aprendizaje de los alumnos. Como bien afirman Corea y Lewkowicz "históricamente la infancia puede considerarse como el conjunto consistente de las intervenciones institucionales sobre los niños y la familia" (Corea/Lewkowicz 1999: 91).

En una segunda parte del trabajo se describen dos aspectos que permiten visualizar cómo la infancia va siendo gestionada por la escuela de la comunidad estudiada: el papel que juegan las concepciones de los alumnos y las decisiones que se toman en la escuela sobre el futuro de los niños, lo que permite a su vez elaborar algunos comentarios sobre la relación infancia y escuela que tiene como eje articulador al maestro-adulto.

Infancia y escuela

Infancia y escuela son dos conceptos que regularmente aparecen asociados en diversos documentos de educación y de psicología, además de que en el discurso cotidiano se les relaciona constantemente. Es por tanto, una relación con historia que ha estado matizada por cambios sociales, educativos y político-económicos que la determinan.

En la interacción cotidiana con niños es altamente probable que alguno de los intercambios con él o ella sea sobre el grado escolar que el menor está cursando, lo que ha aprendido últimamente en la escuela o cómo le va con sus tareas escolares y calificaciones. Es frecuente que el adulto asuma casi de inmediato que estas actividades le son propias y que sean las actividades principales en su vida de niño. De hecho, los niños aprenden también que el vínculo infancia-escuela es básico en su desarrollo, como afirma Antonio Alatorre "traigo conmigo esa escuela de Autlán[31] porque traigo conmigo mi infancia" (Gracida/Lomas 2005).

La escuela parte de determinadas teorías del desarrollo sobre la infancia para decidir su curriculum y las prácticas educativas. En psicología educativa existe una gran diversidad de perspectivas que explican cómo ocurre el aprendizaje de los alumnos en situaciones escolares; se prioriza según la postura teórica, el desarrollo cognitivo, el afectivo, el social o determinados aspectos del mismo, pero además existe una preocupación por las diferencias individuales del aprendizaje.

El estudio del aula es relativamente reciente, ya que como afirman Coll y Solé:

> la emergencia de la institución escuela – en el sentido en que hoy la entendemos – dirigida a promover la socialización y el desarrollo de los más jóvenes es un fenómeno relativamente reciente que genera una situación inédita: la separación entre las actividades sociales habituales y las actividades educativas, lo que proporciona a éstas últimas un conjunto de rasgos que les confieren su peculiaridad. (Coll/Solé 2001: 359-360)

La escuela proporciona a los estudiantes prácticas con carácter intencional, bajo cierto plan y control, sistemáticas , cuyo ejercicio ocurre "a lo largo de un

[31] Municipio de la Región Costa Sur del estado de Jalisco, México.

dilatado periodo de la vida de los individuos, justamente aquél en que su plasticidad y permeabilidad al influjo social es mayor" (Coll/Solé 2001: 360).

Esto último permite ver cómo el ejercicio de las prácticas escolares se da en un momento de la vida que se considera particularmente útil para el aprendizaje. Así pues, los estudios sobre la infancia permiten tomar decisiones pedagógicas al respecto; sin embargo, la asistencia de los niños a la escuela se considera relevante no sólo porque posen dicha *plasticidad,* sino que termina por considerarse a la educación como un derecho de los niños. De ahí que la relación infancia y escuela muestre un indiscutible vínculo.

Conceptualización de la infancia

Una afirmación sostenida hoy en día en relación a la conceptualización de la infancia es que ésta es una construcción social (Rabello 1999; Giroux 2000; Buckingham 2000). Lo es en el sentido en que ha sido *inventada* por las sociedades a lo largo de su historia. Es además, un concepto cambiante y dependiente de las instituciones que lo determinan. "La infancia es un artefacto social e histórico, no simplemente una entidad biológica" (Steinberg/Kincheloe 1997: 15), de acuerdo con estos autores, pensar la infancia como un derecho de nacimiento, resultó en una definición biológica y no cultural de la misma.

Al referir el concepto de infancia, se piensa en los niños como los sujetos específicos, los que serán considerados como tales siempre que no sobrepasen los 12 años, haciendo caso a los estudios sobre psicología evolutiva, pese a que el rango de edad de la infancia ha sido una cuestión discutida desde la Edad Media. En el idioma francés de la Edad Media y hasta el siglo XVIII la infancia incorporó lo que hoy denominamos adolescencia por carecerse en esta lengua de un vocablo para denominarla, por lo que se definió como *niños* a sujetos tanto de 13 como de 24 años (Kohan 2003).

Justo es afirmar que no son sólo agentes adultos o las instituciones sociales quienes definen el comienzo y término de la infancia o su definición, sino que son los propios niños quienes negocian, critican, reducen o amplían el concepto asumiéndose como niños o no, según se trate de derechos u obligaciones, de juegos o quehaceres, etc.

La infancia puede ser definida por exclusión, o sea que es infantil todo aquello que no ha madurado o que no presenta conductas típicamente adultas, tales como el trabajo remunerado, el sexo, el consumo de alcohol y el derecho al voto (Buckingham 2000).

Definir la infancia no es una cuestión sencilla, aunque en general las sociedades se mueven bajo una lógica práctica que permita saber desde dónde y hasta cuándo una persona es un infante, asignar derechos y obligaciones a tales sujetos, determinar los contenidos importantes para su formación e instaurar departamentos u oficinas de defensa y protección de la infancia. Las sociedades se organizan para gestionar la infancia y organizar el futuro de los niños. Una de estas instituciones es, por supuesto, la escuela.

Niños, alumnos y el proceso de escolarización

Si la infancia es una construcción social, ésta encuentra su contraparte en la construcción que se hace de los niños a través del concepto de *alumno.* La escuela nombra a los sujetos a quienes dirige su servicio, utilizando términos como *alumno, niño, menor* o *infante,* categorías que a decir de Gimeno (2003), son útiles para construir los discursos vinculados a prácticas de trato hacia ellos.

Pensar en los niños como alumnos permite el traslado conceptual hacia el proceso de escolarización, les asigna determinados roles y los integra en una institución. Ello facilita equiparar *niño* y *alumno* sin mayor cuestionamiento.

> Hoy ser menor lleva adherida la condición de ser alumno. La infancia y buena parte de la juventud tienen adjudicado un papel: el de ser escolares. Cuando miramos a un alumno, vemos tras él a un menor, y cuando estamos ante un menor seguro que lo imaginamos como "estudiante de algo" [...]. La escolaridad es un hecho tan natural en el paisaje social de nuestras formas de vida que resulta extraño imaginar un mundo que no sea así. Estar un tiempo en las escuelas es un rito de paso naturalizado en la vida de los individuos, cuyos fines son aparentemente obvios, ocupando un lugar central en la experiencia de las personas, habiéndose convertido en un marco de referencia que hemos introyectado y que proyectamos cuando la percibimos y valoramos. (Gimeno 2003: 121-122)

Para Gimeno las ideas que se tienen sobre los menores resultan de dos grupos de representaciones, el primero abarca aquellas provenientes de la experiencia de los sujetos respecto de lo que significa la infancia en la cultura, de lo aprendido en lo cotidiano acerca de cómo tratar a los niños y en general, de las prácticas informales que se desarrollan en diversos contextos. El segundo grupo estaría constituido por las tradiciones que sintetizan las diversas instituciones que se han creado y dedicado al cuidado y atención de los menores. De acuerdo con el autor, esta fusión permea en las escuelas, de lo que resulta que éstas junto con los profesores y las experiencias obtenidas sean contradictorias para los alumnos.

Rockwell brinda una rica descripción de las escuelas mexicanas, argumentando que "si se mide en tiempo, la experiencia escolar tiene un peso importante en el contexto formativo del niño. Le presenta prácticas o elementos poco usuales en otros ámbitos o aun desconocidos. Sin embargo, también le cierra opciones, es decir, por asistir a la escuela los niños pierden otras experiencias formativas" (Rockwell 1996: 16).

El proceso de escolarización ha dado identidad a la infancia o más bien la ha dotado de una identidad peculiar que remite a pensarla como una etapa de preparación para la vida, de adquisición y formación de saberes, etc. Sin embargo, la escuela parte siempre de ideas preconcebidas sobre la infancia; en particular los docentes participan en el proceso de escolarización de los niños eligiendo determinadas didácticas, optando por ciertas teorías y actuando según la propia concepción que tienen de infancia.

De acuerdo con la perspectiva teórica de la que se parta, consciente o no, puede optarse en la práctica docente por un trabajo didáctico en el que el protagonista sea el docente, el alumno o ambos. Entre las posturas más aceptadas, se intenta poner el énfasis en la relación entre el docente, el profesor y el contenido. Sin embargo, todas ellas son perspectivas creadas para estudiar, categorizar y etiquetar el proceso de aprendizaje y a los sujetos involucrados; de acuerdo con Steinberg y Kincheloe "considerando los estadios biológicos del desarrollo del niño fijos e inmutables, los profesores, psicólogos, padres, trabajadores sociales y la comunidad en general ven y juzgan a los niños según una taxonomía de desarrollo que es ficticia" (Steinberg/Kincheloe 1997: 16).

En la educación como en la práctica cotidiana muchas de las versiones de la infancia han sido rebasadas pues no retoman los grandes cambios que han ocurrido en la infancia como la incorporación cada vez más temprana de los niños al mundo considerado adulto (Steinberg/Kincheloe 1997) y de cómo las tecnologías generan una cada vez más amplia separación entre los padres e hijos (Buckingham 2000).

La consecuencia de ello en la educación escolar, es que la escuela ha modificado muy lentamente sus prácticas en relación al rápido avance de los cambios en la infancia, por lo que se muestra como una institución poco reflexiva sobre sí misma y obsoleta en cierto sentido.

Gestión de la infancia en la escuela de una comunidad nahua mexicana

La discusión sobre la conceptualización y gestión de la infancia adquiere un tono singular si se la mira desde un contexto específico. En este trabajo se piensa en el ser niño y alumno en una comunidad nahua: San Mateo Ozolco, cuyo nombre significa "*camino viejo*" en náhuatl. Ésta es una población ubicada en el estado de Puebla en México, muy cercana a dos volcanes importantes en el país: Popocatépetl e Iztaccíhuatl y aproximadamente a dos horas de camino de la ciudad de Puebla. Cuenta con alrededor de 2700 habitantes, todos ellos indígenas nahuas y hablantes del náhuatl, a pesar de que el español es cada vez más común, sobre todo entre los niños. Los adultos utilizan el español sólo en situaciones comerciales fuera del municipio, en cambio los niños utilizan el náhuatl casi exclusivamente en situaciones familiares. La educación que reciben en la escuela primaria es ofrecida en español, los maestros y maestras no son originarios del lugar y tampoco son hablantes del náhuatl.

El acercamiento a esta comunidad fue posible gracias a la realización de un trabajo de investigación sobre las concepciones que los niños poseen acerca de los volcanes Popocatépetl e Iztaccíhuatl y encontrar los posibles vínculos con las concepciones que les ofrece la escuela sobre éstos (véase González 2005). Los volcanes con los que "conviven" son centrales en la vida cotidiana de esta comunidad y, en consecuencia, en su sistema de creencias.

Los resultados de dicho trabajo y la cercanía con la comunidad permiten hacer algunas reflexiones en relación a cómo los adultos, sean padres de familia, maestros o autoridades municipales, participan en la creación de ideas acerca de diversos fenómenos cercanos a los niños.

Es indudable la participación de la escuela en la formación de los niños en San Mateo Ozolco. Como todas las escuelas en México, éstas y sus docentes participan en la educación de los niños bajo una autorización brindada por el sistema educativo nacional de formarlos bajo ciertos principios.

La escuela ocupa un lugar relevante en la comunidad en su carácter de escuela pública y estatal. Por ejemplo, tiene entre sus funciones, (mientras el riesgo de erupción volcánica es latente), la obligación de informar a los estudiantes las reglas básicas a seguir en caso de que tuviera que evacuarse el lugar.

Sin embargo, es interés de este documento enfatizar la mirada y concepciones que la escuela parece tener acerca de la infancia, por lo que se hará alusión a información obtenida durante la observación de algunas clases a grupos de 6° grado de primaria y entrevistas realizadas a algunos alumnos.

Las concepciones infantiles

La docente, quien será nombrada Celia, al momento de la investigación tenía 5 años de trabajo en la escuela de San Mateo Ozolco, por lo que su conocimiento de la comunidad era suficiente para el trabajo en ella. Sin embargo y con frecuencia, se mostraba sorprendida por las ideas que eran expresadas por los niños en su aula de clases, tales como costumbres, ritos, formas de vida, etc. propios de la comunidad. Otras veces criticaba algunas actividades que se realizan en San Mateo y de la que son partícipes los niños, en particular le parecía incorrecto que en ciertas épocas del año se priorizaran eventos religiosos que provocaban la inasistencia de los niños a la escuela.

La comunidad de San Mateo realiza con frecuencia eventos vinculados a tradiciones antiguas que si bien incomodan a la maestra y a la escuela porque esos días los niños no asisten a clases, también es cierto que la maestra considera tales actividades como hechos curiosos. En entrevistas realizadas afirmaba que ellos tenían *sus ideas,* como creer que el volcán se aparece por el pueblo. Los pobladores de San Mateo Ozolco piensan que los volcanes Popocatépetl e Iztaccíhuatl son personas y volcanes, siendo el primero masculino y la segunda femenina. Por ello son llamados con nombres de personas: Gregorio y Manuela. Algunas personas del lugar afirman haber visto a Gregorio Popocatépetl caminando por el pueblo pidiendo alimentos, agua, avisando de lo que pasará con el volcán (si hará erupción o no), solicitando algunos bienes, quejándose de dolencias, etc., avisos que son atendidos con esmero por la comunidad (véase González 2005).

En el caso específico del aprendizaje de las ciencias (donde se inserta la clase de volcanes que he comentado), el papel que juegan las concepciones que poseen los alumnos son particularmente relevantes y tienen, de acuerdo con Pozo y Gómez (1998), tres orígenes: el sensorial, el cultural y el escolar. Dichas concepciones son expresadas, cuando es posible, en las clases escolares; la posibilidad de enunciarlas depende en mucho de que los maestros las soliciten, es decir, los niños responden a las preguntas de los maestros con las concepciones que han generado a lo largo de su vida o con la visión escolar que es la que evaluará el docente.

Durante las observaciones realizadas, la maestra les pregunta, para introducir el tema de los volcanes, qué piensan que es un volcán; los alumnos, quienes ya habían tenido una clase anterior sobre el tema, responden que "es una montaña", respuesta que va siendo completada por alumnos y maestra hasta llegar a la definición escolar de volcán: "es una montaña que tiene contacto con el interior de la Tierra" (González 2005: 55). No obstante esta respuesta escolar, en las entrevistas realizadas por la autora, fuera de la clase y ante la misma pregunta, los alumnos dijeron que un volcán "es como un papá para todo el pueblo [...] porque muchos lo respetan [...] es una persona. Su nombre es Gregorio" (González 2005: 106). Es interesante destacar que las definiciones ofrecidas por los niños *no* se presentan en el aula escolar, pareciera que ahí el volcán no puede ser definido desde lo que ellos piensan, sino que tiene que darse una definición propiamente escolar.

Hay una resistencia de los niños a mostrar tal saber dentro del aula, pero también hay una resistencia de la maestra por recuperarlo y respetarlo. En algún momento ella intenta que los alumnos hagan mención de este saber local, pero su intención parece ser mostrarlo como no válido, es decir, no científico a la vez que poco útil para comprender el fenómeno volcánico.

Los niños de San Mateo Ozolco han crecido en una comunidad que les provee de los saberes propios su cultura; sin embargo, la escuela pretende desautorizarlos porque no son los saberes que aparecen en los programas de estudios de ciencias y porque son enunciados por niños, es decir, sujetos en formación, sujetos que todavía no poseen los elementos suficientes para hablar con autoridad sobre el tema de los volcanes.

La comunidad de San Mateo les ayuda a los niños a construir una imagen de los volcanes que posteriormente será desechada en la escuela por mostrarse inútil, a decir de la escuela, para entender la gravedad de una erupción volcánica. La cuestión parece residir en determinar los puntos de encuentro y de respeto entre dos saberes que parecen oponerse. ¿Qué adulto decide lo que tiene que aprender un niño: los padres de éste o los maestros? Nuestra sociedad ya ha decidido que la escuela es una instancia de formación para los niños, obligatoria en México. Por lo tanto, hay un momento en el que los niños dejan de *pertenecer* a unos adultos que ya no pueden brindar formación especializada y son *confiados* a otras instituciones: las escuelas. Los niños pasan así de una institución formadora a otra que se dice más capaz para dicha tarea. Pero sean padres o maestros, los niños son formados bajo cierta tendencia que determina qué es lo más importante en su formación, qué deberían saber y qué habilidades deberían desarrollar.

El futuro de los niños

Un alegato común en la educación en general, pero primordialmente en la infantil es que al preparar a los niños se prepara el futuro de una sociedad y de un país; que lo que se haga hoy se verá reflejado en los años posteriores. De ahí que también se afirme cuando las problemáticas sociales son evidentes (drogadicción, delincuencia juvenil, etc.) que estas personas no tuvieron una adecuada preparación durante su infancia, con ello se argumenta que hace falta formar a los niños en valores, en competencias para la vida, etc.

Para la maestra Celia era importante que los niños *salieran adelante,* es decir, que los niños adquirieran una formación básica que les permitiera continuar sus estudios y ser profesionistas, lo que a su vez llevaría a la comunidad al progreso.

Los niños le habían manifestaron su interés de emigrar a los Estados Unidos de América para trabajar y ganar dinero, un hecho común en esta zona del país, por lo que le pedían que les enseñara inglés para moverse con mayor facilidad al país vecino y tener mejores posibilidades para trabajar. Sin embargo, ella no retoma tal solicitud para su práctica, sólo plantea la situación para mostrar el poco interés que tienen los niños por mejorar las condiciones de su comunidad.

Hechos como éste ocurren bajo el supuesto de formar a los niños para *el futuro,* se dice: son *el futuro de un país,* están en crecimiento, lo que ocurra ahora durante la infancia es determinante para lo siguiente. Los niños nunca existen en el presente por sí mismos, son un futuro que se planifica, que se organiza, que se circunscribe a lo próximo, a lo que está por venir. La infancia es un excelente nicho para hacer política, para defender causas, para pelear por derechos, para pensar en lo que falta por hacer, pero a la vez es un argumento que mueve a la población, que toca sensibilidades, que alienta nostalgias. Las escuelas de educación básica se valen de las implicaciones de la infancia para su existencia, pero los consideran poco para diseñar su formación.

Urra afirma "educar es sembrar en los hijos el deseo de aprender, para que el día de mañana y en la medida de lo posible sean dueños de su propio destino" (Urra 2001: 45), es decir, sólo podrán *ser dueños de su destino* el día de mañana, hoy está a cargo de los otros, pero además lo serán sólo *en la medida de lo posible,* es decir, no podrán ser dueños totales, habrá que entregar cuentas a la sociedad que los formó.

Decidir el futuro de los otros es parte de las actividades de gestión que realiza la escuela, para ello organiza no sólo el curriculum en cuanto documento, sino que las prácticas escolares se diseñan bajo una lógica de logro de ciertos propósitos.

Fig. 1: Representación del volcán Popocatepetl,
alumnos de 6 grado de primaria

Fig. 2: Representación del volcán Popocatepetl,
alumnos de 6 grado de primaria

La gestión de la infancia como práctica cotidiana de la escuela

El trabajo docente permite ver cómo la infancia es gestionada a través de actos que se realizan para controlar el presente y el futuro de los niños, bajo argumentos pedagógicos y psicológicos. La escuela es la institución autorizada, además de la familia, para dirigir la vida del alumno y decir hacia dónde debe orientarse ésta; se apoya en teorías que explican el desarrollo de la infancia de determinada manera y se trabaja bajo ciertas orientaciones pedagógicas que se reconocen como deseables.

Durante la entrevista realizada, la maestra Celia manifestó una preocupación relevante relativa a la educación sexual de los alumnos, ya que los chicos del grado que ella atendía tenían en ese momento edades entre los 11 y 12 años, lo que a su parecer era una edad preocupante porque muchos niños comienzan a mostrar interés en tener novia y adquirir compromisos incluso de boda.

Es de llamar la atención que el interés de la profesora no gira sólo en torno a lo escolar, sino que piensa que parte de su trabajo es regular el futuro de los alumnos. El adulto, el docente en este caso, frente al niño reconoce en sí mismo una obligación de actuación. La concepción de infancia involucrada aquí permite pensar que al niño hay que ayudarlo, orientarlo y dirigirlo. Por supuesto, la profesora Celia piensa como adulto y como docente, piensa que debe hacer algo para que los niños estudien una carrera universitaria, no se vayan a Estados Unidos y no se casen siendo tan jóvenes. Se regula y orienta la vida en sus diferentes dimensiones: la personal y la escolar.

Se asume como parte de la práctica de los maestros la dirección de la vida de los alumnos. Se decide, por ejemplo, desde el curriculum y desde el trabajo docente, que aprender inglés no es oportuno y no es necesario para la formación de los niños, es decir, se invalida la solicitud de éstos bajo argumentos ciertamente pedagógicos, pero siempre desde la perspectiva del adulto, sea éste el docente, el pedagogo, el especialista en planeación educativa o cualesquiera involucrado en la decisión de los contenidos del curriculum.

También se decide ampliar el tema de educación sexual invitando a especialistas a fin de que sea ofrecido a los estudiantes desde su versión científica, de tal manera que entiendan sus cambios y se protejan de embarazos y enfermedades de transmisión sexual. Esto es, la maestra se encarga de traducir el curriculum y lo reinterpreta en función de lo que considera relevante para el desarrollo de los niños de esta comunidad en concreto.

El curriculum no lo deciden los alumnos, se arguye que no es una instancia que pueda ser decidida por ellos, puesto que no tienen la suficiente experiencia para saber qué es lo mejor y no cuentan con la suficiente formación para saber qué competencias necesitarán a futuro.

La *escolarización real*, como ya lo ha afirmado Bruner:

> nunca está confinada a un modelo del aprendiz o a un modelo de enseñanza. La mayoría de la educación en el día-a-día de las escuelas se diseña para desarrollar habilidades y capacidades, para impartir un conocimiento de hechos y teorías y para cultivar el entendimiento de las creencias e intenciones de aquellos cercanos y lejanos. Todas las elecciones de prácticas pedagógicas implican una concepción del aprendiz y con el tiempo pueden ser adoptadas por él o ella como la forma apropiada de pensar en el proceso de aprendizaje. Pues una elección de pedagogía, inevitablemente, conlleva una concepción del proceso de aprendizaje y del aprendiz. La pedagogía nunca es inocente. Es un medio que lleva su propio mensaje. (Bruner 1997: 81)

Son estas elecciones las que traen consigo las decisiones sobre cómo gestionar, desde la escuela, a la infancia.

En el caso de los alumnos de San Mateo Ozolco, la profesora adapta su trabajo al contexto, pero sus presupuestos sobre la infancia son los mismos que si trabajara en otra escuela. Lo que se pretende afirmar aquí es que la concepción de infancia como una etapa biológica en la que se están construyendo saberes útiles para la vida adulta; en la que se prepara para *ser alguien* en la vida; en la que se presentan concepciones erróneas sobre el mundo; y en la que hace falta (y por ende, se tiene la necesidad) de dirección, están presentes en el trabajo cotidiano de la maestra Celia, pero ello no evita que en su práctica tome en consideración que trabaja con niños de una comunidad indígena nahua, que tienen escaso o nulo acceso a los avances tecnológicos, que viven con el riesgo de una erupción volcánica, etc. Ella adapta su práctica al lugar en el que trabaja, pero ajusta a los niños *reales* a sus ideas preelaboradas sobre la infancia y la educación.

Comentarios finales

Desear aprender inglés, cualesquiera que sean las razones que se argumenten, pensar que los volcanes son personas, que los volcanes tienen nombre, asistir a eventos de relevancia comunitaria en días que *debieran* ir a la escuela son algunos de los hechos que se proscriben en la escuela del poblado de San Mateo porque el curriculum escolar y la interpretación que la docente hace de él, no lo permiten.

Habrá que hacer un análisis más profundo de hasta dónde la función de la escuela debe anular las concepciones generadas por los niños en su historia personal y su identidad comunitaria, yendo aún más lejos, habrá que cuestionarse la didáctica, las formas de evaluación clasificatorias, los concursos escolares que pretenden *elegir al mejor*, entre otras muchas prácticas que no se objetan porque se naturalizan.

La concepción de la infancia como un estado de aprendizaje en la que el niño no conoce y no sabe del mundo, faculta al docente, al médico, a los padres a nombrar la infancia, caracterizarla y manipularla. El adulto parece partir de la premisa de que el infante no puede ser partícipe de su propia caracterización, de la organización que se hace de su futuro y de las decisiones que se toman al respecto.

Lo que permite la construcción que las sociedades han realizado de la infancia, es una carta de poder del adulto frente al niño, que posibilita que el primero decida lo más conveniente para el segundo, lo más seguro, lo más factible, bajo el argumento teórico de conocerlo y protegerlo.

Queda seguir reflexionando con mayor cuidado si la concepción que se tiene de la infancia en la educación ha limitado ahondar en otras posibilidades de desarrollo de los niños, ello permitirá a su vez modificar las formas en que se gestiona la infancia desde las instituciones escolares.

Bibliografía citada

Bruner, Jerome (1997), *La educación, puerta de la cultura.* Madrid: Visor.

Buckingham, David (2000), *Crecer en la era de los medios electrónicos. Tras la muerte de la infancia.* Madrid: Morata.

Coll, Cesar/Solé, Isabel (2001), "Enseñar y aprender en el contexto del aula", en: César Coll/Jesús Palacios/Álvaro Marchesi: *Desarrollo psicológico y educación. Psicología de la educación escolar.* Madrid: Alianza, 357-386.

Corea, Cristina/Lewkowicz, Ignacio (1999), *¿Se acabó la infancia? Ensayo sobre la destitución de la niñez.* Argentina: Lumen Humanitas.

Gimeno, Sacristán José (2003), *El alumo como invención.* Madrid: Morata.

Giroux, Henry (2000), *La inocencia robada. Juventud, multinacionales y política cultural.* Madrid: Morata.

González, María Imelda (2005), Cuando los volcanes son montañas y personas: coexistencia de concepciones. Tesis de maestría, CD Tesis 1990-2005. México: DIE-CINVESTAV-IPN.

Gracida, Isabel/Lomas, Carlos. (2005), *Había una vez una escuela... Los años del colegio en la literatura.* México: Paidós.

Kohan, Walter Omar (2003), *Infancia entre educación y filosofía.* España: Laertes.

Pozo, Juan Ignacio/Gómez, Miguel Angel (1998), *Aprender y enseñar ciencia. Del conocimiento cotidiano al conocimiento científico.* España: Morata.

Rabello, Lucia (1999) (Org.), *Infancia y adolescencia en la cultura del consumo.* Buenos Aires: Lumen Humanitas.

Rockwell, Elsie (1996), "De huellas, bardas y veredas: una historia cotidiana en la escuela", en: Elsie Rockwell (Comp.): *La escuela cotidiana.* México: FCE.

Steinberg, Shirley R./Kincheloe, Joe L. (1997), "Basta de secretos. Cultura infantil, saturación de información e infancia posmoderna", en: *Cultura infantil y multinacionales.* Madrid: Morata, 15-43.

Urra, Javier (2001), *El futuro de la infancia.* Madrid: Pirámide.

Pobreza, discriminación y racismo. Lecciones de vida aprendidas por niños indígenas de México

Rossana Stella Podestá Siri

Los latinoamericanos vivimos en países recientemente considerados pluriculturales. A partir de 1994 se logra constitucionalmente en México que se reconozca a sus pueblos originarios. Hoy en pleno siglo XXI nos asombramos aún de las condiciones de marginación, pero sobretodo inhumanas en las que viven los niños indígenas. Si migran viven en carne propia el lastre de su origen; si se quedan en sus regiones la sociedad nacional los distingue por su atraso, pobreza, marginación y las instituciones como la escuela les hacen sentir "el pecado" de su procedencia. La escuela sigue siendo hoy, en este nuevo siglo, un ejemplo vivo de formas de violencia (verbal y no verbal), que anulan la autoestima y la identidad étnica de nuestras futuras generaciones en pro de una cultura que no es la suya. Pero no es la única instancia que los margina. A partir de sus interacciones comerciales, en la iglesia, en la política estos niños se van forjando una idea sobre sí mismos y sobre los demás, dependiendo del lugar en donde estén. Una cosa es el actuar dentro del pueblo con gente del mismo origen pero otra es fuera, con extraños que detentan étnicamente otras procedencias. Así van modelando su ambivalencia[32] (Gasché 2008a y 2008b) que de adultos ejercitarán.

A menudo son humillados, maltratados, ignorados por el resto de la sociedad incluyendo los mestizos que también tienen una fuerte carga indígena. No obstante, son los dueños históricos de México y son vistos como extranjeros en su propia tierra. Nuestra sociedad sólo ve con los ojos del poder económico y así nos divide, no develando las relaciones de dominación-sumisión en las que vivimos sumergidos. Antes de la llegada de los españoles sus ancestros eran quienes poseían estas tierras y habían edificado grandes civilizaciones que hoy parecerían no tener descendencia. Como si ese contínuumse hubiera roto. Pero la realidad es otra, más del diez por ciento de la población se declara indígena en los censos nacionales, sin contar los que lo niegan por vergüenza. No sabemos a ciencia cierta quiénes son, ni cuántos. Es cierto que la conquista produce una ruptura histórica entre las culturas indígenas e impone una cultura occidental iniciándose así un largo proceso de

[32] Gasché (2008a y 2008b) define ambivalencia como los cambios en los modales que los sujetos adoptan y formas de discurso de la sociedad dominante en las relaciones con personas y el medio urbano dominante y en el medio indígena adoptan las conductas y el lenguaje indígenas.

desplazamiento que ha violentado el derecho a hablar sus lenguas maternas, a practicar y pensar desde sus milenarias culturas, que tienen más de dos mil y tres mil años de reconfiguración cultural. A pesar de las múltiples agresiones han forjado una praxis de la resistencia (Gasché 2008a) que los mantiene vivos cultural y lingüísticamente. La interculturalidad que vivimos es conflictiva y asimétrica y se remonta hasta antes de la colonia.

Los nativos no tienen ni voz ni voto en la nación que se está forjando, es más se les culpa de que su "atraso" paraliza la entrada a la tan anhelada modernidad y desarrollo que el mundo globalizado impulsa. Esto lo podremos apreciar en los testimonios que los niños nahuas de México nos proporcionan a lo largo de este artículo.

Acercándonos a sus realidades de interacción

Pretendo ilustrar las distintas formas de racismo y discriminación que han interiorizado los niños de cómo se ven y cómo los ven (dependiendo de los interlocutores indio-indio; indio-mestizo), las cuales veremos expresadas a través de sus propias voces en un diálogo comunicativo real que yo motivé entre niños que viven en pueblos nahuas e indígenas migrantes que habitan la ciudad. Por ende, retomaré parte de uno de mis últimos trabajos de investigación interdisciplinaria (psicología social, antropología, educación y comunicación) que realicé con niños nahuas (10 a 12 años) de la zona central de México.

A partir de una innovación metodológica (Podestá 2002 y 2008)[33], que desplazaba mi figura de investigadora de la escena central, les planteé a los niños iniciar un diálogo interindígena entre niños de dos pueblos nahuas y niños habitantes de la ciudad de Puebla, cuyos padres son migrantes. Estos espacios diferentes me permitían ver sus reacciones y posiciones ante los que habitan pueblos o viven en la ciudad. Para ello usaron distintos elementos de comunicación como son la escritura de cartas, la fotografía, la videograbadora, el discurso oral, los dibujos. Tecnologías todas que los ayudaban a contarse mutuamente cómo eran sus territorios y cómo eran ellos. Iban a ser los autores de sus propias producciones.

[33] Implemento una metodología evocativa y participativa que desprendí de la siguiente interrogante ¿es posible pensar en un nuevo modelo metodológico para estudiar las representaciones sociales infantiles desde una perspectiva antropológica, no tradicional, donde los nativos fueran los autores? El desarrollo de este trabajo me permitió adentrarme en la cultura interiorizada (Giménez 2007) de los niños nahuas.

Por lo extenso del trabajo retomaré solamente sus intercambios epistolares que demuestran distintas formas de discriminación (vestimenta, lengua, pobreza, ser indio). Lo que aprecié a través de sus expresiones es que los niños aprenden durante esta etapa a ser ambivalentes (Gasché 2008) para no sufrir el desprecio. Una cosa es tomar contacto con niños que habitan pueblos y que tienen condiciones similares a las de ellos y otra es interactuar con niños que viven actualmente en la ciudad. Dependiendo del contexto al que se dirigen observé que tienen internalizados los estereotipos que la sociedad les ha adjudicado y antes de conocer la respuesta de los otros se adelantan a autocalificarse (sobre todo cuando se dirigen de los pueblos a los de la ciudad) con los adjetivos que la sociedad nacional los identifica. Antes de que me insulten yo ya te digo lo que piensan de mí. Las relaciones identitarias[34] se tornan altamente complejas y los científicos sociales debemos crear estrategias dinámicas para estudiarlas como es el caso que presento cuyo aporte es poder trabajarlas empíricamente.

Sus discursos son una muestra de la sumisión asumida ante la dominación[35] que impera, cotidianamente, en toda América latina.

Cómo me expreso ante el "otro" que es igual o diferente a mí. Diálogos interindígena e indígena-urbano.

Para poder plantear un escenario real era necesario contar con más de un contexto de investigación. Seleccioné en un principio para el desarrollo del proyecto niños de dos pueblos de habla náhuatl en el centro de México, en el estado de Puebla, limítrofe a la capital. Santa María Yancuitlalpan se encuentra a ocho kilómetros del cráter del volcán Popocatepetl. Los niños son bilingües español-náhuatl y tienen un índice altísimo de migrantes a Nueva York, por ende ya tienen contactos internacionales, han ido a la capital por sus parientes, y han realizado recorridos más largos. Además, estos niños habitan cerca de

[34] A través de las representaciones sociales se estructura y expresa la identidad. Este último concepto nace de los trabajos etno-psicológicos y es Erickson quien formula la noción de identidad psicosocial y la introduce como nuevo tema de investigación en las ciencias sociales.

[35] La educación (en todos sus niveles) juega un papel central en la autodefinición de los pueblos indígenas porque instaura la dominación-sumisión no sólo de manera objetiva (la más evidente es la no enseñanza a los niños de sus conocimientos y tradiciones), sino también subjetiva: la vergüenza por hablar una lengua nativa, la timidez porque siempre están callados por temor a equivocarse, el rechazo a su vestimenta, el sentimiento de inferioridad que van adquiriendo, por lo que viven a diario (Gasché 2008a).

una ciudad llamada Atlixco a la que van regularmente a vender sus productos del campo. Algunas de las primeras formas de racismo que han internalizado desde pequeños tiene que ver con este lugar.[36]

Para contrastar esta realidad sociolingüística de desplazamiento de la lengua náhuatl escogí el pueblo de San Miguel Eloxochitlán que está enclavado en la sierra negra, espacio altamente marginado en todos los sentidos hasta hace unos pocos años, por ende está considerado un refugio lingüístico de la lengua náhuatl. Cuando conocí este espacio no había carretera, los niños ingresaban a la escuela sin saber hablar español, sólo sabían náhuatl, no había luz, ni otros servicios, las condiciones de pobreza en las que vivían eran extremas. Las diferencias de vida en ambos pueblos me permitieron revisar distintas maneras de interaccionar. Los niños yancuitlapeños tenían relaciones con la sociedad nacional y los sanmigueleños no habían salido de su territorio, por ende, no tenían experiencias de racismo fuera de su contexto. Sin embargo, la escuela inicia con esta labor al prohibirles hablar en su lengua materna, al modificarles su vestimenta, al inculcarles un miedo atroz por ser quienes son. Desde ese momento quedan silenciados hasta en sus vidas como adultos.[37] Sin embargo, la experiencia es diferente dentro de su comunidad. A continuación lo visualizaremos.

La premisa de partida fue que los niños entraran en un diálogo interindígena para hablar acerca de ellos y sus tierras. Misma que expresé en la siguiente consigna: *¿Te gustaría hablar sobre cómo eres tú y cómo es tu pueblo para que tus nuevos amigos te cuenten cómo son ellos y el lugar donde viven?*. Los niños, que tenían entre 12 y 13 años, al unísono contestaron que sí. No les dije cómo era el otro pueblo, así de esa manera ellos irían descubriendo quiénes son los otros.

Como los pueblos están muy distantes y los niños indígenas no viajan por todo el territorio no sabían realmente quienes iban a ser sus nuevos amigos. Existe un gran desconocimiento, en las distintas regiones de México sobre la importancia y la cantidad de hablantes de la lengua náhuatl a nivel nacional, los que rebasan los dos millones de personas extendidas por todo el territorio. No se conocen entre sí, parecen estar aislados.

---

[36] Una vez tratando de ver la pertenencia de los niños según la región les pregunté: si ustedes se perdieran ¿qué les dirían a la gente para que los guiara, que son de Atlixco? (pensé en esta ciudad que sólo está a quince kilómetros de su pueblo). Inmediatamente me respondieron que no, "porque allí siempre nos dicen que somos unos indios".

[37] Hoy trabajo en la formación de maestros indígenas y puedo ver las secuelas de este maltrato y una enorme dificultad para revertir estos procesos de vejación de la autoestima.

Las cartas fueron el primer enlace, pero no el único que desplegué porque la escritura no es funcional en sus contextos. En este artículo mostraré esta relación epistolar que sostuvieron para conocerse y expresar sus primeras representaciones sociales[38] (Moscovici 1961) sobre sus pueblos. Las fotografías también contribuyeron a que se identificaran de manera inmediata. A partir de las primeras comenzaron a surgir expresiones como: "Ya te ví, eres igual a mí".

A través de las cartas pude rastrear las relaciones identitarias que los niños establecen mutuamente y que no son fortuitas, como lo notaremos, sino que se desprenden de su mayor o menor experiencia con la sociedad nacional.

Cuando comencé el proyecto, el primer diálogo fue entre los niños de la Magdalena y de San Miguel Eloxochitlán, entre los niños de ambos pueblos y el resultado del mismo se aprecia a continuación. Petra, de la Magdalena Yancuitlalpan escribe a sus nuevos amigos de San Miguel Eloxochitlán:

> Querida amiga:[39]
> Por medio de esta carta te mando muchos saludos esperando que estes gosando de una buena salud.
> Por otra parte te digo que vi en la tele (video, N. De la A.) sus tradisiones de alla y me gustaron mucho, pero tambien las tradiciones de aca son muy bonitas espero que algun dia vengas a mi pueblo y veas nuestras tradiciones, para que tambien veas el volcan popocatepet el ojo de agua es igual donde nase el agua es muy bonito nuestro pueblo no digo que el tullo este feo supongo que tambien es muy bonito de aqui nuestro pueblo el volcan se ve muy grande y muy bonito, tambien las tierras son muy bonitas aquí se dan muchas frutas como: durazno, pera, tejocote, ciruela, naranja de esa agria es muy bonito nuestro pueblo y espero que algun dia lo vengas a conoser yo tambien quisiera ir a tu pueblo a conoser lo que ay alla si algun dia puedo ir alla ire,

[38] Por representación social entiendo el producto y los procesos de una actividad mental por la cual un individuo o un grupo reconstituye lo real y le atribuye una significación específica, o sea, el conjunto organizado de opiniones, actitudes, creencias e informaciones que se refieren a un objeto o situación, y al que cada cultura adjudica significados diferentes (Moscovici 1961). Retomo este concepto tal y como lo plantea la psicología social, pero lo abordo empíricamente desde una perspectiva antropológica y dialógica donde el diálogo principal no se establece con el investigador sino con otro niño de un pueblo distante del suyo.

[39] Se transcribieron los textos tal cual los plasmaron los niños.

espero que me traigas la respuesta de alla como es tu pueblo
que tradiciones asen y todo lo importante de alla. bueno
como ya no tengo mas que desirte se despide de ti tu amiga
Petra Rivera García

Así describen su pueblo los niños de San Miguel a los de la Magdalena Yancuitlalpan:

Estimado[40] amigos
aqui hay animales
aquí hay serdos grandes y agua
y gatos y raton y viboras y conejos
y venados aqui hay milpa y aqui hay cafe
aqui hay arfoles y aquí hay flores
aqui hay pollos y gallinas y challotes
aquí hay perros y vacas y huagolotes
y patos aquí hay platano aqui hay naranja
aquí hay chivos y ardillas
aquí hay borregos y caballos.
Claudio de la Cruz Benites
Quero que me dijo que hay tu pueblo.

Al leer el conjunto de sus cartas me percato de la afectividad que se expresan mutuamente: "Amigo; vengan a saludarnos"; "a visitarnos"; "deseo conocerte"; "su pueblito es muy bonito como el nuestro"; "estamos contentos"; "compañero"; "que estés bien junto con los de tu pueblo"; "te agradezco lo que me dices de mi pueblo y aunque no conozca todavía sé que tu pueblo es muy bonito"; "te deseo de todo corazón que la pases muy bien"; "te digo que nunca me voy a olvidar de ti"; "que goces de una maravillosa y buena salud"; "tienen imágenes bien bonitas se parecen a las de aquí"; "que

[40] Se respetó la forma que el niño utilizó para escribir su carta. Sin embargo, es necesario comentar que todos los alumnos de esta zona tienen esta forma de escritura en verso. Las dificultades que presentan se relacionan con la escasa formación que tienen sus maestros y el tener un programa nacional que fue diseñado solamente para niños monolingües en español. Muchos de ellos empezaron a escribir en el cuarto grado de educación primaria porque ingresaron a la escuela sin saber español y esta es la lengua de enseñanza (Podestá 2000): La escritura en verso nos abre una línea de investigación que probablemente responde a la tradición náhuatl de escritura/oralidad que ha llegado a ellos atravesando los siglos (López-Portilla 2005 y 2009).

me conozcas y te conozca y ojalá nos caigamos bien"; "quiero que me cuenten de su pueblo estaré feliz si ustedes me dicen cómo es...".

Estos fragmentos, entresacados de las cartas enviadas entre los dos pueblos nahuas verifican que la comunicación entre estos niños se basa en una racionalidad fiduciaria (Moscovici, 1988) es decir, depositan confianza en la información que intercambian y en los juicios que comparten entre ellos. En este caso en particular los identifica el conocer que ambos viven en pueblos. Esto les permite el reconocimiento social y la confianza (preconsideración de la comunicación) al ser aceptados por sus nuevos amigos. Comparten un territorio de origen, con un pasado semejante y esto provoca empatía y les da, desde un principio, gusto y emoción al entrar en contacto. Podemos leer en sus cartas un código común de comunicación que los define como grupos reflexivos: tienen reglas, justificaciones, razones y creencias compartidas grupalmente. Otro rasgo que salta a la vista es el nivel de formalidad que tienen las cartas de los yancuitlalpeños y de los sanmigueleños. Un protocolo propio de su cultura indígena a nivel oral.

Diálogo entre niños del campo y de la ciudad

Con la intención de diversificar las realidades socioculturales y los interlocutores incluí en una siguiente etapa a niños que habitan la ciudad pero son hijos de migrantes indígenas que llegaron a Puebla en busca de nuevas oportunidades. Son de distintas partes del Estado, en su mayoría de origen náhuatl. Cuando los conocí me percaté de que sus padres habían nacido en un pueblo y que ellos con regularidad los acompañan para visitar a sus familiares y a las fiestas. Son niños que tienen mucha vinculación con el campo y no son desconocidas para ellos las realidades que se viven en él.

Veamos que ocurrió cuando los niños yancuitlalpeños se pusieron en comunicación con los de la ciudad.

> Querido Amigo (a):
> Por medio de esta Carta Temando Muchos Saludos y teboy adecir como es *Yancu No es tan bonito*[41] aunque eres de Ciudad pero nos podemos conocer aunque cea de legos y son bonitos las Fiestas patronales vienen los Juegos

[41] Las cursivas son de la autora. En casi todas sus cartas han expresado que Yancuitlalpan "es bonito, muy bonito", pero frente a los niños de la ciudad encontramos que adoptan una relación de subordinación.

Mecánicos y muchas otras cosas y uno se divierte Es vonito tambien adonde nace el agua y para atrás hacia el oriente esta un arco ato como de 20 metros atura y se puede pasa arriba agua ay arboles pinos altos Cerros barrancas y esta tambien el volcan popocatepetel esta algo legos 4 aras de Camino para llegar al volcan sepuede suvir y vajar hielo seasen los garipeos vonitos carreras con cabayos teconte un poco de Yancui. Se des pide de ti tu amigo tambien queremos saber de que trabaja su papa como viven, en que colonia que cosas ay que fiestas

Roman gracias por tu atencion

querido amigo Cal:

querido amigo tequiero desir algo de mi pueblo que esta serca del volcan popocatepetl es un pueblo *mui pequeño*[42] estas casas son tristes tambien te quiero preguntar como en que traban tus padres los de aqui en yancuitlalpan ablan el español el nauatl nosotros sabemos cuentos de muchas cosas yo no se de que saben ustedes no se como como ya no tengo mas que desirte se despide de ti Amigo

Hipólito H.R.

Cuando se presentan ante los niños de la ciudad los temas más frecuentes son: las fiestas de su pueblo, el volcán, el agua, el campo. Éstos coinciden con los mencionados a los niños del pueblo de San Miguel, pero agregan las lenguas que hablan, sus leyendas, la vestimenta, sus comidas y el ser campesino,[43] aspectos implícitos en la comunicación entablada con los

[42] Las cursivas son de la autora. En general los niños dicen que la Magdalena "es grande", e Hipólito H. R. usa un adjetivo calificativo contrario ante su interlocutor citadino, como muestra de esta inferioridad.

[43] Siguiendo a Gilberto Giménez (2007) los elementos diferenciadores de la identidad son: *1. Pertenencia social.* Éste es uno de los criterios principales para distinguir a las personas, en el sentido de que a través de ella los individuos internalizan en forma idiosincrática e individualizada las representaciones sociales propias de sus grupos de pertenencia o de referencia.

2. Atributos identificadores. Las personas se distinguen y son distinguidas por determinada configuración de atributos considerados como aspectos de su identidad. Se trata de un conjunto de características tales como disposiciones, hábitos, tendencias, actitudes o capacidades, a lo que se añade lo relativo a la imagen del propio cuerpo (Giménez 2007).

3. Narrativa biográfica: historias de vida. Esta identidad requiere como marco el intercambio interpersonal.

sanmigueleños. Sin embargo, la apreciación de su pueblo varió porque en esas primeras cartas se ven las diferencias y las estigmatizaciones campo/ciudad que los yancuitlalpeños tienen incorporadas:

> ... aqui somos pobres por alla no porque travajan mucho y ay mucho trabajo... (José Armando)
>
> ... espero que seamos buenos amigos aunque no vivamos en el mismo pueblo o siudad porque aqui no son casas de cemento nosotros tenemos nuestras casas de chinamite y de adove y de tablas y no vestimos igual y no es la misma lengua de aqui porque aqui hablamos nagalt y aqui nuestras calles son feas y alla son bonitas... (Pedro)
>
> ... tu casa seguramente sera bonita verdad.. la mi es chiquita y tiene tres ventanas y es de ladrillo.. despues de la escuela como zopa arrozos frigol.. yo me visto con faldas y vestidos y duermo conla misma ropa... (Marisol)
>
> ... mi pueblo no esta muy grande mi escuela ni nuestra iglesia nuestras casas estan muy chiquitas y no es tan muy adornadas...nosotros usamos guarachis siempre acostumbramos a comer brigoles...
> (Francisco)
>
> ... usan brasier...usan ropa para dormir.. alla tienen traje de baño.. la comida es diferente y alla la comida es dulce y aqui la asen picosa con carne y de camaron.. alla la hacen de carne.. alla trabajan en fabricas de sirbientas y de para manejar coches... alla hay edificios y aca no ay casas... (Felix)
>
> ... las señoras acen la comida se preocupan en lavar la ropa de sus hijos de ella y de su esposo y los señores trabajan en ir al monte a cortar leña o a sembra a pixcar a cortar frijol... las señoritas se visten así con babero, falda tableada blusa... (Agustín)
>
> ... mi pueblo se viste con faldas camisas vordadas y con guaraches... agarramos agua del ojo de agua.. nosotros

> sembramos... nuestras casas son un poco feas pero la mayoria del pueblo seban a los Estados Unidos para ganar dinero y venir a componer sus casas... (Ezequiel)
>
> ... la escuela es grande verde tiene vidrios puertas ventanas esta echa de cemento tiene patio para jugar tiene vaños nuestra escuela tiene todo tiene un pino... (Gonzalo)
>
> ... las personas se visten con faldas, bata y blusa las viejitas con saco, delantar aquí se peinan de trensas... (Aurelia)
>
> ... la iglesia está un poco bonita porque está pintada... (Estela)
>
> ... nos vestimos diferentes de ustedes... (Petronila)
>
> ... Yancuitlalpan para Puebla está lejos no podemos vernos... (Cresenciano)
>
> ... nosotras trabajamos con las manos lavamos la ropa y eso es costoso... (Flora)
>
> ... este pueblo se dedica al campo todos las personas son campesinos... (Bartolomé)

No se presenta la afectividad de la misma manera que apreciamos líneas arriba en el intercambio postal entre los niños de los dos pueblos. Además, los yancuitlalpeños se preocupan por enfatizar las diferencias campo/ciudad, en resaltar asuntos que no manifestaron en el diálogo con San Miguel Eloxochitlán; sacan a relucir elementos constitutivos de su estereotipo de acuerdo a cómo piensan que se les percibe, así como aquellos que quieren aclarar; es decir, se disculpan de antemano de la percepción citadina que los yancuitlalpeños se han formulado imaginariamente y que coincide con la incorporada por la sociedad nacional. Por otra parte, es interesante constatar la gama de conceptualizaciones que ellos mismos tienen sobre la ciudad, como si ésta fuera homogénea (comen carne todos los días, hay mucho trabajo, se visten muy bien, tienen casas excelentes, entre otras).

Su relación próxima con la sociedad nacional, viven a quince kilómetros de una metrópoli y a media hora de la capital, nos indica que a diferencia de los sanmigueleños que no hacen distinción entre las cartas escritas al otro pueblo o a la ciudad, los yancuitlalpeños han estado expuestos a la discriminación sociocultural que los pueblos indígenas han soportado durante siglos en México. Expresiones como "yo sólo vivo en un pueblo", "a ti te interesaría conocer mi pueblo", "mi pueblo es pequeño", "Yancui no es bonito como la ciudad", "mi pueblo tiene muchas calles pero no puede uno pasar porque están muy refeas", "en este pueblo todo es muy duro para ganar dinero y así tengan lo que van a comer", definen la posición que ellos ocupan: "pobres", "sin servicios", "dureza del trabajo y la vida", "atraso", "indios", "mal comidos y vestidos", y lo poco que la sociedad regional y nacional se interesa por ellos. El contraste de los espacios seleccionados se aprecia con fuerza y se devela en este intercambio epistolar. Al entrecruzar los registros percibo las distintas caras de la identidad en un mismo individuo y su dinamismo de acuerdo con los interlocutores. El caso de los niños yancuitlalpeños es claro: son conscientes del lugar que ocupan. Ante la pregunta de si es lo mismo vivir en el campo que en la ciudad, dijeron que no porque: "no tienen las mismas costumbres", "no tienen las mismas casas", "así somos los que vivimos en un pueblo no lo dejaría allá todo lo compraremos y acá podemos plantarlo", "hay ruidos de coches", "unos son pobres y otros no", "no tienen los mismos nombres", "no tienen la misma organización", "sus calles no son iguales", "unos tienen muchas personas y otros pocas".

En cambio los niños de la ciudad, nacieron en ésta pero están muy ligados al campo porque van con regularidad acompañando a sus padres. Ellos son sensibles a estas dos realidades y se dirigen de esta manera a los yancuitlalpeños:

> Amigo quiero que platiques todo lo que hay en el campo si crecen elotes si cultivan si cosechan etc.
> Tambien quisiera saber en que mes hay agua como crian a los animales. Tambien quisiera saber si hablan en lenguas que nosotros no conocemos como el ingles, Totonaco etc.
> Yo quisiera que conosieras la ciudad que como son los parques como son las carreteras que aqui si hay lamparas y en el campo no hay y ayá utilizan velas tambien quisiera que ustedes me enseñaran como se corta la leña y aquí no se usa leña se usan fosforos para prender una estufa quisiera que conosieran los puentes edificios escuelas personas que hablan en español y quisiera que ustedes me platicaran algo mas del campo y yo lo de la ciudad.
>
> Marcela garcia lopez. 11 años.

Estos niños, hijos de migrantes campesinos, demuestran en sus escritos el conocimiento que tienen del campo: hacen comparaciones, trasladan a la ciudad costumbres campesinas como la cría de animales, y tienen curiosidad de contrastar sus saberes tradicionales, los socializados, aprendidos y/o vistos en los pueblos de sus padres o de sus abuelos, con los de sus nuevos amigos.

> ... Amiga quisiera saber como eres ojala que vengas a visitarme y quisiera saber tu tradición.. quisiera contarte de la ciudad mira es muy bonita casi todos ban a la escuela ya no trabajan hay muchos arboles y abeces suceden accidentes y ay muertos.. mi casa es de dos pisos.. tengo dos perros, pollos, guajolotes, conejos yuna tortiga.y un jardin chiquito... (Beatriz)

> ... me gustaría saber como es tu ciudad y como son tus tradiciones y costumbres y quisiera que me dijeras como es tu trabajo en el campo... (Juan)

> ... como es su trabajo de tus padres es cansado como se visten y como son sus tradiciones... en la ciudad hay mucho carro y muchas cosas malas como el abuso la contaminacion el humo de los coches... (María Guadalupe)

> ... allá trabajan mucho los señores.. en dias de frio con que se tapan.. como saben la hora, como son los arboles.. como son sus tradiciones y como las festejan... (Jose Antonio)

> ... yo quisiera que conosieras la ciudad que como son los parques como son las carreteras que aqui si hay lamparas y en el campo no hay y aya utilizan velas.. tambien quisiera me enseñaran como se corta la leña y aquí no se usa leña se usan fosforos para prender una estufa quisiera que conosieran los puentes edificios escuelas personas que hablan en español... (Marcela)

También denotan interés de explicarles a los niños de la Magdalena para qué sirven las cosas, los previenen para que el enfrentamiento no sea tan abrupto al llegar a la urbe:

> La ciudad es muy bonita hay grandes oteles, restaurantes los restaurantes son donde comen comida de todas clases de comida y los oteles son donde duermen personas. Ai un centro donde compran todas las personas compran para la

comida, hay escuelas como la de ustedes, hay transportes los transportes son camiones que transportan a la gente de un lado a otro. Taxis es igual a los transportes llevan gente. Ai un lugar que se llama socalo es en un otel. Ai muchos parques, osea los parques es donde hay guegos de cualquier origen.

carlos Vivanco zamora. 10 años. 5º.

A modo de conclusión

La parte afectiva es un detonante importante muy marcado en Yancuitlalpan, medianamente en Eloxochitlán y en menor medida en los niños citadinos. Al mismo tiempo se aprecia en los yancuitlalpeños una posición identitaria ante los sanmigueleños y otra muy cruda y de inferioridad ante la ciudad, sentida y aprendida. Esa dualidad nos muestra el dinamismo y las múltiples facetas de la identidad en un mismo individuo, producto de la convivencia intercultural de su respectiva región. Así como los sanmigueleños no explicitan rasgos distintivos cuando se dirigen a la ciudad y/o al otro pueblo, por la marginación geográfica de su espacio, los niños de la ciudad develan en muchas de sus cartas pleno conocimiento de lo campesino, lo que se evidencia en sus preguntas y comentarios porque señalan todos los aspectos diferentes entre la ciudad y el campo. Ellos muestran la representación social de *pueblo* que viven sus abuelos (hablan otra lengua aparte del español, conservan y practican sus tradiciones, la dureza del trabajo campesino, la falta de servicios como luz, carreteras, agua potable, y de comodidades - ropa o zapatos - , casas sencillas), la que les transmiten sus padres en el discurso, así como sus propias experiencias en estos espacios ancestrales. Su discurso no es agresivo, por el contrario, tratan de explicarles el funcionamiento de ciertas cosas de la ciudad.

Es evidente que estos lugares, tan distantes entre sí, con la estrategia desplegada nos ofrecen la posibilidad de estudiar empíricamentelas identidades y sus transfiguraciones a través de esta contrastante diversidad. El haber escogido la ciudad, con niños hijos de migrantes, me concedió la oportunidad de estudiar tanto desde dentro como desde fuera la representación que existe de *pueblo* (Podestá 2008) y cómo se autoconceptualizan los sujetos dependiendo del interlocutor. Incluso en la relación entre la Magdalena y la ciudad, creo que los niños del pueblo no llegaron a descubrir que sus nuevos amigos citadinos conocían mucho del campo. Contrariamente, los citadinos manifiestan una necesidad de apoyarlos para que conozcan la crudeza de la urbe, antes de llegar a ella. Con estos ejemplos puedo constatar que comparten una identidad étnica[44] (Giménez 2007), una forma específica de identidad por la cual son identificados y se comportan de una determinada manera. La segunda parte de la consigna evoca la expresión de quiénes son[45], abre una puerta para ver qué opinan, perciben y conceptualizan los niños acerca de sí mismos, para que los *otros* hagan lo mismo. La metodología que puse en práctica, y los espacios seleccionados para desarrollar el trabajo me permiten apreciar el dinamismo de las identidades y su pluralidad, así como los conflictos. Su estudio debe hacerse en un contexto preciso, con un interlocutor real, en un lugar y momento específicos para poder estudiar el posicionamiento adoptado por esos sujetos. Este es uno de los aportes de esta investigación al estudio de la identidades bajo una perspectiva antropológica (Podestá 2008). Debemos reforzar los trabajos empíricos de esta índole con el fin de profundizar en las transfiguraciones que un mismo actor es capaz de adoptar según las circunstancias que le toque vivir. Estos niños son producto del racismo, de la diferencia despectiva sufrida todos los días en sus regiones, y más evidente aún cuando llegan a las ciudades.

La metodología implementada los vuelve autores de sus propias realidades y culturas, con ello empodero su natividad (su origen cultural) reposicionando su ser indígena, al descubrir que Otros en México son iguales que ellos. Esto les da fuerza para seguir hablando sus lenguas, para seguir practicando todas las actividades propias a sus culturas indoamericanas.

Bibliografía citada

Bertely, María/Gasché, Jorge/Podestá, Rosanna (2008), *Educando en la diversidad. Investigaciones y experiencias educativas interculturales y bilingües.* Quito: Abya Yala.

Erickson, Erick H. (1968), *Identity, Youth and Crisis.* New York: W.W Norton and Co.

[44] Por identidad étnica Gilberto Giménez (2007) menciona cinco aspectos fundamentales que la constituyen: 1) Una tradición archivada en la memoria colectiva, 2) La reivindicación permanente de sus territorios ancestrales, 3) La valoración de su propio lenguaje, 4)La valoración de su propio sistema de parentesco, 5) Un complejo religioso-ritual que actualiza, reafirma y renueva la identidad del grupo.

[45] La identidad como esquema de percepción es un esquema de autopercepción, y la identidad se define como una autoimagen (Giménez 2007) que varía de acuerdo con el interlocutor.

Gasché, Jorge (2008a), "La motivación política de la educación intercultural indígena y sus exigencias pedagógicas. ¿Hasta donde abarca la interculturalidad?" En: María Bertely et al.: *Educando en la diversidad. Investigaciones y experiencias educativas interculturales y bilingües.* Quito: Abya Yala, 367-397.

Gasché, Jorge (2008b), "Niños, maestros, comuneros y textos antropológicos como fuentes de contenidos indígenas escolares y la actividad como punto de partida de los procesos pedagógicos interculturales: un modelo sintáctico de cultura." En: María Bertely et al.: *Educando en la diversidad. Investigaciones y experiencias educativas interculturales y bilingües.* Quito: Abya Yala, 279-366.

Giménez, Gilberto (2007), "Territorio, cultura e identidades: la región sociocultural", en: *Estudios sobre la cultura y las identidades sociales. Consejo Nacional para la Cultura y las Artes/ Instituto Tecnológico y de Estudios Superiores de Occidente (ITESO).* México.

Léon Portilla, León (2005), *Aztecas-mexicas: Desarrollo de una civilización originaria.* Madrid: Algaba.

León Portilla, Miguel (2009), *Los antiguos mexicanos a través de sus crónicas y cantares.* México: Fondo de Cultura Económica.

Moscovici, Serge (1961), *La psychanalyse, son image et son public.* Paris: PUF.

Podestá, Rossana (2000), *Funciones de la escuela en la cultura oral nahuatlaca.* Puebla: Secretaría de Educación Pública del estado de Puebla

Podestá, Rossana y Niñas, niños nahuas (2002). *Nuestros pueblos de hoy y siempre. El mundo de los niños y niñas nahuas a través de sus letras y dibujos.* Puebla: Benemérita Universidad Autónoma de Puebla. Instituto de Ciencias Sociales y Humanidades.

Podestá Siri, Rosanna (2007), *Encuentro de miradas. El territorio visto por diversos autores.* México: SEP, Coordinación General de Educación Intercultural y Bilingüe.

Ilust. 1 y 2: Magdalena Yancuitlalpan

Ilust. 3 y 4: Colonia Loma Bella en la ciudad de Puebla

Ilust. 5 y 6: San Miguel Eloxochitlán

L'éducation sexuelle des enfants burkinabè aujourd'hui – topoï dans une discussion radiophonique

Sabine Diao-Klaeger

1. Introduction

"Les parents doivent-ils parler de sexualité à leurs enfants?" – telle est la question que l'animateur d'un *phone-in* au canal *Arc-en-Ciel*, une station de radio ouagalaise, pose à ses auditeurs. Le titre de l'émission hebdomadaire est *Et si c'était vous?* Ce titre ainsi que la question formulée au début de l'émission soulignent que nous avons affaire ici à des discours a) argumentatifs et b) qui impliquent une décision de la part du locuteur – et qui se prêtent donc à une analyse topique.[46]

Les émissions de ce type-là, c'est-à-dire avec la participation des auditeurs, sont extrêmement populaires à Ouagadougou – quasiment toutes les stations en ont une ou plusieures dans leur programme, souvent avec un public ciblé (les jeunes, les femmes, etc.). L'émission dont j'analyserai des passages dans cet article s'adresse, par contre, à tout un chacun. Dans ce genre d'émission, on traite de préférence des sujets 'difficiles', sensibles: famille, santé, religion, relations amoureuses, sexualité, etc.

Dans le studio, Nixon, l'animateur de l'émission, parle avec des invités. Les auditeurs peuvent les joindre par téléphone (par appel ou par sms) pour donner leur avis sur le sujet traité, pour discuter. Le thème de l'émission est introduit par une bande-annonce (une petite mise en scène du sujet de l'émission, ici la dispute entre deux époux à propos de l'éducation sexuelle de leur fille) que l'on répète plusieurs fois pendant l'émission. Après cette bande annonce suit une courte introduction par Nixon, un micro-trottoir[47] et la présentation des invités.[48] Ensuite commence la discussion.

---

[46] Cf. Garnn qui parle du fait que toute pensée topique est liée à des décisions ("Entscheidungsbezug topischen Denkens") (Garnn 2000: 500).

[47] Un micro-trottoir est un recueil de (si possible différents) points de vue, de témoignages du 'citoyen lambda' à propos du sujet traité dans une émission. Dans notre cas, on présente 5 courts entretiens.

[48] Quatre hommes dont trois sont pour, un est contre parler de sexualité aux enfants. Les auditeurs qui appellent par contre sont unanimes dans leur opinion positive à l'encontre d'une sorte d'éducation sexuelle des enfants par les parents.

Qu'est-ce qui m'intéresse dans cette émission?

La discussion sur l'éducation sexuelle de l'enfant ne se déroule pas dans un néant, mais dans un certain contexte historique et culturel – Burkina Faso, 21ème siècle – dont les spécificités servent de référence dans le discours argumentatif des locuteurs. Ainsi, ils expriment ce que Perelman et Olbrechts-Tyteca appellent le "sens commun" qui "consiste en une série de croyances admises au sein d'une société déterminée et que ses membres présument être partagées par tout être raisonnable" (Perelman/Olbrechts-Tyteca 1976: 132).[49] C'est ce sens commun émergeant dans les références, dans l'utilisation de mots clefs et de certains topoï ou lieux communs (cf. infra) qui m'intéresse,[50] ainsi que la forme langagière dans laquelle il est exprimé.

2. Argumentation et topos – réflexions théoriques

Pour Perelman et Olbrechts-Tyteca, l'argumentation, même celle de tous les jours, a toujours un caractère rhétorique. Les locuteurs utilisent des moyens rhétoriques pour remplir une fonction interactive, c'est-à-dire s'orienter vers l'interlocuteur. Pour atteindre le but, qui serait "l'adhésion des esprits", les argumentations se basent sur "l'accord concernant les prémisses" (Perelman/Olbrechts-Tyteca 1976: 88). Parmi les types d'objets d'accord, on trouve entre autres les valeurs, les hiérarchies et les lieux (ou topoï) du préférable.

Puisque la notion du topos a une histoire de plus de deux mille ans, elle connaît de multiples facettes et définitions, selon les disciplines. On l'utilise en littérature, en philosophie, en jurisprudence, en sciences du langage, et j'en passe. Il n'y a pas lieu ici de tracer en détail cette évolution depuis Aristote qui introduit la notion du topos, mais qui ne la définit que d'une manière assez

---

[49] Cf. aussi Knoblauch qui souligne la valeur collective des topoï qui se réfèrent au savoir partagé par un groupe social, dont le sens est construit par les locuteurs dans l'interaction communicative (Knoblauch 2000) ou Bornscheuer qui parle de la "substance de l'opinion régnante" (Bornscheuer 1976: 21).

[50] Ou, comme l'expriment Nier et Böke: "[...] ce qui était typique pour l'argumentation et donc pour les manières de penser de groupes importants d'(une) communauté langagière pendant une certaine période, et ce qui appartient donc à leur 'savoir collectif'" (Nier/Böke 2006: 334) [citation traduite par moi, original en allemand]. Dans le cas du Burkina Faso, le terme "communauté langagière" est bien sûr problématique, et je le remplacerais par "collectivité", en me rendant compte que celle-là est, comme "l'auditoire présumé" dont parlent Perelman et Olbrechts-Tyteca (1976: 25), "une construction plus ou moins systématisée".

vague: [51] dans ses *Topiques*, il considère le topos comme un principe général de l'argumentation.[52] Il distingue les *koinoi topoi* (des schèmes vides communs à tous les arguments, sous-jacents à l'énoncé – les "lieux du préférable" de Perelman et Olbrechts-Tyteca) des *idioi topoi* (les topoï spécifiques qui dépendent du contexte). Cicéron, qui parle de *loci communes*, les définit comme suit: "Haec ergo argumenta, quae tranferri in multas causas possunt, locos communes nominiamus" (Cicero 1998: Inv. II, 48).[53] Dans son *De Oratore*, il explique qu'il s'agit d'idées de base dont nous nous servons pour ne pas devoir commencer à chercher nos arguments dans chaque discussion.

Quelques siècles plus tard, Ducrot définit le topos comme "le garant qui autorise le passage de l'argument A à la conclusion C" (Ducrot 1995: 85). Knoblauch entend par topoï des "contenus communicatifs stéréotypes[54] qui sont utilisés dans des situations 'naturelles'. Leur utilisation dépend de ces situations et contextes" (Knoblauch 1995: 278).[55] C'est dans ce sens là que j'utiliserai le terme "topos" dans cet article. Ces "routines thématiques"[56] apparaissent comme des "croyances présentées comme communes à une certaine collectivité" (Ducrot 1995: 86) qui garantissent l'enchaînement argumentatif. Schmidt-Biggemann parle de *loci communes* que le locuteur a "à sa disposition pour pouvoir les utiliser à des fins argumentatives" (2000: 245).[57] Dans ces *loci communes* cicéroniens, "le lien étroit à ce qui est traditionnellement et socialement accepté est manifeste", les *loci* représentent un "arsenal de savoirs et d'arguments socialement acceptés" (Braungart 2000: 307).[58] D'un point de vue empirique, ils sont souvent récurrents dans un discours (cf. aussi Lieb 2000: 127), Bornscheuer (1976: 96-99) parle ici de *l'habitualité*

[51] Ou même pas du tout, comme le soulignent Wagner et Ropp dans la préface de leur traduction des Topiques (2004: 29); cf. aussi Bornscheuer (2000: 276).

[52] Dans la rhétorique latine, les topoï sont considérés comme les *sedes argumentatorum*.

[53] Pour la distinction entre topoï spécifiques et topoï communs, cf. par exemple Eggs (2000).

[54] Cf. aussi Lieb qui utilise la désignation "stéréotype": "Le discours topique – et cela veut dire pour le moment: l'application de moyens d'expression rhétorique stéréotypes – cherche sa valeur dans l'habitus, dans les schémas de base de la communication sociale qui se reproduisent" (Lieb, 2000: 121) [citation traduite par moi, original en allemand].

[55] [Citation traduite par moi, original en allemand].

[56] Ou ces "éléments conventionnalisés dans le répertoire communicatif d'une société", comme le formule Lieb (2000: 131).

[57] [Citation traduite par moi, original en allemand].

[58] [Citation traduite par moi, original en allemand].

("Habitualität")[59] du topos, fait sur lequel repose sa puissance de persuasion et qui s'exprime dans une standardisation de comportements langagiers typiques.

Les topoï font donc partie du réservoir de savoir d'une collectivité; en les utilisant, les locuteurs construisent leur réalité sociale.

Nous allons voir que dans mes exemples, on trouve surtout le topos des circonstances changées (souvent accompagné du topos de la réalité ou des faits réels – "Realitätstopos", voire le topos de la conséquence – "Konsequenztopos"), une sous-catégorie de ce topos que j'appellerai "l'omniprésence des médias", le topos de la ville comme lieu dangereux (*locus terribilis*) et de la société traditionnelle comme monde intact (*locus amoenus*). Tous ces topoï sont liés et se chevauchent.

Regardons maintenant quelques exemples de l'émission *Et si c'était vous.*

3. Analyses

L'on constate différentes sortes de manifestations du "topos des circonstances extérieures qui ont changé". Typiques sont l'utilisation d'adverbes ou de locutions adverbiales temporel(le)s, de certaines unités lexicales ou mots clefs comme *tradition*, *modernité*, *modernisation*, ainsi que l'utilisation de verbes modaux pour souligner l'aspect d'obligation d'adaptation aux circonstances changées.

Ainsi un des interviewés du micro-trottoir (M3)[60]:

Exemple 1:

> M3 : *dans le temps* c'était des tabous mais je pense que *maintenant* avec la *modernisation* avec *beaucoup de maladies* bon il faudrait bien sûr que les enfants sachent ce que c'est l'ensemble *du corps* toutes les parties du corps euh … généralement *même le sexe* il faut en parler

---

[59] Les trois autres caractéristiques du topos seraient la potentialité, l'intentionnalité et la symbolicité.

[60] Sigle M = interviewé (micro-trottoir), I= invité, A = auditeur, N = Nixon (l'animateur); les chiffres désignent d'ordre chronologique l'apparition des intervenants dans l'émission. Puisqu'il ne s'agit pas ici d'une analyse conversationnelle, les exemples n'ont pas été transcrits d'une manière 'fine'. J'ai pourtant marqué les micro-pauses (par des points, selon la longueur de la pause), une accentuation forte (par des majuscules) et les chevauchements (par des crochets). Les éléments qui sont importants pour l'analyse sont marqués en italiques.

La locution adverbiale vieillie *dans le temps*, c'est-à-dire "autrefois, dans le passé", fonctionne en opposition avec l'adverbe temporel *maintenant*. Nous avons affaire ici à un *locus a tempore*, une possibilité évoquée par la rhétorique classique pour *l'inventio*: le locuteur peut appuyer ses arguments sur les circonstances (temporelles).

Le "jadis" reste implicite (*c'était des tabous*), le *maintenant* est concrétisé dans la notion de *modernisation* – un terme clef avec toutes sortes d'implications. Ainsi on trouve le topos des côtés négatifs du progrès, de la désagrégation des valeurs dans la modernité qui se matérialise ici dans un des résultats concrets de la perte des valeurs: *beaucoup de maladies*. Le locuteur ne précise pas à quelles maladies il pense, mais dans le contexte on présume qu'il parle de maladies sexuellement transmissibles, notamment du vih/sida.[61] Ce danger des temps modernes qui n'existait pas dans le passé demande des mesures qui jadis étaient impensables, tabous: il faut parler *du corps* et *même* [du] *sexe* aux enfants. Le *même* est ici le marqueur d'une "échelle argumentative" (notion de Ducrot: "L'énoncé P' est plus fort que P, si toute classe argumentative contenant P contient aussi P', et si P' y est, chaque fois, supérieur à P"; cf. entre autres Ducrot 1973: 230-231). Parler du sexe est donc marqué ici comme l'argument le plus fort. Le locuteur termine son énoncé avec un souhait (formulé au conditionnel) et une instruction, une conclusion normative, en utilisant le verbe modal *falloir*: *il faudrait que les enfants sachent* et *il faut en parler*. Wengeler (2005: 144) décrit cette façon d'argumenter comme *topos de la réalité* ("Realitätstopos"): puisque la réalité est telle qu'elle est (selon le locuteur), certaines décisions ou mesures doivent être prises; comme dans notre exemple, le locuteur décrit d'abord la réalité et en tire ensuite ses conclusions.

L'auditeur numéro 3 parle d'un autre aspect des circonstances changées:

Exemple 2:

> A3: […] *en notre temps* on … les … *les filles* s'habillaient (assez vraiment?) raisonnablement … *maintenant* il y a une tendance à ne pas parler ou bien tabou alors que l'enfant voit *ça* dehors […] autant lui parler de *ça*

Contrairement au premier exemple, le locuteur voit le tabou plutôt dans le présent, pas dans le passé. Il contraste le *maintenant* avec la locution adverbiale *en notre temps*. L'utilisation du pronom possessif *notre* est révélateur ici: le locuteur ne s'identifie pas avec le présent, mais avec un autre temps dans le passé. Dans ce "bon vieux temps", les filles s'habillaient d'une façon

[61] Dans le corpus, on trouve maints exemples où le vih/sida est explicitement évoqué.

convenable – par l'utilisation de l'adverbe évaluatif[62] *raisonnablement* et l'article défini *les* qui marque une généralisation[63] (*les filles* égale ici "toutes les filles"/"la fille en soi"), le locuteur présente sa vision d'un monde intact qui n'existe plus. Aujourd'hui, cela a changé (selon lui): les enfants *voient ça dehors* (implication: des filles qui ne s'habillent pas raisonnablement, qui montrent trop de leurs corps), alors qu'on n'en parle pas ("de sexualité" reste implicite). Avec la conjonction *alors que* il marque la discordance, l'incompatibilité de ces deux faits qu'il rapproche (*ne pas parler – voi[r] ça dehors*), et souligne ainsi qu'aujourd'hui, dans ce monde qui n'est plus intact, il faut s'adapter et donc parler à l'enfant – en utilisant la forme elliptique de la locution impersonnelle "autant vaut X" en formulant son conseil – celui du choix du moindre mal.

Le prochain intervenant évoque l'éducation traditionnelle en matière de sexualité:

Exemple 3:

A5: [...] pour ma part eeeh ... moi je me dis que *les gens* croient que la sexualité est un sujet-tabou . *or* dans la *société traditionnelle* y avait une éducation [...] des jeunes filles et des jeunes garçons quand il s'agissait de la sex- .. de la sexualité [...] BON par exemple lors de eeeh ... la circoncision ou de l'excision BON eeeeh ... y avait une éducation spécifique . *on* apprenait à la jeune fille ou au jeune garçon tu as atteint un certain âge eeeh ... tu es devenu eeeh ... un adulte voici des comportements à tenir dans la société . et c'est à travers ces instructions eeeh ... ce ... cette éducation que la jeune fille ou bien le jeune garçon apprend certaines choses et comment se conduire

N: mais *aujourd'hui* dans *notre société*

A5: hmmm

N: est-ce que les parents doivent en parler

A5: mais justeMENT puisque *on* ... y a pas ce cadre là . *on* n'excise plus les filles *on* ne circoncit plus les garçons ...

---

[62] Cf. le rituel d'évaluation dont parle Ducrot (1995: 85) quand il décrit les traits caractéristiques des topoï. Kerbrat-Orecchioni parle de prédications qui "tentent de se faire passer pour absolues et se formulent sur le mode de l'en-soi" (Kerbrat-Orecchioni 1980: 77).

[63] Ceci n'est pas à confondre avec la généralisation de l'article défini que l'on constate dans certaines variétés du français en Afrique (par exemple en "ivoirien commun", cf. Knutsen 2002: 554).

dans un .. *maintenant* il faut trouver un créneau pour faire passer le message

Le locuteur problématise lui aussi la perception de la sexualité comme sujet-tabou mais souligne que cette perception des *gens* (terme générique qui désigne la société?) n'est que ce qu'ils croient. Sa formulation est tout à fait intéressante, car le fait que les gens croient que la sexualité est un sujet-tabou implique qu'il est en effet tabou, si on définit un sujet-tabou comme "sujet qui ne peut être fait, prononcé, touché par crainte, par respect, par pudeur".[64]

En utilisant la conjonction *or*, avec laquelle dans un discours argumentatif on présente le fait qui permet de conclure ou qui explique ce qui suit, il introduit son argument que dans la société traditionnelle il y avait une éducation sexuelle des jeunes. La société traditionnelle est bien sûr un lieu commun, un concept clef qui doit être vu dans sa relation dichotomique avec ce que Nixon, l'animateur, appelle quelques secondes plus tard *notre société, aujourd'hui* (on remarque l'utilisation du pronom *notre* et son implication en ce qui concerne l'identification avec cette société).

Pour préciser son concept de la société traditionnelle, le locuteur donne l'exemple[65] de la circoncision et de l'excision accompagnées – selon lui[66] – par une éducation spécifique représentant l'initiation à l'âge adulte. Il est le seul locuteur pendant toute l'émission qui ne présente pas le besoin d'éduquer les enfants en matière de sexualité comme quelque chose de nouveau, qui ne présente pas la société du passé comme un soi-disant *locus amoenus* où on ne parlait jamais de sexualité. Il est le seul qui n'insiste pas seulement sur les nouveaux dangers dans le monde "moderne" et donc l'obligation de réagir et d'instruire les enfants en matière de sexualité, mais qui parle d'une éducation sexuelle[67] "traditionnelle".

Ce cadre traditionnel n'existe donc plus selon lui, *on* n'excise plus les filles, *on* ne circoncit plus les garçons (l'utilisation du pronom *on* implique ici une norme et une réalité – même si la loi qui interdit la circoncision n'est pas

---

[64] Trésor de la langue française informatisé (TLFi): *tabou*.

[65] Les exemples dans le discours argumentatif sont souvent considérés comme un *ornatus* (un ornement); cf. Schmidt-Biggemann (2000: 255) qui se réfère à Quintilian et à Erasme.

[66] Je ne présente ici que ce qu'il dit, sans vouloir parler en détail de la pratique de l'excision/de la circoncision au Burkina Faso jadis et maintenant. Ce sont les paroles de l'auditeur, sa vision des choses, qui m'intéressent ici.

[67] Ce que l'on entend par "éducation sexuelle" et, d'ailleurs, par "parler de sexualité", est une question qui mérite d'être posée, mais qui ne peut pas être étudiée dans cet article.

toujours respectée), il faut donc remplacer ce qui manque, ce qui s'est perdu par quelque chose de nouveau – *un créneau*, une combine, le bon moment.

Le prochain exemple nous montre que ce que l'on entend par "société traditionnelle", donc par ce "qui est consacré par l'usage, qui est entré dans les mœurs"[68], peut varier d'un locuteur à l'autre.

L'exemple est tiré d'une autre discussion sur un autre sujet dans une autre émission[69] qui touche pourtant aussi la vision de la jeunesse et des dangers qu'elle court dans la "société moderne". Il s'agit d'une discussion sur la façon de s'habiller des jeunes filles à Ouagadougou. On s'échauffe dans cette émission sur le fait que les jeunes filles imitent un style "occidental" en mettant des mini-jupes, des vêtements moulants, etc., et en exposant leur corps d'une manière peu pudique. Pendant cette discussion, un auditeur fait la remarque suivante:

Exemple 4:

> A7: ouais sincèrement je pense que le débat…*le débat est faussé* quelque part […] c'est dire moi pour moi … ce n'est pas que les filles…ont adopté la nudité *maintenant* . *c'est la vision des gens* par rapport à la nudité qui a *évoluée* parce que en…en… dans eeeh *dans le passé nos grands-parents* étaient plus nus que ça . excusez-moi

L'auditeur n'accepte pas l'interprétation de la réalité faite par les autres participants à la discussion, notamment leur perception de la société moderne dans laquelle on serait moins discret que dans la société traditionnelle à propos de l'exposition du corps. Il formule son rejet de façon méta-langagière: *le débat est faussé*, *c'est la vision des gens*. Il contraste le *maintenant* avec le *passé* (lié aux *grands-parents*) et recadre le contexte historique et culturel.

La question du contexte me mène à mon prochain exemple, et là on revient dans la discussion sur l'éducation sexuelle des enfants. Dans l'extrait, on touche la question de savoir de quel monde, de quelle partie de la société, de quel contexte on parle quand on discute:

68 Trésor de la langue française informatisé (TLFi): *traditionnel*.

69 L'exemple vient d'un phone-in de Radio Salankoloto, une autre chaîne burkinabè. L'émission s'appelle *Jeune espace* et s'adresse à la jeunesse ouagalaise (animateur: Ibrahim Wangrawa).

Exemple 5:

I3: est-ce que … est-ce que en *afrique profonde* c'est-à-dire on parlait comme ça .. s'asseoir avec son garçon voilà mon fils tu as l'âge voilà c'est comme ça c'est comme ça tes règles tes quoi quoi quoi
I1: là vous avez parlé de *l'afrique profonde*
[…]
I1: vous savez que en aucun camp…en aucun cas plutôt eeeh … vous n'opterez pas de laisser vos enfants comme ça *divaguer* comme eeeh .. dirait…dirait l'autre il vaut … mieux vaut les éduquer . parce que non seulement dehors ils ont des petits groupes … eeeh … sous-groupes
[…]
I1: si vous remarquez *en ville* il n'y a que ça seulement vous partez dans les boîtes de nuit ou dans les maquis c'est le show avec eeeh … les copines eeeh … un peu partout
I3: c'est vrai
I1: voilà donc *maintenant* vous … *tant que vous ne pourrez pas empêcher l'enfant de sortir il faut l'éduquer ou lui en parler*

Les locuteurs problématisent ici le fait qu'il faut distinguer entre *l'afrique profonde* et *la ville.* La définition du TLFi nous dit qu'un toponyme, un nom propre de région ou de pays + l'adjectif *profond(e)* désigne une région où "les habitants ont conservé dans leurs habitudes, leur mentalité, leurs traditions, les traits de l'identité socio-culturelle de l'ensemble national ou régional (désigné par le toponyme qualifié). Anton. *évolué, moderne.*"[70] La dichotomie *afrique profonde – ville* est donc une dichotomie autant spatiale que temporelle.

L'invité 3, Monsieur Kaboré, pose la question de savoir si dans cette *afrique profonde* qui n'existe plus – il utilise l'imparfait *on parlait* – on discutait de sexualité avec les enfants. Sa question est marquée d'une fine ironie qui s'exprime par le fait qu'il imite un discours direct avec une prosodie très marquée (pas transcrite), par l'utilisation répétée de particules (*c'est comme ça comme ça, quoi quoi quoi*), et par le fait qu'il parle de *tes règles* à *mon fils*: il présente ainsi la parodie d'une conversation éducative.

Le pôle opposé à cette *afrique profonde* est *la ville*; pour présenter les dangers de la ville pour les jeunes, l'invité 1 évoque les boîtes de nuit et les maquis[71]

[70] Trésor de la langue française informatisé (TLFi): *profond.*

[71] Les *maquis* où il y a le *show* – l'utilisation d'un anglicisme dans ce contexte ne me semble pas innocente, mais liée à une certaine idée de modernité.

qui représentent d'une façon métonymique la ville pieuvre, le *locus terribilis*, le "dehors" qui échappe au contrôle des parents. Ce topos des parents démunis, impuissants vis-à-vis des tentations de la ville revient plusieurs fois dans la discussion. Comment réagir? Le locuteur formule une consigne basée sur le choix du moindre mal (cf. l'utilisation de la construction modale *il vaut mieux*): tant que vous ne pourrez pas empêcher l'enfant de sortir, il faut l'éduquer ou lui en parler.

Un autre aspect auquel on ne peut pas échapper, qui vient de dehors, est l'omniprésence des médias qui serait une variante spécifique du topos des circonstances changées:

Exemple 6:

> A2: parce que BON *maintenant* vous savez que avec *l'influence des médias* ne pas parler de *ça* à l'enfant ça veut dire que *l'interdire de regarder la télé écouter la radio bien sortir MÊME* . alors c'est pas possible

Comme les médias sont *maintenant* partout, *ne pas parler de ça à l'enfant* ("de la sexualité" reste encore une fois implicite) égale interdire l'utilisation des médias, ce qui voudrait dire enfermer l'enfant. Le locuteur développe cet argument en utilisant une liste ternaire[72] (1 *interdire de regarder la télé*, 2 *écouter la radio*, 3 *sortir même*) qui représente une échelle argumentative, dont on marque – comme on l'a déjà vu dans notre premier exemple – l'élément le plus fort en utilisant la particule *même*. Il conclut avec le constat catégorique *alors c'est pas possible*. On rencontre ici le topos de la conséquence ("Konsequenztopos") (cf. Osterkamp/Kindt/Albers 2000).

Dans un autre exemple de la même catégorie, le locuteur évoque lui aussi les dangers du dehors, combiné avec une consigne basée sur le choix du moindre mal:

Exemple 7:

> A1: parce que moi je pense *qu'il vaut mieux* le faire *vaut mieux* l'éduquer éduquer les enfants que de les laisser et la … les médias ou la rue eeeh…va le faire . c'est pas intéressant comme ça

[72] Cf. Müller qui parle des listes comme ressources d'une intensification emphatique d'affirmation et de négation, dans le sens et au-delà de l'"amplificatio" classique (Müller 1991).

Le prochain locuteur fait une analyse approfondie du comportement changé vis-à-vis des ou avec les médias:

Exemple 8:

> A8: mais *pendant ces en en ces temps-là* si vous rentrez *dans un village* vous pouvez même (tourner?) vous pouvez même pas trouver une radio vous pouvez (retourner?) et vous ne pouvez pas trouver une radio . *présentement* là il y a eu une émission sur la RTB la radio- radio burkina et .. et *aujourd'hui* nous sommes (à/hein?) faut savourer .. bon .. souvent quand je suis .. comme ça le dimanche je j'écoute souvent . on parle du sida on parle comment utiliser la capote comment etc mais . d- jusqu'au *fin fond du burkina* il n'y a pas cette localité où vous n'allez pas trouver une radio … même les petits enfants (pourront/vont?) écouter ça donc donc […] *autant en parler* . *présentement* .. avec les média-là il n'y a pas *ce coin inaccessible* .. donc donc les nouvelles vont *à la vitesse grandie*
>
> N: donc pour vous euh c'est *l'avènement* de ces médias-là qui ont … euh
>
> A8: ça a *changé* beaucoup
>
> […]
>
> A8: […] les enfants pour regarder la télé . il y a la télé *partout* … la radio on *on se regroupait pour s'écouter la radio* .. *présentement* il y a la radio partout il y a beaucoup de chaînes il y a beaucoup d'émissions et *avant* les émissions en mooré (ils étaient pas comme ça?) et les émissions comme vous faites *présentement* là il y en avaient pas . c'était la radio . radio burkina (point b) il n'y avaient pas de radios privées comme ça

Voici les points importants de cet extrait:

1) L'opposition jadis–maintenant est exprimée par des locutions adverbiales ou des adverbes comme *pendant ces en en ces temps-là/avant – présentement/aujourd'hui*, par l'utilisation des temps verbaux (imparfait – présent) et par l'emploi de certains lexèmes indicateurs: *changé*, *vitesse grandie*, *avènement*.

2) La dichotomie temporelle est liée à une dichotomie spatiale (cf. l'exemple 5): *ce coin inaccessible* de jadis, le *locus amoenus*, le petit paradis sans médias et sans influence de l'extérieur n'existe plus; même au *fin fond du Burkina* il n'y a plus d'"Afrique profonde". Les médias sont *partout*.

3) Le locuteur n'évoque pas seulement l'omniprésence des médias, mais aussi la façon de les consommer qui a changé: dans le passé, *on se regroupait pour*

écouter la radio, il s'agissait d'une consommation sociale, maintenant elle est individuelle (lui les dimanches par exemple) – et ainsi moins contrôlable. Les circonstances, la réalité ont changé: tandis que la société traditionnelle est représentée par le collectif, la modernité l'est par l'anonymat.

4) Le caractère des médias a changé aussi, on est confronté à une offre élargie (la quantité est soulignée par une liste ternaire: 1 *il y a la radio partout*, 2 *il y a beaucoup de chaînes*, 3 *il y a beaucoup d'émissions*) – ce qui rend le tout incontrôlable. En plus, on émet aujourd'hui aussi en mooré, ce qui donne accès aux médias même aux enfants qui ne parlent pas français; il y a de nouveaux types d'émission, il y a les chaînes privées (implication: modernité, commerce, sujets plus libres), etc.

Les effets de la modernisation et de la mondialisation, surtout l'impact des médias sur la vie de la jeunesse burkinabè, sont perçus comme potentiellement problématiques et dangereux. La plupart des locuteurs dans les exemples montre pourtant un pragmatisme positif vis-à-vis de cette question.

Bref: impossible d'y échapper … donc *autant en parler*!

Références bibliographiques

Bornscheuer, Lothar (1976), *Topik. Zur Struktur der gesellschaftlichen Einbildungskraft*. Frankfurt am Main: Suhrkamp.

Bornscheuer, Lothar (2000), "°'Toposforschung? Gewiß! Aber im Lichte des zu Erforschenden: im Lichte der Utopie.' Zum topikgeschichtlichen Paradigmenwechsel bei Vico und Baumgarten", dans: Thomas Schirren/Gert Ueding (éds.): *Topik und Rhetorik. Ein interdisziplinäres Symposium*. Tübingen: Niemeyer, 275-306.

Braungart, Georg (2000), "Topik und Phantasie", dans: Thomas Schirren/Gert Ueding (éds.): *Topik und Rhetorik. Ein interdisziplinäres Symposium*. Tübingen: Niemeyer, 307-319.

Cicero, Marcus Tullius (1998), *De Inventione. Über die Auffindung des Stoffes. De optimo genere operatum. Über die beste Gattung von Rednern*. Herausgegeben und übersetzt von Theodor Nüßlein. Darmstadt: Wissenschaftliche Buchgesellschaft.

Ducrot, Oswald (1973), *La preuve et le dire*. Paris: Maison Marne.

Ducrot, Oswald (1995), "Topoï et formes topiques", dans: Jean-Claude Anscombre (dir.): *Théorie des topoï*. Paris: Kimé, 85-100.

Eggs, Ekkehard (2000), "Die Bedeutung der Topik für eine linguistische Argumentationstheorie", dans: Thomas Schirren/Gert Ueding (éds.): *Topik und Rhetorik. Ein interdisziplinäres Symposium*. Tübingen: Niemeyer, 587-608.

Garnn, Heino (2000), "Zur rhetorischen Begründungsfunktion juristischer Topik", dans: Thomas Schirren/Gert Ueding (éds.): *Topik und Rhetorik. Ein interdisziplinäres Symposium*. Tübingen: Niemeyer, 499-519.

Kerbrat-Orecchioni, Catherine (1980), *L'énonciation. De la subjectivité dans le langage*. Paris: Armand Colin.

Knoblauch, Hubert (1995), *Kommunikationskultur. Die kommunikative Konstruktion kultureller Kontexte*. Berlin/New York: de Gruyter.

Knoblauch, Hubert (2000), "Topik und Soziologie. Von der sozialen zur kommunikativen Topik", dans: Thomas Schirren/Gert Ueding (éds.): *Topik und Rhetorik. Ein interdisziplinäres Symposium*. Tübingen: Niemeyer, 651-667.

Lieb, Ludger (2000), "Der Jahreszeitentopos im 'frühen' deutschen Minnesang. Eine Studie zur Macht des Topos und zur Institutionalisierung der höfischen Literatur", dans: Thomas Schirren/Gert Ueding (éds.): *Topik und Rhetorik. Ein interdisziplinäres Symposium*. Tübingen: Niemeyer, 121-142.

Knutsen, Anne Moseng (2002), "Le statut de *là* en français abidjanais", *Romansk Forum* N° 16, Oslo, 12-17 août 2002. http://www.duo.uio.no/roman/Art/Rf-16-02-2/fra/Knutsen.pdf (04/01/2010).

Müller, Frank E. (1991), "Kleine Listen – Listenstrukturen und Listenbildung im gesprochenen Italienisch", dans: Ulrich Dausendschön-Gay/Elisabeth Gülich/Ulrich Krafft (éds.): *Linguistische Interaktionsanalysen. Beiträge zum 20. Romanistentag 1987*. Tübingen: Niemeyer, 107-125.

Nier, Thomas/Böke, Karin (2006), "Diskursanalyse unter linguistischer Perspektive – am Beispiel des Migrationsdiskurses", dans: Reiner Keller et al. (éds.): *Handbuch sozialwissenschaftliche Diskursanalyse. Vol. 2: Forschungspraxis*. Opladen: Leske + Budrich, 325-351.

Osterkamp, Swen/Kindt, Walther/Albers, Wulf (2000), "Verhandlung und Argumentation", dans: *Zeitschrift für Angewandte Linguistik*. N° 33, 3-44.

Perelman, Chaïm/Olbrechts-Tyteca, Lucie (1976), *Traité de l'argumentation. La nouvelle rhétorique*. Bruxelles: Editions de l'Université de Bruxelles.

Schmidt-Biggemann, Wilhelm (2000), "Was ist eine probable Argumentation?", dans: Thomas Schirren/Gert Ueding (éds.): *Topik und Rhetorik. Ein interdisziplinäres Symposium*. Tübingen: Niemeyer, 243-256.

Wagner, Tim/Rapp, Christof (2004), *Aristoteles, Topik. Übersetzt und kommentiert*. Stuttgart: Reclam.

Wengeler, Martin (2005), "Tiefensemantik – Argumentationsmuster – soziales Wissen: Erweiterung oder Abkehr von begriffsgeschichtlicher Forschung?", dans: Ernst Müller (éd.): *Begriffsgeschichte im Umbruch? Archiv für Begriffsgeschichte. Sonderheft Jahrgang 2004*. Hamburg: Meiner, 131-146.

Littérature d'Enfance et de Jeunesse

Literatura infantil y juvenil

Libros, infancia y escuela en la última Dictadura argentina (1976-1983)

Carolina Kaufmann

El presente trabajo se inscribe en el marco del Proyecto *Textos Escolares, Dictadura y Transición Democrática*, que se desarrolló en la Facultad de Ciencias de la Educación de la Universidad Nacional de Entre Ríos, Argentina. En este artículo se tratarán aspectos de la represión cultural en el área educativa a lo largo de la última Dictadura argentina (1976-1983); en particular, se abordará la política de los libros, focalizando en textos destinados a la infancia. Como dispositivo metodológico, se explorarán fuentes primarias, circulares, resoluciones, decretos y discursos de la época, examinando, a partir del análisis crítico del discurso ideológico (Dijk 1995; Martín Rojo/Whitakker 1998; Wodak 1996), la política educativa concretada en el plano nacional y de modo específico en la provincia de Santa Fe.

Nos interesa destacar que durante el autodenominado Proceso de Reorganización Nacional, el campo cultural en general, y estrictamente el sistema educativo en sus diversos niveles y modalidades, fueron concebidos como aparatos auxiliares para la ratificación del programa represivo. Coincidimos con otros estudiosos en el tema (Kaufmann/Doval 1997; Invernizzi/Gociol 2002; Invernizzi 2005) en que la Dictadura llevó a cabo una planificación cultural de alcance nacional como jalón estratégico del proyecto global, que implicó la militarización del campo educativo y se articuló con la reformulación de la esfera económica (plan Martínez de Hoz) y con el disciplinamiento social (Terrorismo de Estado).

1. La represión cultural. El discurso censorio-represivo

La meta claramente desarticuladora del tejido socio-histórico argentino, así como el objetivo disciplinario del proyecto dictatorial en su conjunto no pueden ser aprehendidos si no se visualizan los vínculos existentes entre lo económico, lo político y lo jurídico. Según Márquez:

> La implantación de un nuevo modelo económico es la razón fundamental del golpe de 1976, aunque factores ideológicos, políticos y sociales contribuyeron a legitimarlo a los ojos de diversos sectores sociales: difusión de las ideologías revolucionarias, creciente fuerza de las

> organizaciones político-militares, marcado protagonismo del movimiento obrero y de los movimientos populares hasta luchas internas del partido gobernante. (Márquez 1995: 172)

El discurso militar de aquellos años refería al "caos, la crisis, el desorden" en el que parecía encontrarse sumido el país previo a 1976. Se enunciaban en tal sentido la anarquía económica (cfr. Brailovsky 1985), la crisis de las autoridades civiles, los enfrentamientos sediciosos, el accionar de organizaciones terroristas de ultraderecha como la triple A (Alianza Anticomunista Argentina) y de la guerrilla. El clima sociopolítico sentó condiciones favorables para la aceptación de un nuevo golpe de Estado. La interrupción, hasta entonces por largo tiempo continuada, de gobiernos democráticos por parte de los militares – amparados por importantes sectores civiles – había alimentado una doctrina que legitimaba los regímenes de facto y que gozaba de significativo consenso:

> El sistema político admite la alternancia del poder entre la fuerza política societal y la fuerza estatal, en una dinámica no siempre excluyente de un binomio enfrentado en el marco de una relación amigo-adversario... el sistema político opera como modo de legitimación de la dominación militar. (Quiroga 1994: 26 y 30)[73]

Los militares, autoproclamados portadores de los intereses de los "habitantes" y de la "Patria", se abocaron a reprimir los hechos de violencia. Bajo el pretexto de combatir la subversión apátrida, acallaron las voces de disenso y de crítica, clausurando toda protesta social, e instalando en el país la cultura del miedo (Corradi 1985). Postulándose como personificación de la voluntad nacional, los militares se revelaban enfrascados en la "guerra sucia" contra "individuos nihilistas" movidos por ideas "foráneas". La legitimación del accionar terrorista del Estado se apuntalaba en la ficción discursiva de una lucha contra anti-patriotas, dementes, enfermos, que ambicionaban el caos y el vacío para la "Nación".

Dentro de este marco, cabe afirmar que la política cultural y educativa de la Dictadura no obedeció sólo a un esquema de destrucción – como podría

[73] Quiroga, *El tiempo del "proceso"*, señala que la particular relación de civiles y militares fue sedimentando una cultura política que aceptó la politización de las fuerzas armadas y la pretorización como influencia política abusiva ejercida por los militares.

inferir un análisis simplista –, sino también a la intención de instaurar un "nuevo orden educativo". Textos de la época abonan el plan de "convertir la política educativa en un caso particular de la Seguridad Nacional" (Ocerín 1978: 66).

Bajo esta consigna, se adaptaban al discurso cultural las tácticas consumadas en el terreno político: desmembramiento y despolitización de la vida social, fomento del individualismo (disolución de asociaciones estudiantiles, vecinales, proscripciones gremiales), para propender a la "remoralización" de una sociedad "enferma y corrupta". El Estado autoritario censuraba los medios de comunicación de masas (que asimismo se entregaron a un severo proceso de autocensura) y difamaba el valor de la cultura y la producción intelectual. Los pensadores y productores culturales (artistas, escritores, editoriales, bibliotecas, etc.) pasaron a integrar la categoría de subversivos potenciales, a excepción de que se colocasen al servicio del disciplinamiento social.[74] En este orden de ideas, y mediante la sistematización de una "formación nacionalista", se aspiraba a "corregir" la infiltración ideológica, la relajación en las costumbres y la descristianización de la sociedad argentina. La transformación cultural y educativa, a su vez, operaría como el arma más eficiente para combatir la subversión.

2. Militarización del campo educativo

Entendemos la militarización del sistema educativo (cfr. Kaufmann 1997) como el proceso de cerrazón dogmática y verticalismo autoritario instalado en el seno de la comunidad educativa a partir de la interrupción constitucional de 1976. Comprendió no sólo la injerencia castrense en espacios ocupados tradicionalmente por civiles, sino también la introyección de actitudes autoritarias en las prácticas escolares y pedagógicas. El proceso de militarización educativa no admitió fronteras: desde la escuela primaria a la universidad[75] sufrieron sus múltiples efectos restrictivos. Sus connotaciones

---

[74] Resulta esclarecedor el Documento publicado por el diario Clarín del 24 de Marzo de 1996, 2ª Sección, donde se devela parte de los archivos secretos de la Operación Claridad, inherente a la represión cultural en el país en los primeros años de la dictadura. En este artículo se enuncian algunos de los resortes empleados para lograr la depuración ideológica en el campo de producción cultural (Bourdieu 1988) con especial énfasis en el ámbito artístico y educativo.

[75] Si bien la militarización en el ámbito universitario se solidifica durante esta coyuntura histórica, tiene antecedentes durante el ministerio de Ivanisevich (1974-1975), gestión en la cual "desaparecen" carreras y se apostan efectivos policiales y militares en edificios de

más profundas lograron permear y fisurar el tejido de la sociedad argentina durante y aún después de agotada la Dictadura. Las escuelas secundarias, por ejemplo, se militarizaron a través de normas disciplinarias rígidas y de la supresión e interdicción de funcionamiento de agrupaciones estudiantiles (cfr. Cheresky/Chonchol 1985: 100). En las universidades, "los cupos de ingreso se redujeron drásticamente y también se prohibieron las organizaciones de estudiantes" (Cheresky/Chonchol 1985: 100).

El proceso de militarización educativa revistió un carácter metódico, persistente y planificado. Algunos factores centrales que hicieron posible su consolidación y que se erigieron en sus rasgos distintivos fueron:

- el distanciamiento y aislamiento institucional, que profundizó las divisiones entre la cultura escolar y la cultura extraescolar;
- la restricción de los mecanismos de participación democrática en las instituciones educativas;
- la transferencia por decreto de los servicios nacionales de educación básica a las jurisdicciones provinciales;[76]
- la imposición del modelo educativo personalista autoritario – que concibe al hombre como un ser formado por esencias eternas, receptor de verdades absolutas – en la formación y perfeccionamiento docente;
- la burocratización del sistema educativo en la búsqueda de mantener férreos sistemas de control y de vigilancia permanente. Los docentes se vieron desbordados por tareas burocráticas, con el objetivo tácito de que todas las acciones quedaran documentadas por escrito;
- la persecución ideológica y física de gran número de alumnos y docentes, que se vertió en prohibiciones, normas rigurosas de

---

la Universidad. Al mismo tiempo, se destruyen todos los locales que pertenecen a las agrupaciones y Centros de Estudiantes (Gómez 1995: 125).

[76] Entre 1976 y 1978, las provincias continuaron con la tónica exigir ciertas condiciones mínimas para la realización de las transferencias, proceso iniciado en 1955 que daba cuenta del debate entre *centralismo y federalismo*, así como del nuevo rol de subsidiariedad que el Estado iba a asumir en relación a la educación en Argentina. El traspaso fue al fin realizado en forma drástica y unilateral, y adquirió fuerza decisiva cuando la medida fue impulsada desde el Ministerio de Economía, obligando a las provincias a hacerse cargo exclusivo del financiamiento de las 6.000 escuelas nacionales. Aunque el argumento explícito haya sido el de lograr la descentralización y la calidad del servicio, lo concreto fue la disminución del peso que tenía en el presupuesto nacional el sostenimiento de la educación pública de nivel primario y pre-primario (Paviglianiti 1990: 46).

control del cuerpo, expulsiones, cesantías, purgas, exilios, desapariciones;

- la activación de mecanismos de regulación disciplinaria en las escuelas a través de la vigilancia, control, penalización y castigos (Gómez M. 1993);
- la autocratización de las prácticas escolares a través de diversos canales: revalorización de los vínculos jerárquicos, del orden, disciplina de corte militar (uso compulsivo del uniforme, pelo corto, obediencia como virtud cardinal, actos escolares taxativamente pautados);
- la inclusión de militares ocupando cargos directivos en las instituciones educativas. A modo de ejemplo, citamos la Resolución N° 5 del 26 de marzo de 1976 según la cual cesaban en sus funciones los miembros del Consejo Nacional de Educación y del Consejo Nacional de Educación Técnica, los que serían remplazados por militares en actividad:

> "El Delegado de la Junta Militar ante el Ministerio de Educación resuelve:
> 1°. Designar Delegado de la Junta Militar en el Consejo Nacional de Educación al Sr. Capitán de Navío de 1.M.D. Carlos Aníbal Valenti.
> 2°. Designar Delegado de la Junta Militar en el Consejo Nacional de Enseñanza Técnica, al Sr. Coronel Héctor Jorge Laborda.
> 3°. Designar Delegado de la Dirección Gral. de Administración del Consejo Nacional de Educación al Mayor de Intendencia D. Julio César Palacios." (Consejo Nacional de Enseñanza Técnica 1976b: 242)

Sin duda, la militarización educativa no se agotó con la intervención de los militares en la conducción educativa, ni con la constatación de la impunidad institucional y académica para infligir prácticas represivas (cesantías, persecuciones de docentes, administrativos y estudiantes, cierre de carreras), sino que avanzó en la reformulación de planes de estudio, en la eliminación de materias, en los ajustes curriculares y en la censura de los libros que se dio paralela a la promoción, financiamiento e imposición de nuevos acervos bibliográficos, algunos de los cuales detallamos en este trabajo. Estas elaboraciones constituyen su faz "constructiva", y se relevan desde el campo educativo como la instalación de una *pedagogía de la renuncia.*

3. Pedagogía de la Renuncia

Hemos hallado múltiples evidencias de la penetración del discurso militar en el campo educativo. Definimos el dispositivo pedagógico procesista o *pedagogía de la renuncia* como aquel discurso en el cual converge la impronta cívico-militar, enfatizando la exaltación de los valores y del esfuerzo con una clara intencionalidad moralizadora, disciplinadora y autoritaria.

Por otra parte, la estrecha colaboración e interacción entre "pedagogos" identificados con la axiología, objetivos y metodología utilizados por las fuerzas armadas y los militares en el poder, se plasmó en:

- la asunción conjunta de consignas ideológicas identificadas con el ser nacional, el estilo de vida argentino, la argentinidad, etc.;
- la convergencia participativa de miembros militares y civiles en auténticos programas de acción institucional, concretados en planes curriculares, en programas de formación docente y en textos pedagógicos, especialmente los del área de Formación Moral y Cívica;
- la inducción de una prédica ideológica que debía unificar el pensamiento de la comunidad educativa y regir las acciones de sus miembros (Perelmann 1997). Esta prédica – como todo esfuerzo por convencer (Perelmann 1978) – presuponía la existencia de consenso sobre ciertas nociones y principios, ya fuesen del orden de lo político, de lo moral y/o de lo ideológico.

Esta pedagogía de la renuncia (a la libertad, al disenso y al pluralismo) que se instaura durante la Dictadura, será deudora de concepciones autoritarias tradicionales y se articulará con un corpus discursivo que acopla nuevos elementos que la identifican. Las directivas de planificación y coordinación de acciones siguieron las prescripciones burocráticas institucionales bajo control militar directo. Esta afirmación se constata a través del análisis de las fuentes documentales oficiales.

Decíamos (Kaufmann 1997; Kaufmann/Doval 1997) que el golpe militar de 1976 que atacó a la sociedad civil y política en su conjunto, apuntó al sistema educativo como lugar clave para llevar adelante la represión simbólica. La escuela pertenecía al ámbito de las "sagradas instituciones de la Patria", y desde ella había mucho para hacer. Había un pasado fundacional que debía ser restaurado porque en él se forjaron estos valores cuya vigencia quedaba fuera de todo cuestionamiento (Sarlo 1987).

4. Políticas de los libros

Pese a la sistematicidad y preordenamiento de este proyecto, no hubo una oficina administrativa centralizada que prescribiera las disposiciones y prácticas de censura. En su mayoría, los mecanismos culturales represivos siguieron cauces ocultos, y sus manifestaciones fueron secretas y propaladas a través de rumores conducentes a la intimidación social. En casos puntuales, se exhibieron medidas ejemplares para engendrar el terror, paralelas a las que se llevaban a cabo en el resto de la sociedad.

Centrándonos en las estrategias de vaciamiento del campo educativo, y ante todo en las vinculadas con la represión editorial, vemos que, pese a los intentos de "borrar pistas", la burocracia de la desaparición cultural y de la destrucción textual dejó numerosas *huellas* que permiten ir reconstruyendo algunos desmanes inquisitoriales que entrañaron la eliminación de libros.

Estos desmanes involucraron mecanismos destinados a rastrear los libros sospechosos o condenables y administrar el correspondiente "castigo", con el propósito explícito de asegurar el control ideológico y cultural. Para materializar estas ilegalidades, se montó una organización burocrática académico-administrativa que gestionó políticas de remoción y/o destrucción de libros de muchas bibliotecas. En general, las prohibiciones de libros se concretaron por distintas vías: decretos del Poder Ejecutivo Nacional o Provincial, ordenanzas municipales; resoluciones; circulares.

En lo que hace a los *procesos de violencia institucional* ejercidos sobre los libros – fundamental pero no exclusivamente – en el ámbito universitario, el circuito comenzaba con la calificación textual (inventarios, listados, fichajes) derivando en operaciones que esquematizamos de este modo:

- *incautación* de textos llevada a cabo por *Comisiones Asesoras* integradas en su mayoría por docentes universitarios;
- dar *de baja* materiales argumentando diferentes falacias (cfr. Kaufmann 2003). Por ejemplo, afirmar que los libros estaban en mal estado o que no eran consultados por los alumnos, o calificar abiertamente como "bibliografía de dudoso valor cuando no directamente tendenciosa y sectaria en sus contenidos" (Universidad Nacional del Comahue), "perniciosa" (San Luis) o, en términos de Cervantes, "dañadora para la República". Los libros retirados de las bibliotecas abarcaban un amplio espectro de escuelas de pensamiento y de teorías: historia argentina y latinoamericana; filosofía política, sociología; economía; psicología, por citar los más representativos;

- el supuesto *traslado/transferencia* de bibliografía a otras bibliotecas, eufemismo idéntico en su formulación y en sus consecuencias al *traslado* que se aplicaba a los sujetos destinados a la desaparición;
- las *quemas* abiertas que se concretaron en algunas facultades y universidades (cfr. Kaufmann 2003);
- las *destrucciones* consumadas en las editoriales: supresión de 80.000 ejemplares de la editorial universitaria EUDEBA, secuestro bibliográfico, libros detenidos fuera del comercio;[77]
- la *eliminación* total o parcialmente *ficticia*, en realidad configurada como *saqueo*. Este fue el procedimiento experimentado por 60.000 ejemplares de la Editorial Biblioteca Vigil, Rosario, ya que tras la Dictadura se hallaron a la venta en librerías de viejo libros pertenecientes a la institución.

El caso Vigil

Durante la Dictadura la máxima saña represora en la ciudad de Rosario, provincia de Santa Fe, se centró en los libros de la *Biblioteca Popular "Constancio C. Vigil"*, institución faro en la ciudad considerada como "la mayor experiencia de educación popular en América latina" (cfr. Kaufmann 1996 y Kaufmann 2007). Esta experiencia, usina de cultura, "Vanguardia de la Actividad Cultural de Rosario" (*Hoy* 1970: 12) nace y se desarrolla bajo el ala de los libros.

En esa entidad, miles de libros fueron tirados por las ventanas del edificio[78] y posteriormente retirados en camiones militares como *reos* contaminantes sin conocerse su destino; preludio de muchos miles de libros *desaparecidos*, otros fueron robados encontrándose años más tardes ejemplares que habían sido vendidos a librerías de viejo, tal como fuera señalado anteriormente.

Rubén Naranjo, entonces Director del Instituto Secundario "Constancio C. Vigil" señalaba: "los libros fueron objeto de un trato preferencial. No quedó uno solo en un depósito del 4to piso, destruyéndose además, miles de

[77] También respecto a la Editorial de la Universidad de Buenos Aires, Invernizzi señala distintas variantes de mutilación en los textos (eliminación de párrafos, fotos, notas, términos), citando dos libros clásicos, uno de Ramón Carrillo y el otro del Dr. Arturo Sampay, en los que obviamente no se advertía de las modificaciones a los lectores. Esto confirma la hipótesis de que la Dictadura no sólo se afanaba por destruir las empresas culturales, sino por ponerlas al servicio de su proyecto (cfr. Invernizzi 2005: 133).

[78] Múltiples testimonios de ex alumnos/as, personal administrativo y docentes dan cuenta de estas afirmaciones.

diapositivas que se utilizaban en las escuelas y en la editorial, desbastándose el archivo de ese Departamento. Con la consecuente pérdida de importantísimas obras originales en proceso de impresión [...] este enorme caudal estaba integrado por las obras en trámite de catalogación destinados a las salas de lectura de la Biblioteca Central y seccionales y los ejemplares producidos por la Editorial Biblioteca. Entre estos últimos, deben destacarse los 25 mil ejemplares que componían la 1ra entrega de la *Colección Testimonios*, formada por 5 títulos referidos a la problemática política, económica, social y cultural del país [...] además de miles de ejemplares de otras colecciones" (cfr. Naranjo/Frutos 2006).

El proceso represivo desatado en torno a los libros de la biblioteca Vigil constituye un paradigma de la violencia institucional y de la *desaparición de libros* en la Argentina.

Esta institución es sólo una muestra significativa de la *impunidad* que instala la Dictadura, la cual produce efectos en el plano de la realidad y pervive hasta nuestros días. Sin duda, esta impunidad reforzada con instrumentos jurídico-políticos constituye la condición material sobre la que se construye la representación social de que ella es inevitable e imposible de revertir. En el caso específico de la Vigil y de otros emprendimientos culturales, sostengo la eficacia de la Dictadura acerca del poder destructivo y del poder de disolución de los lazos sociales así como también la eficacia disuasiva sobre qué hechos y experiencias ameritan ser investigadas, recordadas y/o abandonadas al olvido.

5. Libros infantiles prohibidos

El control estricto sobre la bibliografía circulante en los ámbitos educativos da cuenta del profundo proceso de adoctrinamiento[79] e ideologización al que fue sometido el sistema educativo.

La vigilancia ejercida sobre los libros escolares destinados a la infancia se constituyó en instancia privilegiada de la cultura censoria. A ellos se consagró toda una política de difusión normativa: Boletines y Comunicados oficiales, Guías Programáticas para las distintas materias, Recomendaciones del Consejo Federal de Educación, Resoluciones de los Ministerios de Educación Nacional

---

[79] "[...] el adoctrinamiento es una forma de enseñanza en la que se intenta que ciertas creencias se acepten sin cuestionamientos, porque son verdades importantes e incuestionables o porque, por varias razones, se piensa que independientemente de que sean verdades o falsedades no deben ser cuestionadas [...]. El adoctrinamiento es de índole típicamente irracional, en el sentido en que requiere que ciertas conclusiones permanezcan fuera del alcance del cuestionamiento crítico." (Moore 1992: 64).

y provinciales, sugerencias bibliográficas. De modo más o menos explícito, se excluyeron textos, autores o colecciones completas, así como subterfugios más refinados, tales como la supresión o sustitución de párrafos y términos, demandando y obteniendo complicidad editorial. Ello no obstó, cabe recordar, a la simultánea implementación de expedientes represivos semivelados, clandestinos y no documentados.

Sintetizamos las instancias de control especificadas por los mecanismos de represión cultural para los ámbitos escolarizados en los *niveles primario y secundario*, a través de diferentes estrategias:

recomendaciones, que llegaban a las escuelas a través de circulares; notas o sugerencias en los boletines educativos, sobre los libros que debían ser utilizados con los alumnos;

recomendaciones *parciales o restringidas*, que estipulaban el empleo de textos para presentarlos ante los alumnos o sólo para consulta de docentes;

libros examinados por distintas comisiones y que eran *aprobados y/o prohibidos*. En este último caso, no sólo se descartaba su uso, sino que se vedaba su "recomendación o tenencia", agregándose, en algunos casos, el *secuestro* del material. Ilustramos con la Circular N° 222 de la Dirección Nacional de Educación Media y Superior, del 20 de setiembre de 1978, con la firma de Videla-Harguindegui. En su art. 1° prohíbe la distribución, venta y circulación en todo el país del libro *Niños de hoy* (1974), de Álvaro Yunque, editorial Plus Ultra, "y secuéstrense los ejemplares correspondientes", explicitando en el art. 2° que la Policía debía dar cumplimiento al decreto.

La Resolución 1052, del 3 de octubre de 1978, prohíbe 70 publicaciones de distinto carácter (libros; revistas, periódicos, boletines; guión de una obra de teatro *Juegos a la hora de la siesta* y *María la Muerte* de Roma Mahieu; fascículos; semanarios). El fundamento censorio es: "la comprobación de que resultan inconvenientes por su definida posición ideológica contraria al ser Nacional; falta de objetividad histórica y elemento de desviación filosófica del Proceso de Reorganización Nacional". Esta información se reprodujo textualmente en el diario *La Capital* de Rosario (17 octubre 1978).

Ya el 20 de abril de 1976, a través de un *Boletín Oficial* emitido por el Consejo Nacional de Enseñanza Técnica (CONET) (1976b) se explicitaban las directivas relacionadas con los textos escolares. De acuerdo a este Comunicado, los directores debían enviar a la Inspección General de Unidades Escolares la nómina bibliográfica que los docentes indicaban a sus alumnos, detallando autores y editoriales, y precisando a qué curso y división se asignaba cada texto. Se consignaba como responsabilidad directa del Director de la escuela y de los Inspectores "el control del *contenido* de los textos que se recomiendan a sus alumnos y que constituirán la bibliografía"

(Boletín CONET 1976b: 303) [el subrayado es nuestro], que no debía "apartarse de los principios que determinan nuestro estilo de vida cristiano y democrático" (Boletín CONET 1976b: 303). Asimismo, se disponía someter a consideración de las autoridades escolares y elevar a la Inspección General toda modificación del repertorio bibliográfico.

6. Los textos escolares en la Provincia de Santa Fe

La política del libro escolar[80] aplicada tanto en el nivel primario como en el secundario santafesino, sostuvo durante todo el régimen una rutina estable: las "recomendaciones" sobre los libros que debían ser o no utilizados. Aunque la documentación oficial y, en particular, los *Boletines* del Ministerio de Educación y Cultura de Santa Fe – que se erigieron en "voz oficial de la Dictadura" en el ámbito de la política escolar – permiten reconstruir amplios listados de libros *aprobados, prohibidos o recomendado*s, estos resultan, al cabo, fragmentos de un universo más vasto. Ello se debe a que, en esta provincia, no siempre se publicaron las nóminas completas, sino que a menudo las listas de autores y títulos llegaban a las escuelas a través de *notas informales* enviadas a los directivos (Godoy 1999). Estas notas formaban parte del arco de mecanismos de depuración y censura (Godoy y Broda 2003; Kaufmann 2001 y 2003) que señaláramos como represión clandestinizada, y que intentaban no dejar trazas de su operatoria.

Estos procedimientos eran paralelos al circuito oficializado de censura, que implicó la conformación de un *Jurado de Elección y Aprobación de Libros de Lectura* para los textos del nivel primario. A este Jurado debían solicitar la autorización las editoriales. A posteriori de la aprobación de los libros, los respectivos dictámenes debían ser ratificados por el Ministerio de Educación. Ilustramos con un dictamen lo suficientemente explícito que lleva como firma la del entonces Ministro de Educación de la Provincia:

> RESOLUCIÓN Nº 733/79: "Santa Fe, 28 de junio de 1979: la presentación efectuada por AIQUE GRUPO EDITOR S.R.L. en fecha 22 de junio de 1978 referida a la solicitud de aprobación del libro *Páginas para mí* (4) de las autoras Cukier, Zulema; Rey, Rosa María y Tornadú,

[80] Sobre las políticas de libros de texto, se sugiere ver Choppin, "Las políticas de los libros escolares en el mundo: perspectiva comparativa e histórica" (1998); Puelles Benítez (1998), "La política del libro escolar. Del franquismo a la restauración democrática".

> Beatriz (1979), para el grado cuarto y analizados los mismos por el Jurado de Elección y Aprobación de Libros de Lectura; y CONSIDERANDO: Que es un libro escrito con humor, con gran conocimiento de la psicología de un niño del segundo ciclo de la escuela primaria; Que contempla la vinculación de la lectura con otras áreas curriculares y pretende amalgamar la información necesaria con la finalidad recreativa, las dos vertientes fundamentales de la lectura; Que la inclusión de relatos, prosas informativas y poesías nucleadas alrededor de una temática, configuran para el niño una totalidad desde el punto de vista del significado y la comprensión; Que en los textos se respeta una gradualidad de dificultades en extensión y complejidad sintáctica; Que cada unidad incluye una ejercitación que coadyuva al desarrollo paulatino de las habilidades lectoras y estimula la capacidad expresiva; Que promueve una gradual integración del alumno a la realidad nacional con visión positiva de su tradición y su futuro; por ello, EL MINISTRO DE EDUCACIÓN Y CULTURA RESUELVE: 1) Aprobar el libro de lectura *Páginas para mí* (4) de las autoras Zulema CUKIER, Rosa María REY y Beatriz TORNADÚ, de la editorial AIQUE Grupo Editor para 4° grado. 2) Comuníquese a la Editorial, al Jurado de Selección y pase a sus efectos a la Dirección Provincial de Educación Primaria y Preescolar. 3) Hágase saber y archívese. Firmado: Eduardo Carreras."[81] (Ministerio de Educación y Cultura 1980a: 82-83)

Además de los aspectos apuntados en esta resolución, la viabilidad de la aprobación de los libros de lectura para el nivel primario estaba sujeta a la satisfacción de múltiples requerimientos ministeriales. Entre ellos, cumplir con determinadas características de impresión, contener ilustraciones y encuadernaciones apropiadas, poseer cuadernillos con orientaciones metodológicas "precisas y acertadas", estructurarse en unidades temáticas vinculadas con otras áreas curriculares, exaltar los valores morales, etc.

[81] Este texto atravesó otros avatares para su aprobación en la provincia de Buenos Aires. Ver Pineau, "Políticas pedagógicas de cuidado y espera: los libros de lectura para la escuela primaria en la Dictadura" (2006).

En diciembre del año 1982, el Centro Provincial de Información Educativa de la provincia de Santa Fe elaboró una *Guía Temática* donde se recuperaban datos aparecidos en los *Boletines de Educación y Cultura* publicados entre 1980 y 1982. La información se enuncia en una guía estructurada por 55 descriptores presentados alfabéticamente, entre los que se cuentan los rubros Libros Aprobados, Prohibidos y Recomendados.

Como Libros Aprobados, se señala la serie *Páginas para mí* (1, 2, 3, 4) y se incluyen las resoluciones correspondientes.

Entre los Libros Recomendados – rótulo que implicaba un circuito intermedio de "no" aprobación como libros de lectura, pero sin llegar a prohibir su uso, y reconociendo sus valores pedagógicos, los confinaba al ámbito privado de la consulta – se citan manuales de la Editorial Estrada y de otras editoriales argentinas. Esta nómina, publicada durante el año 1980 (cfr. Ministerio de Educación y Cultura 1982b: 54), fue difundida obligatoriamente en todas las escuelas de la provincia.

Para dar cuenta del estilo de las disposiciones relativas a los textos Recomendados, transcribimos aquí una de las resoluciones pertinentes:

> "Con respecto de otras obras presentadas, sus características no permiten aprobarlas como libros de lectura, pero se recomiendan para la biblioteca escolar y/o para consulta del docente, en atención a sus valores didácticos o informativos: *Libro práctico de lectura*, de las autoras Ivone María Artigas de Sierra y H. Lacau (2°, 3°, 4° y 5° grados), Editorial Plus Ultra; *La palabra y su mundo* de Menghi-Pensatto y Spinelli (3°, 4°, 5°, 6° y 7° grados), excluyendo la guía del docente, Editorial Plus Ultra; *Voy contigo* (1° grado) de los autores Ambrosio, Aranovich, Romero, Buratti, Editorial Río de la Plata [...]." (Ministerio de Educación y Cultura 1982a: 18-19)

Entre los Libros Prohibidos se mencionan: El marxismo-leninismo: doctrina viva y eficiente, Resol. N° 363/80; Libro rojo de Cole, de F. Maspero, Resol. N° 718/80; Universitas, Gran Enciclopedia del Saber y Enciclopedia Salvat Diccionario, Decr. Nac. N°.2038/80; Érase una vez el hombre, Resol. N° 977/80; Oriente, Diccionario Enciclopédico, Resol. N° 1140/80; La Historia Presente, CEAL, Resol. N° 1141/80; Niños de Hoy, de Á. Yunque; Mapas del territorio argentino incluidos en El territorio de los argentinos, CEAL; Cuentos para chicos traviesos, de J. Prevert, Decr. N° 1831/77; Un elefante ocupa mucho espacio, de E. Bornemann; El nacimiento, los niños y el amor, de A. Rosenschild; Le français et la vie, libro de francés de G. Mauger y M. Brezeure.

La mayor parte de las resoluciones prohibiendo textos no declaran las motivaciones y argumentos en que se basa la medida. Sólo en limitadas oportunidades se explicitan algunas causas de interdicción. Por ejemplo:

> RESOLUCIÓN N° 977: "Santa Fe, 30 de noviembre de 1980. VISTO: El análisis de los fascículos *Érase una vez el hombre* realizado por los organismos competentes de este Ministerio; y CONSIDERANDO: Que del estudio realizado se concluye que la serie de fascículos denominada *Érase una vez el hombre* no contribuye a logro de los objetivos que en materia educativa ha fijado el Proceso de Reorganización Nacional; Que el enfoque que predomina en los citados fascículos se opone a aspectos básicos de la formación del niño, la que se debe desarrollar sin influencias que deformen el contexto espiritual de su educación; Por ello EL MINISTRO DE EDUCACIÓN Y CULTURA RESUELVE: 1) No autorizar en las escuelas dependientes de este Ministerio, la distribución, uso y circulación de los fascículos *Érase una vez el hombre*, atento las razones que fundamentan la presente. 2) Hágase saber y archívese. Firmado: EDUARDO A. CARRERAS, Cap. de Navío, Ministro de Educación y Cultura." (Ministerio de Educación y Cultura 1980: 78)

En este caso, los motivos esgrimidos apelaban al plano ideológico. Pero es sabido que, además de no contribuir con los objetivos de la Dictadura, la obra se prohibió por describir la evolución de las especies en términos darwinianos lo que contradecía la doctrina oficial de la iglesia católica.

Conclusiones

Queda en evidencia que el ataque contra la cultura formó parte de la represión contra la *palabra*. Si bien el terror se vale de sanciones físicas, se complementa con diversas sanciones de tipo simbólico y material:

> "Las prácticas discursivas comprenden la formulación de un *mito oficial* por parte de los que tienen el poder y la manipulación del poder normativo a través

de campañas de adoctrinamiento, del control de los medios de comunicación, la educación, entre otros". (Corradi 1996: 48)

La Dictadura que atacó en forma indiscriminada al conjunto de la sociedad civil y política, apuntó con certeza al sistema educativo en su totalidad, a fin de plasmar de manera inequívoca los procesos de censura ideológica y cultural. Para ello, el sistema educativo debía llevar adelante esta represión simbólica. La educación debía ser suficientemente conservadora, para generar desde el ámbito de la formación docente, maestros compenetrados con la tarea de restituir a la escuela a los valores de la moral cristiana, la tradición nacional y la dignidad del ser argentino.

Hemos dado visibilidad a diversos materiales utilizados en el circuito escolarizado y a los mecanismos censorios que se ejercieron sobre ellos, presentando inferencias sobre su articulación con las tendencias represivas, construcción simbólica de homogeneización cultural, circuitos de control y la conformación de la cultura política en ese momento. Sin duda, dichos materiales ocuparon un papel relevante en el "plan de sustitución cultural" de las ideas que se pretendían extirpar y en la "guerra librada contra la subversión" en el campo cultural y específicamente en el sistema educativo, no sólo intentando eliminar lo que se juzgaba peligroso, sino difundiendo la doctrina de la Seguridad Nacional con designios de conversión ideológica.

Bibliografía citada

Bourdieu, Pierre (1988), *Cosas dichas*. Barcelona: Gedisa.

Brailovsky, Antonio Elio (1985), *Un sacrificio inútil. 1880-1982. Historia de las crisis argentinas*. Buenos Aires: Belgrano.

Cheresky, Isidoro/Chonchol, Jacques (Comps.) (1985), *Crisis y transformación de los regímenes autoritarios*. Buenos Aires: EUDEBA.

Choppin, Alain (1998), "Las políticas de los libros escolares en el mundo: perspectiva comparativa e histórica", en: Javier Pérez Siller y Verena Radkau García (Coords.): *Identidad en el imaginario nacional, reescritura y enseñanza de la historia*. Instituto de Ciencias Sociales y Humanidades, BUAP, Puebla y El Colegio de San Luis, México. Braunschweig: Georg-Eckert-Institut.

Clarín (1996), el 24 de marzo. Buenos Aires. http://www.clarin.com/diario/96/03/24/claridad.html (12.12.2009).

Consejo Nacional de Enseñanza Técnica (1976a), *Boletín N° 526*, 12 de abril.

Consejo Nacional de Enseñanza Técnica (1976b), *Boletín Nº 528*, 20 de abril.
Corradi, Juan (1985), "La cultura del miedo en la sociedad civil: reflexiones y respuestas", en: Isidoro Cheresky/Jacques Chonchol (Comps.): *Crisis y transformación de los regímenes autoritarios*. Buenos Aires: EUDEBA.
Corradi, Juan (1996), *A veinte años del golpe. Con conciencia democrática*. Rosario: Ed. Ross.
Cukier, Zulema/Rey, Rosa María/Tornadú, Beatriz (1979), *Páginas para mí 4: libro de lectura para cuarto grado*. Buenos Aires: Aique.
Dijk, Teun van (1995), *La palabra hablada*. México: UNAM.
Godoy, Cristina (1999), *Aprendizaje plural o ¿los gritos del silencio?*, Rosario: Laborde Editora.
Godoy, Cristina/Broda, Vanina (2003), "El poder de la palabra bajo vigilancia en la universidad pública de la dictadura", en: Carolina Kaufmann (Dir.): *Dictadura y Educación, Tomo 2*, "Vigilancia y depuraciones en las Universidades Nacionales Argentinas". Buenos Aires: Miño y Dávila.
Gómez, Alejandra Beatriz (1995), *No nos han vencido. Historia del Centro de Estudiantes de Derecho - UBA*. Buenos Aires: EUDEBA.
Gómez, Marcelo Flavio (1993), *Sociología del disciplinamiento escolar*. Buenos Aires: CEAL.
Hoy (1970), marzo. Rosario, 12.
Invernizzi, Hernán/Gociol, Judith (2002), *Un golpe a los libros*. Buenos Aires: EUDEBA.
Invernizzi, Hernán (2005), "Los libros son tuyos": *Políticos, académicos y militares: la dictadura en EUDEBA*. Buenos Aires: EUDEBA.
Kaufmann, Carolina (1996), "Biblioteca Popular Constancio C. Vigil (Rosario, Argentina)", en: Luis Bravo Jáuregui (Coordinador), Carmen Elena Chacón (Revisora): *Diccionario Latinoamericano de Educación (DLAE)*. Caracas: Universidad Central de Venezuela, 277-278.
Kaufmann, Carolina (1997), "De libertades arrebatadas. Discurso pedagógico en la Argentina del Proceso", en: *Propuesta Educativa Nº 16*. Buenos Aires: FLACSO, 64-69.
Kaufmann, Carolina/Doval, Delfina (1997), *Una pedagogía de la renuncia: el perennialismo en Argentina (1976-1983)*. Paraná: Universidad Nacional de Entre Ríos.
Kaufmann, Carolina (Dir.) (2001), *Dictadura y Educación. Tomo 1, Universidad y Grupos Académicos Argentinos (1976-1983)*. Buenos Aires: Miño y Dávila.
Kaufmann, Carolina (Dir.) (2003), *Dictadura y Educación. Tomo 2, Depuraciones y vigilancia en las Universidades Nacionales Argentinas*. Buenos Aires: Miño y Dávila.
Kaufmann, Carolina (Dir.) (2006), *Dictadura y Educación. Tomo 3, Los textos escolares en la historia argentina reciente*. Buenos Aires: Miño y Dávila.

Kaufmann, Carolina (2007), "Los libros, la Dictadura argentina y el después. La Vigil", en: Carolina Kaufmann/Delfina Doval: *Paternalismos Pedagógicos. Las políticas educativas y los libros durante la Dictadura.* Rosario: Laborde Editor, 145-162.

La Capital (1978). Rosario, 17 octubre.

Márquez, Angel Diego (1995), *La quiebra del sistema educativo argentino.* Buenos Aires: Ediciones del Quirquincho.

Martín Rojo, Luisa/Whittaker, Rachel (eds.) (1998), *Poder-decir o el poder de los discursos.* Madrid: Arrecife.

Ministerio de Educación y Cultura (1980a), *Boletín de Educación y Cultura Nº 2*, Santa Fe, abril.

Ministerio de Educación y Cultura (1980b), *Boletín de Educación y Cultura Nº 9*, Santa Fe, noviembre.

Ministerio de Educación y Cultura (1982a), *Boletín de Educación y Cultura Nº 1*, Santa Fe, marzo.

Ministerio de Educación y Cultura (1982b), *Boletín de Educación y Cultura Nº 19*, Santa Fe, diciembre.

Moore, T.W. (1992), *Introducción a la Filosofía de la educación.* México: Ed. Trillas.

Naranjo, Rubén/Frutos, Raúl (2006) "El genocidio blanco. La Editorial Biblioteca, Vigil, Rosario", en: Carolina Kaufmann (Dir.): *Dictadura y Educación. Tomo 3, Los textos escolares en la historia argentina reciente*, Cap. XI. Buenos Aires: Miño y Dávila, 391-427.

Ocerín, Reynaldo Carlos (1978), "La formación moral y la escuela", en: *Revista del Instituto de Investigaciones Educativas*, Nº 15, 57-68.

Paviglianiti, Norma (1990), *Neoconservadurismo y educación. Un debate silenciado en la Argentina del 90.* Buenos Aires: Coquena Grupo Editor.

Perelmann, Chaïm (1978), *El razonamiento jurídico.* Cuaderno de Trabajo Nº 5. Maracaibo: Centro de Estudios de Filosofía del Derecho, Univ. de Zulia.

Perelmann, Chaïm (1997), *El imperio retórico. Retórica y argumentación.* Bogotá: Norma.

Pineau, Pablo (2006), "Políticas pedagógicas de cuidado y espera: los libros de lectura para la escuela primaria en la Dictadura", en: Carolina Kaufmann (Dir.): *Dictadura y Educación. Tomo 3, Los textos escolares en la historia argentina reciente.* Buenos Aires: Miño y Dávila, 25-40.

Puelles Benítez, Manuel de (1998), "La política del libro escolar. Del franquismo a la restauración democrática", en: Agustín Escolando Benito (Dir.): *Historia ilustrada del libro escolar en España. De la posguerra a la reforma educativa.* Madrid: Fundación Germán Sánchez Ruipérez.

Quiroga, Hugo (1994), *El tiempo del "Proceso".* Rosario: Ed. Fundación Ross.

Sarlo, Beatriz (1987), "Política, ideología y figuración literaria", en: Daniel Balderston et al.: *Ficción y política. La narrativa argentina durante el proceso militar*. Buenos Aires: Alianza Editorial, 30-59.
Wodak, Ruth (1996), *Disorders of Discourse*. London/Harlow: Longman.
Yunque, Álvaro (1974), *Niños de hoy*. Buenos Aires: Plus Ultra.

Proyecto C 3109, financiado por la Secretaría de Investigaciones Científicas, Tecnológicas y de Formación de Recursos Humanos, Universidad Nacional de Entre Ríos, Argentina.

Del otro lado del espejo: la pesadilla de crecer en dictadura

Liliana Ruth Feierstein

Quién sabe, Alicia, este país
no estuvo hecho porque sí.
Te vas a ir, vas a salir,
pero te quedas.
¿Dónde más vas a ir?
Es que aquí sabes que
el trabalenguas traba lenguas,
el adivino te adivina
y es mucho para tí.

Charly García (1976)

Este artículo, pleno de espejos, conejos mágicos y elementos "maravillosos", intenta realizar un primer abordaje sobre los elementos fantásticos, especialmente los que se encuentran en la literatura clásica infantil (cuyo gran modelo es *Alice in Wonderland* de Lewis Carroll) como posibilidad de representación del terror durante la dictadura argentina y, simultáneamente, como refugio (literario) frente al totalitarismo.

Simultáneamente se señala la utilización de rasgos y herramientas del género fantástico – que tienen su origen en la teoría psicoanalítica (das *Unheimliche*) y literaria (la *hésitation*) – en los relatos sociales creados y/o difundidos por la dictadura para diseminar el terror y la paranoia (como es el caso de la figura del "desaparecido").

Finalmente se sugiere que estas estrategias del poder podrían buscar un efecto de infantilización de la sociedad a través del mecanismo de la regresión. El cruce de estos registros (estrategias del poder y de la resistencia) se vuelve aún más complejo al distinguir el fantástico y la literatura infantil como algunos de los modos más utilizados y más efectivos de la resistencia.

El espejo: viaje en el tiempo, metáfora de la inversión, reflejo de la historia

En 1996 se estrenó en Buenos Aires el cortometraje *Líneas de teléfonos* de Marcelo Brigante. Recurriendo a una estrategia fantástica, la historia propone un diálogo que atraviesa los tiempos, a través de un teléfono que comunica a dos personas que viven/vivieron en el mismo departamento: un joven en

1996 y una adolescente en 1978. Las charlas se continuan hasta la desaparición de Vera en 1978. Su amigo “en el futuro” quiere ayudarla, pero no es possible cambiar la historia. La intertextualidad presente en el cortometraje es abundante: explícitamente en el texto *Farenheit 451* (Bradbury) que ambos se recitan por teléfono (y que describe la situación vivida en la dictadura). Pero el único momento de conexión entre los mundos (además de las voces y las conversaciones) se da a través de un espejo. Vera esconde en el botiquín una foto (en 1978) que sera recuperada por Ariel (en 1996). Del otro lado del espejo se encuentran esos universos paralelos de dos personas que nunca podrían conocerse.

Poco más tarde, en 1997, llega a la televisión argentina *ALUAP*, un cortometraje de Tatiana Mereñuk y Hernán Belón, sobre la experiencia de crecer bajo la dictadura militar en la Argentina. Para los directores se trataba de recuperar la mirada infantil sobre lo que estaba sucediendo.[82]

La figura de *Alicia* y del mundo “del otro lado del espejo” sirve como prisma para refractar esas vivencias. El mundo del terror no es racionalmente entendible para los chicos: es un mundo en espejo, un “mundo al revés” o “patas para arriba”. Sólo que la dimensión de lo onírico o lo fantástico donde reina la arbitrariedad no produce, como en los libros, el asombro, el juego o la risa frente las lógicas absurdas o al sinsentido. La dimensión fantástica deviene fantasmagórica, el sueño se torna pesadilla de la que no se puede despertar.

El mismo título reproduce esta lógica invertida: *ALUAP* es el nombre de la protagonista (Paula) leído de derecha a izquierda. Es la escena con la que comienza la historia: una niña que intenta leer su nombre frente al espejo y en su asombro le comenta a su madre: “Mamá, para el espejo yo no me llamo Paula”. Dos textos (una cita y una dedicatoria) encuadran la película de Mereñuk y Belón: el comienzo, umbral a la aventura, está sellado por un fragmento atribuido a *Through the Looking-Glass and What Alice found there*: “Me iré del otro lado del espejo, a un lugar donde nadie pueda encontrarme”. La dedicatoria final, que cierra el “viaje en el tiempo” (o viaje al País del Espejo) al que los directores invitan a través de su trabajo a otros compañeros de la *desventura* de su generación, está dirigida “A todos aquellos que fueron chicos en los 70s...”

Una amorosa reconstrucción de los detalles de época (desde las canciones y el tocadiscos hasta el estilo de la ropa o la torta de chocolinas, los juegos, etc.) permite a estos espectadores identificarse con la situación para, al mismo tiempo, *reflexionar* sobre ella desde la distancia del adulto-espectador. La

---

[82] Entrevista a los directores en canal (à), Buenos Aires, octubre de 1997.

película se convierte así también en un espejo que les *refleja* la historia de la propia niñez, la biografía colectiva de un momento de una generación.

Susan Rubin Suleiman ha propuesto la categoría de *generation 1.5* para nombrar a aquellos que crecieron durante un régimen de terror: no son la "primera generación" que vivió de forma consciente lo sucedido, y sin embargo tampoco pertenecen a la segunda, que porta consigo el trauma sólo a través de su transmisión posterior. Si bien el análisis de Suleiman gira en torno a los *child survivers* de la Shoá, la perspectiva infantil, basada en los análisis de Hans Keylson, puede mantenerse para el caso argentino: son aquellos "too young to have had an adulting understanding of what happening to them, and sometimes too young to have any memory of it at all, but old enough to have been there" (Rubin Suleiman 2006: 179).

En la reelaboración literaria y/o cinematográfica de la propia infancia se desarrolla la mirada posterior del adulto sobre lo que significó *haber estado allí* o, para ser más exactos, la reflexión sobre las formas de representación que como chicos intentaron dar a lo que estaba sucediendo, y las huellas indelebles de esta historia en el presente.

En *ALUAP* la metáfora de lo inverso, del otro lado del espejo, se construye a partir de la despedida de una niña que logra escapar con sus padres al exilio. Así, después de la escena del nombre-en-espejo (que da la clave para la lectura del texto cinematográfico) se propone un viaje al territorio de la infancia a través de la metáfora de una caja llena de recuerdos, que la protagonista ya adulta abre en un "viaje al pasado".[83] Es un paquete que ha recibido por correo en el que se lee el nombre de la destinataria: "*Paula Russeau, rue des enfances*". El domicilio al que la memoria se dirige es claro: incluso el pedagogo que se esconde detrás del apellido, pese a (o justamente en la *différance* que genera) la letra ausente.

En el argumento de la película todo lo que sucede en la historia está "al revés". Es el día del cumpleaños de Paula y ella debe repartir sus juguetes entre sus amigos porque no puede llevarlos al exilio: en vez de recibir regalos debe entregarlos. Y ese encuentro, que debería ser una fiesta, es una situación

[83] La "caja de los recuerdos" es una constante que aparece en muchas biografías sobre la infancia, particularmente en las que tratan de reconstruir la historia de un trauma. La caja corporiza un tesoro escondido, la certeza del tiempo y los seres queridos perdidos, la memoria de lo que sólo nos habita en sus huellas. Su apertura resulta siempre un viaje al pasado con rasgos profundamente benjaminianos: hablan los rostros desde las fotos viejas y los juguetes, escarpines, pedacitos de recuerdos desde el aura que los chicos le otorgan a cada pequeña materialidad de sus historias. Un abordaje más específico de este tema se encuentra en mi artículo: *Of Boxes, Draws, and Crypts or How to Contain (the Work of) Mourning* (en prensa).

atravesada por el terror. La figura del payaso, que tradicionalmente invita desde (el lado de afuera de) la puerta a las fiestas infantiles argentinas, está colgada *dentro* de la casa. Lo que menos se espera es que alguien *entre*: afuera ronda un auto que todos perciben como la amenaza del secuestro. Los trucos de magia y la mera palabra "desaparición" ("voy a hacer desaparecer la nariz de mi sobrina favorita", dice uno de los personajes) hace temblar a grandes y chicos. La toma en la que se prenden las velitas de la torta se yuxtapone con un corte con una escena de quema de papeles comprometedores en la cocina: el fuego debe destruir pruebas más que iluminar el cumpleaños. Entretanto, los chicos en la oscuridad "juegan" el miedo que perciben, asustándose unos a otros, como forma de actuar lo que los adultos no se animan a decir. En las escenas finales la canilla de la pileta de la cocina comienza a gotear (tiene una "pérdida"): lágrimas que van inundando la memoria en un sonido *in crescendo* que casi la termina taladrando.

El mundo del revés: lo lúdico y la pesadilla

La metáfora de la inversión (producida por los espejos o por otros mecanismos menos visibles), el mundo en el que todo funciona en el sentido inverso – como magistralmente lo plasmó Carroll – aparece como constante en clásicos infantiles que circulan durante dictaduras así como en creaciones postdictatoriales que la tematizan. El aspecto lúdico de la inversión y el *nonsense* ("cabe un oso en una nuez") se mezcla o es desplazado por el efecto terrorífico de lo siniestro.

En el cancionero argentino el tema más conocido es el clásico *El reino del revés* de María Elena Walsh, donde entre otras descripciones del *nonsense* se escucha:

> Me dijeron que en el Reino del Revés
> nadie baila con los pies,
> que un ladrón es vigilante y otro es juez
> y que dos y dos son tres.

Otro de estos temas musicales, similar en su construcción del mundo, es el *leitmotiv* que acompaña el largometraje *Cordero de Dios* de Lucía Cedrón (2008): *El mundo al revés*, una canción que, aunque escrita durante el franquismo (texto de José Agustín Goytisolo, musicalizada por Paco Ibañez), circuló por las infancias argentinas de la dictadura. Hay algo que no está bien, que está "al revés" en estas sociedades, y los chicos lo saben:

Érase una vez
Un lobito bueno
al que maltrataban
todos los corderos.

Había también
un príncipe malo
una bruja hermosa
y un pirata honrado.

Todas esas cosas
había una vez
cuando yo soñaba
el mundo al revés.

El cordero de peluche que Guillermina (la protagonista) recibe para su cumpleaños resulta décadas más tarde (en su propio viaje "del otro lado del espejo") la prueba de la delación de su abuelo que derivó en el asesinato de su padre, un militante político de la resistencia. El juguete que expresaba el cariño y la protección de lo familiar se convierte así en la representación del sacrificio del padre condensando la metáfora religiosa del cordero pascual.[84]

"El semillero de la subversión"

Las múltiples funciones del *nonsense* y los mensajes encriptados en textos infantiles no pasan siempre desapercibidos. Una obsesión por la infancia recorre a los gobiernos totalitarios que, conscientes de lo indelebles que resultan las huellas tempranas, se empecinan en censurar meticulosamente la literatura infantil, a la vez que producen sus propios materiales para la (de)formación ideológica de los más pequeños. Por otro lado niegan a los adultos sus derechos específicos desde la elemental posibilidad de elecciones democráticas a la libertad de leer sin una censura previa.[85] De algún modo se invierten los roles sociales: se trata a los adultos como menores de edad.

---

[84] Lucía Cedrón no se detiene en la imagen invertida sino que, interesantemente, se desplaza entre los significados contrarios (cordero de Dios/lobito bueno y corderos malos/corderito como regalo y prueba de la delación) abriendo una zona de grises atravesada por la tragedia de una familia diezmada por la dictadura.

[85] Sobre las políticas de la censura ver Avellaneda (1986).

Este es el centro del argumento que María Elena Walsh desarrolló en 1979, en su artículo "Desventuras en el País Jardin-de-Infantes" publicado en *Clarín* (1979), el diario argentino de mayor tiraje. Es significativo que la más prestigiosa autora de textos infantiles en la Argentina denuncie públicamente esta infantilización de la sociedad – basada en el despotismo y la ignorancia de un grupo en el poder que se declara "más adulto que el resto de la sociedad":

> Hace tiempo que somos como niños y no podemos decir lo que pensamos o imaginamos. [...]. El ubicuo y diligente censor transforma uno de los más lúcidos centros culturales del mundo en un Jardín-de-Infantes fabricador de embelecos que sólo pueden abordar lo pueril, lo procaz, lo frívolo o lo histórico pasado por agua bendita. [...]. Sí, la firmante se preocupó por la infancia, pero jamás pensó que iba a vivir en un País-Jardín-de-Infantes [...]. En lugar de presentar certificados de buena conducta o temblar por si figuramos en alguna 'lista' creo que deberíamos confesar gandhianamente: sí, somos veinticinco millones de sospechosos de querer pensar por nuestra cuenta, asumir la adultez y actualizarnos creativamente, por peligroso que les parezca a bienintencionados guardianes. Veinticinco millones, sí, porque los niños por fortuna no se salvan del pecado. Aunque se han prohibido libros infantiles, los pequeños monstruos siguen consumiendo historias con madrastras-arpías, brujas que comen niños, hombres que asesinan a siete esposas, padres que abandonan a sus hijos en el bosque, *Alicias que viajan bajo tierra sin permiso de mamá.* [...]. Nosotros, pobres niños, a qué justicia apelaremos para desenmascaar a nuestros encapuchados y fascistas espontáneos, para desbaratar listas que vienen de arriba, de abajo y del medio, para derogar fantasmales reglamentos dictados quizás por ignorancia o exceso de celo de sacristanes más papistas que el Papa. Sólo podemos expresar nuestra impotencia, nuestra santa furia, como los chicos: pataleando y llorando sin que nadie nos haga caso. [...]. Todos tenemos el lápiz roto y una descomunal goma de borrar ya incrustada en el cerebro. Pataleamos y lloramos hasta formar un inmenso río de mocos que va a dar a la mar

de lágrimas y sangre *que supimos conseguir*[86] en esta castigadora tierra.[87]

El título del artículo, las *Desventuras en el País Jardín-de-Infantes*, recurre también a la inversión de las *Aventuras de Alicia en el País* en un desplazamiento en que la utopía (o el mundo maravilloso de la infancia) se transforma en la distopía de un régimen autoritario. Podría con razón argumentarse que la metáfora del *Kindergarten* es un embellecimiento, aun desde la perspectiva de la crítica a la infantilización, de la situación que se estaba viviendo en un país plagado de centros clandestinos de detención y tortura. *The pool of tears*, el valle de las lágrimas de Carroll, no desemboca en una aventura poblada por seres extraordinarios sino en un mar de lágrimas y sangre del que no se divisan ya las orillas. ¿Cómo dar cuenta de esta metamorfosis?

Alicia desembarca en Buenos Aires o un país underground

Alicia ya había llegado antes al sur – el personaje de Lewis Carroll se convirtió durante la última dictadura militar en la metáfora del terror cotidiano que se estaba viviendo. *Del otro lado del espejo* se vivía un mundo casi onírico, en el que la Reina de Corazones decidía decapitar a todo el que le caía mal sin juicio previo, y los gatos y las personas desaparecían en el aire sin dejar huellas, ni siquiera su sonrisa.

En diciembre de 1976, algunos meses después del golpe militar, se estrena en Buenos Aires la película *Alicia en el país de las maravillas* con dirección de Eduardo Plá y música de Gustavo Beytelmann. El tema central, la *Canción de Alicia en el país* – epígrafe de este artículo – fue compuesto por Charly García. Pocos años más tarde, en 1980, una versión más larga del mismo se convertiría en una de las denuncias musicales sobre la última dictadura argentina.[88]

---

[86] Juego intertextual con el himno nacional argentino "Sean eternos los laureles/*que supinos conseguir*/coronados de gloria vivamos/o juremos con gloria morir".

[87] María Elena Walsh: "Desventuras en el País Jardín-de-Infantes", *Clarín*, 16.8.1979, mi subrayado. Soy consciente de algunos pasajes sumamente problemáticos de este artículo – no es este sin embargo el lugar para discutirlos ya que no aportan a la problematización de la infantilización de la sociedad.

[88] Esta versión posterior tiene una letra más extensa y explícita (ver *infra*) y será cantada por el mismo Charly García en el disco *Bicicleta* (1980).

No parece casual que sea un clásico (y el primer texto) de la literatura *fantástica infantil*, específicamente *Alicia*, el que haya condensado la metáfora del terror cotidiano. El sinsentido y la arbitrareidad presentes en cada diálogo, sumados a la dimension onírica convertían a esta obra en una posible representación de la experiencia cotidiana *en el país.*[89]

La película (a diferencia de la canción de Charly García) fue prácticamente olvidada. Resulta sin embargo interesante que en la adaptación del libro para el guión cinematográfico (al igual que décadas antes en las originales historietas de Héctor Germán Oesterheld[90]) la aventura se traslade a Buenos Aires. En la primera escena se ve a Alicia y a su hermana sentadas en las orillas del río *de la Plata.* Por allí pasa el conejo (en realidad un hombre que "parece un conejo"), a quien Alicia sigue, y trata de alcanzar en las calles de Buenos Aires, repletas de gente, autos, vida cotidiana de la gran ciudad. Al descender *al país* nuestra protagonista no cae en la cueva del conejo sino que baja con él por escaleras mecánicas y un ascensor antes de que, ahora sí, se inicie un viaje psicodélico en el tiempo y el espacio. Poco después, tras sus inesperados cambios de tamaño, intentará nadar en el *valle de sus propias lágrimas.* Lo interesante de la película es que se trata de una adaptación bastante lineal del libro clásico, pero el solo hecho de ubicar a Alicia en el Buenos Aires de ese tiempo (y de que todos los personajes sean finalmente "humanos") resignifica la historia abriendo una cantidad de posibilidades interpretativas del (con)texto.[91] Así, después de que el gato de Cheshire (des)aparece en varias ocasiones (dejando sin embargo la huella imborrable de su sonrisa), la historia cierra con la conocida escena del juicio absurdo por el robo de una torta. Todo el procedimiento, como en el original de Carroll, es una parodia. "La

[89] Resulta sugerente que los mismos militares sospecharan de este texto (como de muchos otros). En los "Archivos del Terror" de Paraguay se encontraron listas de libros incautados por la Dirección de Política y Afines del Departamento de Policía de Asunción, en los que *Alicia en el país de las maravillas* se encuentra junto a otros clásicos como *Platero y yo* (Juan Ramón Giménez) y el *Curso de lingüística general* (F. de Saussure). El documento se reproduce en Lipis (2010: 209).

[90] Sobre la "localización" de las historietas de H.G. Oesterheld ver Sasturain (1993) y Judith Gociol/Diego Rosenberg (2000).

[91] Tan "humanizados" están los personajes que todos son representados por actores con disfraces mínimos que en la mayoría de los casos son dejados de lado durante el transcurso de la película; de manera más evidente por el conejo, quien en su segunda aparición ya no lleva sus orejas y tras la pregunta de Alicia asegura: "Me cansé de llevar las orejas. Y el reloj lo regalé". El gato de Cheshire por su parte tiene una sonrisa portátil que se ocupa de colgar en cada árbol mientras él mismo "mágicamente" *desaparece* de las escenas.

sentencia primero, el proceso después", insiste la reina en una clara representación de la violencia y la arbitrariedad del poder. Alicia se empeña en defender la justicia, por lo que la reina manda a cortarle la cabeza (su reiterado capricho asesino). La coincidencia de que Alicia repetidamente utilice la palabra "proceso"[92] – y no "juicio" – para denominar esta farsa jurídica subraya el efecto de espejo: una reflexión de y sobre la realidad de los modos de operación de una dictadura asesina.

Asesinos es, de hecho, el adjetivo que se atreve a utilizar Charly García, cuatro años después del estreno de la película, en la nueva grabación del tema de *Alicia en el País,* esta vez con su banda musical *Seru Girán.* Allí el "adivino" de 1976 se convierte en "asesino". La canción tiene además otras estrofas, y en su nueva versión dice así:

> Quién sabe Alicia este país
> no estuvo hecho porque sí.
> Te vas a ir, vas a salir
> pero te quedas,
> ¿dónde más vas a ir?
> Y es que aquí, sabes
> el trabalenguas traba lenguas
> *el asesino te asesina*
> y es mucho para ti.
> Se acabó ese juego que te hacía feliz.
>
> No cuentes lo que viste en los jardines, el sueño acabó
> Ya no hay morsas ni tortugas
> Un río de cabezas aplastadas por el mismo pie
> juegan cricket bajo la luna.
> Estamos en la tierra de nadie,
> pero es mía.
> Los inocentes son los culpables, dice su señoría,
> el Rey de espadas.
>
> No cuentes lo que hay detrás de aquel espejo,
> no tendrás poder
> ni abogados, ni testigos.
> Enciende los candiles que los brujos

[92] *Proceso de Reorganización Nacional* es el eufemismo con que los militares denominaron a la última dictadura argentina. Ver Feierstein (2007).

piensan en volver
a nublarnos el camino.
Estamos en la tierra de todos,
en la vida.
Sobre el pasado y sobre el futuro,
ruinas sobre ruinas,
querida Alicia.
Se acabó ese juego que te hacía feliz.

El juego intertextual que permite descifrar a través del texto de *Alicia* la denuncia de los crímenes de la dictadura es evidente, incluso para aquellos a quienes se les escapan las metáforas que refieren a la historia argentina. A través de ese juego, *Alicia* pasó a ser sinónimo del reino del terror y, simultáneamente, la posibilidad de nombrarlo.

Conejos mágicos: la infantilización como "pantalla"

Alice Adventures Underground fue el primer título del clásico infantil de Lewis Carroll. Seguir la pista de los conejos blancos en las producciones culturales de y sobre esta época de la historia argentina no sólo da cuenta de los crímenes de la dictadura sino que puede llevar a descubrir otro tipo de *underground* en que la literatura (y, en especial, este texto) parece haber inspirado a la realidad. En *La casa de los conejos* Laura Alcoba (d)escribe a través de una autoficción su infancia en la casa operativa de La Plata en donde se editaba el periódico *Evita Montonera*. Los conejos del título, que en este caso fueron reales[93], eran una estrategia para disimular la imprenta clandestina. Un criadero de animales disimulaba con un "embute" (un falso muro) la existencia y las actividades de la célula política. Alcoba intenta recuperar en su narración la mirada de la niña de diez años a la que se le explica cómo funcionará el "cuento" para los vecinos:

[93] Esta relación entre lo fantástico-infantil y lo real se hace explícita en la entrevista que Karen Saban le hizo a Laura Alcoba, en la cual le pregunta sobre los elementos maravillosos que se encuentran en su relato. Frente al comentario de Saban "Especialmente los conejos me hacen pensar en *Alicia en el País de las maravillas*" Alcoba responde: "Los conejos parecen alegorías pero son reales. En la casa de la calle número 30 de La Plata hubo efectivamente un criadero que servía de tapadera a la imprenta clandestina de Montoneros. Pero claro, cuando la nena escucha del ingeniero que los conejos tienen que proteger al grupo, eso hay que leerlo en forma irónica. Esa escena muestra la fragilidad de la situación. Los conejos en la jaula también pueden ser una alegoría de la inocencia perdida o de la jaula encerrada…" (Alcoba 2010: 247).

> Pero ¿los conejos? ¿Por qué deberíamos recibir centenares de conejos para protegernos mejor? [...] La cría de conejos será la actividad oficial de la casa [...] gracias a esa actividad se justificarán todas las idas y venidas, así como la construcción del criadero ha justificado hasta hoy la otra obra, la construcción del embute. [...] Cuando los conejos estén aqui, los viajes incesantes de la furgoneta gris que servirá para llevar gente o para hacer salir de la casa los periódicos ya impresos, se explicarán como transporte de conejos o reparto de conservas. (Alcoba 2008: 73)

Inviertiendo otra vez los términos, la literatura sirve aquí para escribir el guión de la realidad y como protección frente al enemigo: el mismo mecanismo de disimulación del "embute" está basado en los principios de *La carta robada* de Edgar Allan Poe. No es casual que Alcoba mencione que muchos de los protagonistas de esta historia habían sido antes estudiantes de literatura. Los textos (clásicos) ayudan a *blanquear* la escritura de estos otros textos (políticos) considerados un arma en la lucha por una utopía. El juego de los espejos se continúa no sólo en sus posibilidades de ocultamientos (un viejo truco de magia) sino en los opuestos del pelo blanco y la tinta negra:

> Y delante del falso último muro, los conejos se multiplicarán a una velocidad inaudita. Y cuantas más pelotas de pelo blanco hay en la jaula, más profundamente se tiñen los dedos de mi madre de una tinta espesa y negra. Muy pronto, aun frotando furiosamente con un cepillito de pelo duro y jabón blanco, ya será incapaz de borrarla del todo. (Alcoba 2008: 175).

Una aventura que terminará, dolorosamente, en rojo sangre. El original de la obra escrito por Alcoba en francés lleva el título: *Manèges. Petite historie argentine.* La autora señala la doble connotación de la palabra francesa: calesita (espacio infantil circular, lugar de los sueños pero del que es dificil salir) a la vez que engaño, artimaña (ibidem.). El subtítulo del libro resume el motivo central de este artículo: leer las claves de la historia argentina a partir de la narración de las pequeñas historias o, invirtiendo los términos, de las historias de los más pequeños.

La literatura infantil: un campo de batalla

Los conejos se multiplican, no sólo en la "casa operativa" de Montoneros en la ciudad de La Plata sino también, de distintas maneras, en la literatura infantil de resistencia a la dictaduras latinoamericanas. Mientras en el cuento *O Mistério do Coelho Pensante* (El misterio del conejo que sabía pensar) de la escritora brasileña Clarice Lispector, un conejo letrado, después de meditar largo tiempo, descubre el valor de la libertad y la forma de escapar de su jaula sin que nadie lo note; *La rebelión de los conejos mágicos* de Ariel Dorfman tematiza un intento de los monos de hacer "desaparecer" a los conejos a través de la mera *negación de su existencia.* Para desesperación de los monos, los chicos son los únicos que pueden ver a los conejos, quienes (re)aparecen dejando huellas en las fotos (una oreja, una pata) y otros indicios de su existencia. Finalmente, la rebelión triunfa a través de la destrucción de las patas del trono del poder (al que "roen" con sus enormes dientes): se reestablece la democracia, y con ella la visibilidad de las criaturas perseguidas. El conejo mágico como representante de los perseguidos y asesinados, como compañero y confidente de los niños, como arma literaria capaz de vengarse del autoritarismo y el terror, está también presente en la literatura para adultos, como en la autobiografía de Claude Lanzmann, *La lièvre de Patagonie.*[94]

Que la tinta sea un arma de la resistencia es una constante en la historia de los totalitarismos. En la literatura infantil (o en la intertextualidad con sus personajes) resultó un espacio donde muchos intentaron insinuar lo que en otros lugares resultaba peligroso pronunciar. No solamente en Argentina sino bajo todas las dictaduras latinoamericanas, los autores se dirigían simultáneamente a dos tipos de lectores: a los chicos, para proponer de manera oblicua un mundo alternativo al terror y el autoritarismo cotidianos, y a los adultos como manera de enviar mensajes cifrados.[95] Así, en Brasil, por ejemplo, en la revista "Recreo". Allí se publicaban textos casi evidentes sobre el autoritarismo imperante como en el caso de *O reizinho mandão* de Ruth Rocha (1980):

[94] Lanzmann se inspiró para el título de su autobiografía en una historia de Silvina Ocampo (*La liebre dorada*) en la que un grupo de perros quiere correr una liebre "hasta el fin de su vida". Para él las liebres son una metáfora de las almas de los judíos asesinados durante la Shoá.

[95] Este doble carácter de la literatura infantil está presente desde sus inicios y, evidentemente, también en *Alicia.*

> La diversión del reyecito era hacer leyes y más leyes. Y las leyes que hacía eran las más
> absurdas del mundo. Vean sólo esta ley: 'Queda terminantemente prohibido cortarse la uña del dedo gordo del pie derecho en noches de luna llena! [...]', 'Está prohibido dormir con gorro el primer miércoles del mes'.

La distancia que separa las experiencias del mundo de distintas generaciones se profundiza durante las experiencias dictatoriales, ya que aquellos que crecen bajo el autoritarismo no conocen un mundo anterior, una sociedad que funcione de otra manera. Por eso es responsabilidad de los adultos poner en cuestión el orden dado y su "normalidad". Se trata no sólo de la condena del autoritarismo vivido sino de la enseñanza del deber ético de la memoria. En un interesante artículo títulado "Memoria de elefantes para la violencia política", Laura Rafaela García reconstruye la historia de los elefantes en la literatura infantil argentina (comenzando por el legendario *Dailan Kifki* de Maria Elena Walsh) como un insistente y cariñoso portador de este (enorme y a veces pesado) imperativo.

Si bien la mencionada canción *Alicia en el país* y otras metáforas intertextuales lograron atravesar la censura, la literatura infantil fue uno de los terrenos más controlados durante las últimas dictaduras latinoamericanas. Los gobiernos militares estaban convencidos de que había que evitar que desde temprano se formara a los niños en el carácter e ideologías "subversivas".[96] Así, una cantidad importante de libros infantiles terminó en las hogueras de las nuevas inquisiciones. Entre ellos otro paquidermo famoso: *Un elefante ocupa mucho espacio* de Elsa Bornemann, que relata una huelga de animales en el circo. Y *El pueblo que no quería ser gris,* donde los vecinos se oponen a que el rey pinte todas las casas de un mismo color.[97]

La "acción ideológica" de las dictaduras no se limita a censurar el material de lectura sino que produce sus propios contenidos, sobre todo a partir de los manuales escolares.[98]

---

[96] Ver sobre este tópico el exhaustivo trabajo de Avellaneda, *op. cit.*

[97] Ver Gociol et al. (2007).

[98] Ver el trabajo de Carolina Kaufmann (2001, 2003, 2006; 3 Tomos).

Lo siniestro (*unheimlich*) como restos de los miedos infantiles

La positividad del poder (en términos foucaultianos) no solo reprime y censura sino que *produce*. Y no sólo manuales escolares. Quizás una de las particularidades más perversas de la última dictadura argentina fue, si no la creación, el "perfeccionamiento" de los mecanismos del terror a través de relatos sociales que intentaron producir el sentimiento de lo siniestro que Freud describió tan certeramente en 1919. La figura del detenido-desaparecido, la angustia y la desesperación que provoca fue sin duda central en esta estrategia.

Lo *unheimlich* se produce para Freud en el momento en que algo que pone en duda nuestra lógica o nuestra organización racional del mundo se desliza en la vida real. La mayoría de los ejemplos de Freud se basan en estrategias del género fantástico, especialmente de uno de sus creadores: E.T.A. Hoffmann. Es este momento de ruptura el que Todorov (1979, basándose en el artículo de Freud y para caracterizar el fantástico) llamará *hésitation:* el instante en que se produce la ruptura con el orden de lo real y uno está seguro de que eso "no es posible" y, sin embargo, sucede.

Freud cierra su artículo interpretando la vivencia de lo *unheimlich* como la reactivación de miedos infantiles ya superados en la edad adulta (la teoría psicoanalítica sostiene que todas las fases psíquicas que el sujeto atraviesa siguen latentes en la estructura, aún cuando son "superadas" por estadios posteriores del desarrollo). En sus palabras:

> Lo *unheimlich* de lo vivido se concreta en el momento en que complejos infantiles reprimidos vuelven a ser revividos por una impresión, o cuando creencias primitivas ya superadas parecieran reconfirmarse. De la soledad, el silencio y la oscuridad no podemos decir otra cosa sino que estos son realmente los momentos que en la mayoría de los hombres están relacionados con un miedo infantil nunca totalmente extinguido. (Freud 1919, mi traducción)

La tesis de este artículo supone que las estrategias de la última dictadura argentina utilizaron elementos del fantástico (ruptura de las nociones de tiempo y espacio, "retorno" de los muertos, desapariciones y apariciones, *nonsense*, arbitrariedad, etc.) como forma de potenciar los miedos de una sociedad a través de la reactivación de los miedos infantiles latentes.

Esta estrategia no es tan original como pareciera. Ya en 1963, en el manual de interrogatorios de la CIA (Kubark, 1963, VIII, C9) propone utilizar con las víctimas el método *Alice in Wonderland* que consiste en enloquecer a los detenidos a través de preguntas que no tienen ningún sentido, cambio continuo y caótico de las horas de los relojes, informaciones y actitudes absurdas, etc. Se plantea "quebrar" a las víctimas a través de lo que los autores llaman regresión (a los miedos infantiles y al sentimiento de imposibilidad de entender lógicamente el mundo y a sus semejantes). Es exactamente el sesgo por el cual las Madres de Plaza de Mayo fueron llamadas "viejas locas"(Bousquet 1983) y los secuestrados, "desaparecidos".

Las mismas estrategias eran utilizadas dentro de los campos de detención. Pilar Calveiro retoma en su libro *Desaparición y poder* el testimonio de una sobreviviente sobre el "asesinato del tiempo": "º'Nosotros no tenemos apuro', nos advertían. Aquí – subrayaban – el *tiempo no existe*".[99] Si en el relato de *Alicia* el hecho de que el sombrero loco y la liebre de marzo estén condenados a tomar eternamente el té porque el tiempo se ha enojado con ellos *y ya no pasa* es una estrategia literaria que despierta sonrisas, la violenta negación de la existencia del *tiempo* en un campo de concentración se convierte en una forma particularmente desgastante de la tortura. En el relato, la merienda en lo del sombrerero es un encuentro de locos. Locos lindos, pero locos al fin. A quienes les robaron el tiempo les robaron a su vez la razón, en el doble significado de la palabra. En su adaptación cinematográfica de *Alice*, Tim Burton intuyó el carácter fuertemente político y el horror escondido en los giros fantásticos del relato. En su versión, el sombrerero loco es una víctima de la tortura.

Grietas del infierno

> Tomo cualquiera de las palabras: digamos *incubus*, latina, o *nightmare*, sajona, o *Alp*, alemana. Todas sugieren algo sobrenatural. Pues bien. ¿Y si las pesadillas fueran estrictamente sobrenaturales? ¿Si las pesadillas fueran grietas del infierno? ¿Si en las pesadillas estuviéramos literalmente en el infierno? ¿Por qué no? Todo esto es tan raro que aun eso es posible.
>
> Jorge Luis Borges, *La pesadilla* (1980)

En su célebre *Antología de la literatura fantástica* (1965) Jorge Luis Borges, Adolfo Bioy Casares y Silvina Ocampo incluyen un brevísimo fragmento de Lewis Carroll, no casualmente tomado de *Through the Looking-Glass,* al que

[99] Calveiro (2004: 18). La cita es de Graciela Geuna, Testimonio, Parte 2.

titulan *El sueño del rey* en el que las figuras tratan de convencer a Alicia de que ella sólo es una figura del sueño del rey (al que ve durmiendo junto a un árbol):

> – Ahora está soñando. ¿Con quién sueña? ¿Lo sabes?
> – Nadie lo sabe.
> – Sueña contigo. Y si dejara de soñar, ¿qué sería de ti?
> – No lo sé.
> – *Desaparecerías. Eres una figura de su sueño. Si se despertara este Rey, te apagarías como una vela.* (Borges 1965: 140)

Leído casi medio siglo después, resulta *unheimlich* que este sea el único fragmento elegido en la *Antología* para dar cuenta de los mecanismos de lo fantástico en *Alicia.* Tal vez es, en verdad, el más poderoso. Expresa toda la amenaza de este género literario en su intención de invertir la lógica racional: se trata de la aniquilación del otro, de su "nunca existir" ya que es sólo figura de una pesadilla del poder.

El corto *ALUAP* fue una de las primeras producciones de una nueva generación de cineastas argentinos que intentan desde algunas décadas elaborar lo que significó crecer en dictadura. *Alicia* desempeña allí un papel central, en una intertextualidad que siempre retorna al problema de la pesadilla, de lo onírico como espacio donde nada tiene una razón y donde radica, para citar a Primo Levi en relación con Auschwitz, el lugar en el que "no hay un por qué" (*Hier gibt es kein Warum*).

Al pasar hoy por el ex-campo de detención El Olimpo, en la ciudad de Buenos Aires, se ven entre pintadas como "Acá se torturó" y "Fuera la cana" una cantidad de murales, la mayoría de ellos realizados por alumnos de escuelas vecinas. Entre estos dibujos de los chicos se distingue una obra realizado por estudiantes de la Escuela Técnica Nº 6 D.E. 12, "Fernando Fader"[100], en base al clásico de la literatura fantástica infantil: *Alicia.*

[100] El mural está firmado por: Ignacio Lavizzari, Laura Asciutto, Alejandro Sánchez O., Prof. Omar Anteri.

Fig. 1

En el mural se distingue al personaje que todos conocemos, el conejo blanco mirando su reloj del chaleco. Del otro lado un ejército de naipes dirigido por un rey (negro). Atrás se divisa la sonrisa lunática del (desaparecido) gato de Cheshire. Pero al conejo se le está derritiendo el reloj (¡el tiempo!), el rey lleva los anteojos negros usados por los paramilitares durante la represión y Alicia tiene los ojos "tabicados", práctica utilizada con las víctimas en los campos de detención . Un texto difícilmente legible agrega:

> La historia cuenta que Alicia, después de haber visitado el país de las maravillas y encantada con lo que allí había visto quiso regresar. Lamentablemente, aquello mágico que había conocido se había entorpecido y convertido en una pesadilla. También cuenta la historia que a pesar de las torturas que había recibido Alicia continuó luchando para poder volver a soñar con aquel país maravilloso que una vez conoció...

Del otro lado del espejo, el sueño de Alicia es una pesadilla de siglos.

Bibliografía citada

Alcoba, Laura (2008), *La casa de los conejos*. Buenos Aires: Edhasa.

Alcoba, Laura (2010), "Un carrusel de recuerdos". Entrevista de Karen Saban, en: *Iberoamericana*. 39, 246-251.

Avellaneda, Andrés (1986), *Censura, autoritarismo y cultura: Argentina 1960-1983*. Buenos Aires: Centro Ed. de América Latina.

Borges, Jorge L./Bioy Casares, Adolfo/Ocampo, Silvina (1965), *Antología de la literatura fantástica*. Buenos Aires: Sudamericana.

Bousquet, Jean-Pierre (1983), *Las locas de Plaza de Mayo*. Buenos Aires: El Cid.

Calveiro, Pilar (2004), *Poder y desaparición. Los campos de concentración en Argentina*, Buenos Aires: Colihue.

Carroll, Lewis (PE 1865), *Alice in Wonderland*. London: Mc Millan.

Carroll, Lewis (PE 1871), *Through the Looking-Glass and What Alice found there*. London: Mc Millan.

CIA, *KUBARK Counterintelligence Interrogation*, July 1963. Online en: http://www.gwu.edu/~nsarchiv/NSAEBB/NSAEBB122/index.htm#kubark (21.03.2013).

Cortázar, Julio (1983), "Una maquinación diabólica: las desapariciones forzadas." En: *Argentina: anos de alambradas culturales*. Buenos Aires, 84-90.

Dorfman, Ariel (2005), *La rebelión de los conejos mágicos*. Buenos Aires: Ed. de la Flor.

Feierstein, Liliana Ruth (en prensa), *Of Boxes, Draws, and Crypts or How to Contain (the Work of) Mourning*.

Feierstein, Liliana Ruth (2007), "El Proceso: De Kafka a Oesterheld". En: Frank Leinen y Guido Rings (eds.): *Bilderwelten - Textwelten – Comicwelten*. München: Meidenbauer, 183-203.

Foucault, Michel (1975), *Surveiller et punir*. Paris: Gallimard.

Freud, Sigmund (1919/2000), *Das Unheimliche*. En: *Gesammelte Schriften*, Band 5, Frankfurt: Fischer.

García, Laura Rafaela (2009), "Memoria de elefantes para la violencia política". En: *Boletín del Núcleo Memoria*, N° 17, diciembre, (online).

Gociol, Judith et al (2007), *Un golpe a los libros*. Buenos Aires: Eudeba.

Gociol, Judith/Rosenberg, Diego (2000), *La historieta argentina: una Historia*. Buenos Aires: Flor.

Kaufmann, Carolina (2001, 2003, 2006), *Dictadura y Educación*. (Tres tomos). Buenos Aires: Miño y Dávila.

Keilson, Hans (1979/2005), *Sequentielle Traumatisierung bei Kindern. Untersuchung zum Schicksal jüdischer Kriegswaisen*. Stuttgart/Gießen: Psychosozial-Verl.

Lanzmann, Claude (2009), *La lièvre de Patagonie*. Paris: Gallimard.

Lipis, Guillermo (2010), *Zikarón-Memoria. Judíos y militares bajo el terror del Plan Cóndor*. Buenos Aires: Del Nuevo Extremo.
Lispector, Clarice (2008), *El misterio del conejo que sabía pensar*. Madrid: Sabina Editorial.
Rubin Suleiman, Susan (2006), "The Edge of Memory: Experimental Writing and the 1.5. Generation: Perec/Federman". En: Susan Rubin Suleiman (ed.): *Crisis of Memory and the Second Word War*. Cambridge (U.S.): Harvard University Press.
Sasturain, Juan (1993), *El domicilio de la Aventura*. Buenos Aires: Colihe.
Todorov, Tzevan (1979), *Introduction à la littérature fantastique*. Paris: Seuil.

Filmografía

Alicia en el País de las Maravillas (1976), Argentina. Realizador: Eduardo Plá. Ficción, 73 mns.
ALUAP (1997), Argentina. Realizadores: Tatiana Mereñuk/ Hernán Belón. Cortometraje, 16 mns.
Cordero de Dios (2008), Argentina. Realizadora: Lucía Cedrón. Ficción, 90 mns.
Líneas de teléfonos (1996), Argentina. Realizador: Marcelo Brigante. Cortometraje, 18 mns.

Literature for young people in Côte d'Ivoire: Addressing key issues

Véronique Tadjo

European classics like *Sleeping Beauty*, *Snow White*, *Little Red Riding Hood* and *Puss-in-Boots* are very well known in francophone Africa. This is due in part to the fact that they are very well known century old stories but also because literature for young people has not yet reached its full potential. It remains a minor genre and is largely ignored or misrepresented in educational policies. Unfortunately, as far as the private sector is concerned, when children's books are produced, they are seldom reviewed in newspapers or magazines. They are not the subject of academic research either. They simply do not seem to be on anybody's radar. The unfortunate consequence is that no true critical appreciation has taken shape among the reading public. Ordinary parents who want their children to read books of good quality produced in their countries are not equipped to make the right choice since they have nowhere to turn for proper guidance. All too often, they don't even know they exist.

To make matters worse, books for children are perceived by the majority of the population as luxury items. If lower income parents are prepared to spend money on text books directly related to their kids' education, they are reluctant to spend more for their reading pleasure as there is no direct result. Of course, the high price of books doesn't help matters.

Moreover, in a society where oral tradition is still predominant in rural areas, children are expected to listen to stories, not to isolate themselves from the group in order to read them in silence.

The issue of distribution is another big obstacle in the emergence of a viable book industry in francophone Africa. It is difficult to find a book produced in Côte d'Ivoire in, say, Cameroon. The French language was supposed to unify production and create a bigger market but this is not really happening. Very few co-publications between African publishers see the light. It might be due to transport costs or currency exchange difficulties.

On the international scene, in spite of increasingly good quality books which could suit foreign markets like those of France, Belgium or Canada, African books rarely travel outside the continent. They are confined to the borders of their country of origin where they seldom leave big cities. It is a shame as a better cooperation within the francophone sphere would have brought more vitality to the market. Unfortunately, France has a policy towards Africa that privileges subsidies. African publishers who know how to take advantage of funding opportunities, can get financial incentives.

However, as in other sectors of the economy, it doesn't yield long term results as this is not a home grown solution. Usually, when the subsidies stop after a while, the production also comes to a halt.

These handicaps make the job of African publishers all the more challenging. Yet, to turn African children into readers for the rest of their lives, it is necessary to offer them varied and well produced books, full of colours. Only then will they develop a love for literature. When they are able to identify with what they read, when they recognize the cultural references as well as the environment they live in, it reinforces their self confidence and they become more autonomous intellectually and emotionally.

It is worth stressing at this point the importance of the use of colours in the development of children's imagination. They are an efficient way of catching their attention. Even when kids are too young to read by themselves, looking at colourful images stimulates their intelligence. They try to understand what is going on in the visual story and it encourages them to think and ask questions. In doing so, they acquire inquisitive minds, an essential factor in the learning process.

Most people admit that their first exposure to African literature comes from their school days. Apart from canonical authors like Léopold Sédar Senghor, Camara Laye and Ahmadou Kourouma whose works are part of the curriculum in most francophone schools, knowledge is minimal. And because it is associated with the coercive nature of school work it doesn't leave pleasurable memories.

Creating a reading culture is a long and arduous process which spans several generations. It cannot be achieved without a true political will at the national level.

In this fairly lugubrious context, Côte d'Ivoire is an interesting case in the francophone world. The two main publishers, *Les Nouvelles Editions* Ivoiriennes (NEI) and *Le Centre d'Edition et de Distribution Africain* (CEDA) have impressive catalogues in which you can find Ivorian authors and illustrators as well as others from countries like Senegal, Mali, Togo, Benin and Cameroon who send them their works. The themes vary from traditional tales to poetry and contemporary stories. The illustrations are usually in full colour and the books are often published locally.

Let's look at production of some Ivorian authors who have had a steady production over the years. If we concentrate on a few of their titles it is interesting to analyse how they approach literature for young people.

Three names come immediately to my mind, Tanella Boni, Fatou Keïta and Camara Nangala.

Tanella Boni, was a professor of Philosophy at the University of Cocody in Abidjan. She taught there for almost two decades before leaving Côte d'Ivoire to take refuge in France, following the political and military crisis.

In *L'atelier des génies* (2002), one of her recent books, written for the 10 to 12 year age group, Boni tells a story that takes place in a village where a television set is introduced by a trader. Fascinated by the novelty, all the children gather in his house. When the television set disappears in the middle of the night three friends named, Elie, Battoh and Zedo go in search of it. They quickly lose touch with one another and live separate lives, meeting street children, learning to fend for themselves and helping other people as well. At the end of their adventures, they have come to the realisation that it is much more important to be part of their community than to fall for a new gadget. Behind this simple story there is the desire by the author to make young people aware of their place in society knowing they can make a difference. The author wants to show that the negative impact that too much external stimulation can have on young people's minds even in a third world country, must not be underestimated. They gradually lose their culture and their ability to be self dependent. They become very vulnerable to the overpowering influences of all sorts of media.

Boni is one of the few Ivorian writers to address the issue of ecology. Her young heroes are lovers of animals and plants. There is also in her writing the sense that not all can be explained and that we have to be more careful if we want to maintain the fragile harmony of our planet. In this sense one can say that Tanella Boni seeks to make young people aware of the challenges that await them. And there are many. Ecological concerns are very serious today with global warming and the level of pollution which has risen to dangerous levels on the continent through poverty, negligence and greed. A few years ago, there was a big scandal in Côte d'Ivoire when a foreign ship dumped its highly toxic chemical load in suburbs of Abidjan, with the connivance of local big-shots, causing several deaths, many sicknesses and an ecological disaster.

Boni's young characters are usually active, inquisitive about the world and not afraid to dream. Imagination assumes a progressive dimension. It is the driving force: to be able to think about another world, an alternative way of looking at life.

As a writer, she uses fiction to assist the youngest and most vulnerable. But she is very careful not to patronise them or frighten them, or be too harsh on the adults, even if their behaviour is the cause of the problem.

Fatou Keïta is without doubt one of the most prolific authors of children's books in Cote d'Ivoire. She is currently a lecturer at the English department of the University of Abidjan. In 1994, her book *Le petit garçon bleu* (The Little

Blue Boy) published by NEI won first prize in the literary competition for children's books organized by l'ACCT, the international cultural agency for the Francophonie. And in 1997, it also received a commendation for the Unesco Prize which is specifically aimed at literature for children that promotes tolerance.

Although Keïta is also a novelist, children's literature has been her favourite domain and she has produced close to a dozen books. For her, it is precisely because Africa is in turmoil that we must put a soothing balm on the children's wounds. "They must read to forget, read to learn, read to love and read to forgive."[101] In her work she wants to rehabilitate the image of the continent, give a sense of pride to children who otherwise would be victims of the prevalent pessimism surrounding Africa. In one of her stories, *Le boubou du Père Noël* (Father Christmas's African robe) (2000), Father Christmas visits an African village because of Kiani, the little boy who sent him a special letter of invitation. When flying above the village, he cannot help but marvel at the beauty of the setting.

Keïta explained the process of making the book: "As I told the illustrator, this image is very important: if Father Christmas is impressed by the beauty of the village, so will the young readers. The word "village" will cease to refer to a backward place. It will become in their minds a place where it is also good to live in.".[102] In the same way, when Father Christmas is too hot under his thick coat, the villagers generously give him an African robe to wear.

Un arbre pour Lottie (A Tree for Lottie) (2005), deals with the difficult subject of Aids. It the story of a little girl named Lottie, who has to face exclusion from her classmates when they learn of her HIV+ status. It is only through friendship and a better understanding of the disease that Lottie is finally accepted by the other children.

Keïta doesn't shy away from addressing the issues that exist in real life and that affect children. Literature helps them to reach out to others and to learn to live more humane society. By sharing a common experience, children realise that even though some people may seem different, there is a lot that they can learn from them. Stories have the power to heal.

Camara Nangala is from the teaching field as well but not from a literary one. His specialisations are mathematics and physics. As a secondary school

[101] "Le livre pour enfants: une nécessité en Afrique?", THE 29th IBBY WORLD CONGRESS, 5th - 9th September 2004, Cape Town [My translation].

[102] "Le livre pour enfants: une nécessité en Afrique?", THE 29th IBBY WORLD CONGRESS, 5th - 9th September 2004, Cape Town [My translation].

teacher, he has a particular interest in teenagers. He has written about half a dozen books for young people and several novels for adults.

He is the only Ivorian author to have produced a full length novel targeting a gender oriented readership. *Princesse Ebla* (Princess Ebla) (2006) is a 222-page story about a girl of nine. In a diary form, she tells her friends about her passions, her dreams and her disappointments. The style is direct and Ebla draws the readers into her confidence. What is interesting here is that by focusing on an ordinary girl growing up in Africa, the author transforms our vision of what makes someone special. Ebla may be like anybody else, but for those who live with her she is a true princess. The love they surround her with sets her apart and prepares her for a bright future. Nangala stresses here the importance of family ties in the education of young people.

In *La poupée* (The Doll) (1998a), he tells the story of two little girls living in separate worlds – one in a wealthy suburb and the other in a shanty town just across the road – until a doll brings them together. By using the image of the doll, Camara Nangala is able to talk about the injustice of social inequalities. The doll is the link between the two little girls who come to see that what separates them can be overcome.

As for *Le cahier noir* (The Black Book) (1998b) it tells the story of two orphans in a household dominated by a mean step-mother. The story shows that children who are ill-treated also have rights that must be respected.

Nangala writes for young people to open up their minds to the world around them: "I want to inculcate in them the human values which sustain us and the kind of morality that is fundamental to an harmonious social life... If they are aware that they can help their country to become a great place it is a motivation that overrides all others."[103]

As a writer and illustrator of children's books, I feel that I am part of this community of artists which is becoming bigger and bigger. The scope has extended to such a level that it is now possible to develop your own voice and interests without seeming to restrict the richness of creativity.

I am particularly drawn to traditional tales and mythical characters. I endeavour to give children a cultural background that will help them to face the big wide world. I have been writing literature for young people since 1983 when I started with *Le seigneur de la Danse* (Lord of the Dance) (Tadjo 1983),

---

[103] Camara Nangala: "Les écrivains doivent aider les populations à faire des choix de nature à les protéger". Interview par Raymond Alex Loukou, 25/10/2006. www.rezoivoire.net/.../camara-nangala-les-ecrivains-doivent-aider-les-populations-a-faire-des-choix-de-nature.

an African retelling of a well-known Anglican religious hymn. I wanted to remind children of the creative power of the Mask in West Africa.

My most latest books, *Si j'étais roi, si j'étais reine* (If I were a King, if I were a Queen) (Tadjo 2004) and *Ayanda, la petite fille qui ne voulait pas grandir* (Ayanda, the Little Girl who did not Want to Grow Up) (Tadjo 2007) are on the themes of social responsibility.

In *If I were a King, if I were a Queen*, two children talk about what they would do if they were in these privileged positions. They first start by listing all the things they would enjoy like not going to school, eating everything they want and ordering grown-ups around. But they gradually become aware that their powers could help them achieve better things, like bringing an end to poverty or stopping wars. The illustrations I have made are traditional portraits of kings and queen from different parts of Africa. I wanted to show the children that privileges also carry responsibilities.

Ayanda, the Little Girl who did not Want to Grow Up, is about a little girl who loses her father when he goes to war. She is so distraught by the unfairness of it all that she decides to stop growing. However, she has to allow herself to grow up a little each time she needs to help someone, first her mother, then her grand-mother and then the whole village. I wanted to talk about loss and the pain that one can go through and which can become debilitating. But instead of being selfish and only thinking about her own suffering, Ayanda is able to concern herself with others. And it is through this gift, her ability to give generously, that she is finally able to overcome her pain and find happiness again.

Like my fellow writers, I hope that our stories are entertaining while addressing the key issues faced by the youth in Côte d'Ivoire and in Africa in general. Indeed, stories and storytelling are important "means of spiritual communication, education growth, and community formation." (Zipes 2009: 147). More than ever we need to continue to feed children's imagination on the continent, to offer them the ability to dream and imagine a different world.

Indeed, with the effect of globalization all around the world, we need to remember that:

> "Economically and technologically globalization has fostered the rise of multinational corporations, the centralization of worldwide banking and financing, the increase of cultural and social contacts between people and groups of different classes and ethnic groups, the domination and homogenization of cultural values of the West, and increased divisions of social classes and contested

areas of conflict in belief systems. Globalization is a term that has been defined positively and negatively in hundreds of ways so that it appears as though it were self-explicable; it seems entirely natural that we use the term even though we may not really understand what it means. Indeed, it has reached mythic proportions, for almost everyone accepts that we are living in an age of globalization almost as if it were fate and ordained by the gods. We sense that the globe is getting smaller and are told that it is wonderful that the world is getting smaller, and aside from being obliged to affirm our loyalty to and membership in our particular nation-states, we are encouraged to become and feel that we should become good global citizens. Yet, like any mythic age, the age of globalization is filled with contradictions, for as many of us know and sense, the more we are globally in touch with one another, the further apart we grow, not only from other people in our local communities but from ourselves." (Zipes 2009: 143-144)

Conclusion

If Côte d'Ivoire is a success story in terms of children's book production, the political upheaval of recent years has impacted negatively on the book industry. When a country is at war with itself, everything collapses. In 2002, a military crisis erupted that claimed thousands of lives. The country was partitioned between the rebel territory in the North and the government stronghold in the South. Several political mediations and peace agreements later, Côte d'Ivoire now seems to be on the road to peace. But survival on a daily basis continues to consume energies, and little time is left for literature. Large groups of the population have been displaced, the economy has slumped, schooling has been regularly disrupted, and many parents have lost their jobs.

Of course, this state of affairs does not mean that Ivorian writers and illustrators, and those who used to send their manuscripts to NEI or CEDA, as well as several other independent publishers, will stop producing. However, it does mean that for the time being they will probably have to send their work elsewhere, although strangely enough the Ivorian publishing houses have proved to be resilient by continuing to publish more new titles. CEDA and NEI are now sharing office space and combining publishing projects in an attempt to overcome the political and economic recession.

This situation is known to Zimbabwe where there used to be a flourishing literary scene. One of the best book fairs in Africa was located in Harare. It would attract publishers from all over the world. There were also committed Zimbabwean publishers who would nurture their writers. The Noma Award for publishing in Africa was also awarded annually during the Fair. But today, with the collapse of the economy and the unstable political situation, publishers and writers are struggling to stay alive. On the other hand, in Benin, for example, literature for children is doing relatively well with a number of small publishers venturing into business. Writers and illustrators there show a great resilience. However, there is no doubt that all over Africa, text books remain the backbone of publishing.

Two last points: Very few African publishers from the francophone world bring out books in national languages. Except for Mali, Guinea and Rwanda, the bulk of the production is in French. This is due in part to the fact that schooling is done in the French idiom and second to the fact that the system of subsidies I mentioned earlier encourages publishing in French.

Yet, it is well recorded that when children have access to books in their mother tongues, they progress more rapidly intellectually and are able to grasp concepts that would otherwise require lengthy explanations in a foreign language.

The other point is that through translations and/or a more open distribution network, books produced in Africa should find a better outlet in Western countries. If globalization is to bring a positive rather than a negative impact on children all over the world, it is then preferable that children share common stories which will help them to understand one another away from the stereotypes all too often fed by the media. In this sense, co-publications could also be a good step in the right direction.

References

Boni, Tanella (1991), *De l'autre côté du soleil* [On the other side of the sun]. Dakar/Paris: Nouvelles Éditions Africaines Sénégal/Edicef.

Boni, Tanella (1992), *La fugue d'Ozone* [The hole in the Ozone]. Dakar/Paris: Nouvelles Éditions Africaines Sénégal/Edicef.

Boni, Tanella (2002), *L'atelier des génies* [The workshop of the genies]. Paris: Éditions Acoria.

Camara Nangala (1998a), *La poupée* [The Doll]. Abidjan/Quebec: Centre d'Édition et de Diffusion Africaine/Hurtubise.

Camara Nangala (1998b), *Le cahier noir* [The Black Book]. Abidjan: Centre d'Édition et de Diffusion Africaine.
Camara Nangala (2006), *Princesse Ebla* [Princess Ebla]. Abidjan: Édition Calao.
Camara Nangala interviewée par Raymond Alex Loukou (25/10/2006), http://www.rezoivoire.net/interview/article/24/camara-nangala-les-ecrivains-doivent-aider-les-populations-a-faire-des-choix-de-nature-a-les-proteger.html (12.12.2009).
Keïta, Fatou (1996), *Le petit garçon bleu* [The Little Blue Boy]. Abidjan: Les Nouvelles Éditions Ivoiriennes.
Keïta, Fatou (2000), *Le boubou du Père Noël* [Father Christmas's African gown]. Abidjan: Nouvelles Éditions Ivoiriennes
Keïta, Fatou (2005), *Un arbre pour Lollie* [A tree for Lollie]. Abidjan: Nouvelles Éditions Ivoiriennes.
Tadjo, Véronique (1983), *Le seigneur de la danse* [Lord of the Dance]. Abidjan: Les Nouvelles Editions Ivoiriennes.
Tadjo, Véronique (2004), *Si j'étais roi, si j'étais rein* [If I were a King, if I were a Queen]. Abidjan: Les Nouvelles Éditions Ivoiriennes.
Tadjo, Véronique (2007), *Ayanda, la petite fille qui ne voulait pas grandir* [Ayanda, the Little Girl who did not Want to Grow Up]. Paris: Actes Sud Junior.

La littérature africaine francophone pour les enfants et la jeunesse?

Brigitte Lindner

Le premier texte de la littérature africaine francophone *Les trois volontés de Malic* (1920) d'Ahmadou Mapaté Diagne est un texte d'environ 30 pages explicitement écrit pour la jeunesse. Il n'est pas très connu et doit céder sa préséance à *Batouala. Véritable roman nègre* (1921) de René Maran. Est-ce parce que la littérature pour les jeunes est, dans l'ensemble, peu considérée ou seulement comme un "Nebenschauplatz der Literatur" (cfr. Mattenklott 1994), une littérature "en marge" de celle plus "sérieuse" et plus "profonde" pour les adultes? Comme *Les trois volontés de Malic* presque tous les livres pour les jeunes sont sous-estimés: ni les titres des œuvres, ni les noms des auteurs ne sont connus, sauf quand il s'agit d'un auteur qui écrit également pour les adultes. En même temps parents, enseignants, et responsables de l'éducation regrette souvent le déficit de bon livres – il faut le souligner: de bons livres africains – pour les jeunes en Afrique.

Sur le site Internet de l'association des éditeurs francophones au sud du Sahara *Afrilivres*, on trouve, en février 2008, une liste de 415 titres destinés aux jeunes. 415 livres africains pour les jeunes africains francophones – est-ce suffisant? On est tenté de répondre par la négative tout de suite: si peu de livres pour tant de jeunes en Afrique! Le développement de la littérature en général est strictement lié à une scolarisation et à une éducation sur le modèle européen. L'utilisation plus répandue de l'écriture et du livre a été rendue possible par l'introduction et le renforcement du système scolaire français qui a mené au développement d'une bourgeoisie africaine intellectuelle qui s'exprimait d'abord plutôt dans des articles de journaux, puis dans les premières œuvres littéraires africaines. Mais avant l'indépendance, il n'y avait guère suffisamment de textes de littérature pour les adultes, sans parler de la littérature pour les jeunes. Même si les écoles accordaient une grande importance à la lecture, au-delà des livres scolaires ne s'y offrait presque aucune autre possibilité. Lire pour le plaisir ou lire pour prolonger cette "bonne habitude acquise à l'école" – cela est resté longtemps – et peut-être encore jusqu'à aujourd'hui – hors de portée de la plupart des jeunes.

Des difficultés économiques empêchaient la production de la littérature pour les adultes et encore plus celle pour les jeunes. Il n'y avait pratiquement rien avant l'indépendance: peu d'auteurs pour les jeunes, peu de "modèles" africains sur lesquels on aurait pu s'appuyer, pas de maisons d'édition et, surtout, pas de conception spécifique d'une littérature africaine pour les jeunes, une littérature africaine pour la jeunesse? Qui par ses spécificités proposerait des idées universelles constitutrices. Malgré toutes les voix s'élevant en faveur d'une littérature pour les jeunes, on ne savait pas au juste s'il y aurait des lecteurs réels. Le marché du livre sur le continent africain toujours dominé par les marchés trop puissants du Nord et de l'Ouest a souffert longtemps de conditions politiques et économiques peu propices à la création d'une industrie africaine du livre. Avant 1970, dans la totalité des anciennes colonies françaises, une seule maison d'édition existait, les éditions CLE, tandis qu'aujourd'hui on en trouve une multiplicité dont une vingtaine se voue (aussi) à la littérature pour les jeunes. Le grand problème était l'argent, les fonds étant restreints, les crédits refusés ce qui rendait la planification de longue durée très difficile, d'autant plus que les matériels techniques n'étaient pas toujours à jour. La pénurie de main d'œuvre dans les imprimeries, pour les reliures et enfin pour la distribution du livre se rattachait à un manque de règlementations dans le secteur éditorial, en ce qui concerne par exemple les droits d'auteur. Aujourd'hui, dans quelques pays comme le Burkina Faso, le Bénin ou le Mali, les "professionnels" du livre – auteurs, imprimeurs, éditeurs – ont réussi à promouvoir une coopération avec les ministères de l'éducation nationale et de la culture, ce qui a eu pour résultat, d'abord dans le secteur du livre scolaire, la production d'œuvres originales sans interventions internationales. En 1992, se fondait aussi APNET (African Publishers Network) qui vise à unir toutes les maisons d'édition africaines avec une optique panafricaine pour renforcer la position du livre africain sur le marché mondial.

Les objectifs aujourd'hui sont l'augmentation des tirages des livres aussi bien que des coopérations et des coproductions interafricaines. Les progrès faits dans les dernières vingt-cinq années sont énormes ce qui a également des effets dans le secteur du livre pour les jeunes.

Sans entrer dans le détail du discours complexe de la théorie de la littérature des enfants et des jeunes, quelques critères nous semblent absolument nécessaires pour distinguer ce domaine de la littérature de celui pour les adultes. Il y a, selon nous, trois critères distinctifs de cette littérature écrite par des adultes spécifiquement pour les jeunes:

1. Les jeunes: Qui sont les jeunes? Comment se définit l'enfance ou la jeunesse en Afrique et où sont les différences entre les conceptions africaines et européennes? Quels effets la conception de l'enfance/la jeunesse a-t-elle sur l'image de l'enfant ou du jeune dans les livres?

2. Les adultes: Qui sont les adultes? Quel âge ont-ils? Etre né après l'indépendance ne permet qu'une expérience indirecte du colonialisme par exemple. A quel groupe social appartiennent les écrivains, quelle instruction scolaire, peut-être universitaire ont-ils reçue? Quels buts poursuivent-ils en écrivant? Quelles sont leurs motivations à écrire explicitement pour ce groupe d'âge? Sont-ils exclusivement des auteurs de la littérature pour les jeunes ou exercent-ils "normalement" un autre métier ou une autre profession?

3. La littérature spéciale: Un critère intentionnellement constituant est toujours celui d'être destiné "aux enfants/aux jeunes", "pour les garçons/les filles" ou "pour tel ou tel groupe d'âge, à partir de ··· ans", etc. Un autre critère classifie selon le contenu, par exemple aventures, science fiction, policier, savoir spécifique, ou selon les genres littéraires. Une partie de la production littéraire se veut didactique et vise l'introduction du lecteur à la lecture en s'engageant à la simplicité pour répondre au besoin d'une compétence de décodage encore peu avancée ce qui interdit une trop grande complexité soit de structures grammaticales soit d'interdépendances de personnages, de temps, de lieu et d'action. Ces critères sont-ils aussi valables pour la littérature des jeunes en Afrique?

A la lumière de ces considérations, si l'on reprend les 415 titres du site Afrilivres comme base, on voit que les contes avec 122 titres et les histoires illustrées, avec 125 titres constituent déjà 60% du corpus, les romans et les nouvelles avec 53 titres et les livres d'image avec 43 autres, constituent presque 25%, il ne reste que 12 bandes dessinées, 10 livres de poésie, 6 de théâtre. Le reste est partagé entre parascolaire et documentaire. Les livres sont originaires de 14 nations africaines (et une coédition interpays). Seuls la République Centrafricaine, le Tchad et le Niger ne sont pas encore représentés dans cette liste, les autres anciennes colonies françaises y participent avec des effectifs variants, par exemple 133 titres en Côte d'Ivoire, 66 au Bénin, 2 au Gabon ou 3 dans la République Démocratique du Congo. La question de la disponibilité de tous ces livres ne se reflète pas dans les statistiques, ni pour l'Afrique et encore moins pour l'Europe, le choix d'un corpus est dicté par ce fait.

Concernant le roman et la nouvelle que nous proposons d'analyser plus précisément? Pendant le long intervalle séparant leur publication de celle du premier texte de 1920 déjà mentionné, très peu d'ouvrages ont été édités.

Certes, il y eu *Mamadou et Binéta*[104] (Davesne 1931) dans les années 1930 et *La belle histoire de Leuk-le-Lièvre* (Senghor/Sadji) de 1953, mais ces livres étaient à usage exclusivement scolaire. Il y a aussi quelques titres d'Andrée Clair, une ethnologue française qui a travaillé longtemps pour le gouvernement du Niger et qui a souligné très tôt la nécessité d'œuvres de contenu africain afin que les jeunes lecteurs africains puissent s'identifier avec les héros des livres; elle mérite bien d'être mentionnée ici, parce qu'elle a contribué au minuscule corpus de littérature pour les jeunes, bien qu'elle ne soit pas une auteure africaine.

Un seul petit roman est publié dans les années 60, six dans les années 70 (dont quatre d'Andrée Clair), 28 dans les années 80 (plus neuf rééditions), 30 dans les années 90 (plus deux rééditions), et déjà plus de 23 depuis l'an 2000.[105] D'autres romans qu'on ne trouve pas dans la liste Afrilivres ont été publiés presque tous avant 1994 dans les Nouvelles Editions Africaines / EDICEF, beaucoup d'entre eux sont encore sur le marché. Dans le domaine du roman et de la nouvelle il nous a ainsi été possible de trouver presque une centaine de titres.[106]

Les premiers auteurs sont Boubou Hama, Léopold Senghor et Abdoulaye Sadji, nés il y a environ cent ans, les plus jeunes sont nés après l'indépendance comme Fanny Fatou Cissé (1971) ou Joël Koné Doh Fandanh (1975). Presque tous ont fait des études universitaires, en littératures francophones, modernes, contemporaines ou en langues (Jacqueline Falq, Kidi Bebey ou Abdoua Kanta) ou dans d'autres disciplines des sciences humaines et sociales comme Tanella Suzanne Boni ou Pabé Mongo (philosophie), Makombo Pierre Bamboté, Boubacar Yacine Diallo ou Francis Bebey (journalisme) et Séverin Cécile Abéga (anthropologie). D'autres viennent des sciences naturelles comme Béatrice Lalinon Gbado ou Camara Nangala (mathématiques et physique) ou Alpha-Mande Diarra (vétérinaire). Quelques auteurs ont étudié la musique ou la peinture comme Gondia Cissé ou Muriel Diallo; Jeanne de Cavally, Florent Couao-Zotti, Amina Sow Mbaye ont une formation d'enseignants. Quelques auteurs ont passé une thèse de doctorat comme Amadou Koné en littérature comparée, Kidi Bebey en littératures francophones ou Mariama Ndoye en littérature moderne. Quelques auteurs enseignent leurs matières dans une université en Afrique. Les auteurs de la première génération ont plus souvent fait une carrière politique ou ont présidé

[104] Il s'agit de plusieurs volumes publiés à partir de 1931.

[105] Ces chiffres se réfèrent toujours au site Afrilivres.

[106] L'existence d'autres titres de la littérature africaine pour les jeunes est fort probable, mais à peine prouvable, si les livres ne sont pas mentionnés et encore moins disponibles.

à des commissions importantes dans leurs pays comme Ansomwin Ignace Hien (membre du Comité National pour la politique du livre du Burkina Faso), Justine Mintsa (présidente de l'Union des écrivains gabonais), Béatrice Lalinon Gbado (présidente des éditions Ruisseaux d'Afrique), Delphine Zanga-Tsogo (membre du parlement du Cameroun, Vice-ministre de la santé publique et Ministre des Affaires sociales, présidente de beaucoup de comités, entre autres de l'UNESCO). Une sage-femme et puéricultrice comme Nafissatou Niang Diallo représente plutôt une exception. La plupart des auteurs gagnent leur vie avec un travail lié d'une façon ou d'une autre à la chaîne du livre, personne n'est "seulement" auteur de la littérature pour les jeunes. Ce qui est intéressant aussi, c'est que quelques-uns des auteurs s'étaient déjà fait un nom avec des livres pour les adultes avant d'écrire pour les enfants et les jeunes, parmi eux Pabé Mongo, Guy Menga ou Pius Nkashama Ngandu. les sujets que les auteurs ont choisi pour leurs œuvres, sont toujours très proches de la vie quotidienne.

Regardons maintenant quelques textes pour avoir un aperçu du traitement et de la richesse des sujets.

1. L'école

Même aujourd'hui, beaucoup d'enfants en Afrique ne peuvent pas aller à l'école pour de multiples raisons. Malgré tout, cette institution a trouvé sa place dans les sociétés africaines, et en dépit des critiques , justifiées ou non, adressées au système scolaire, l'Afrique ne peut plus se passer d'un système scolaire suivant le modèle européen. Même des enfants non-scolarisés eux-mêmes connaissent des personnes qui ont été à l'école ou qui acceptaient d'y envoyer leurs enfants pour se former une opinion. L'héritage difficile de l'éducation institutionnelle introduite par les colonisateurs a mené, dans la littérature pour les jeunes, à une omniprésence de ce sujet. Certes, l'école n'est pas toujours le centre où se passe l'histoire ou l'aventure, ni comme le lieu d'action ni comme la conception spirituelle de la transmission du savoir. Mais il y a presque toujours des indices sur l'école, ce qui ne doit pas nous surprendre, car le lecteur visé est un enfant alphabétisé.

Comment l'école est-elle vue dans les différents textes? De quels points de vue est-elle décrite? Du point de vue d'un adulte dont la fréquentation scolaire date des années avant l'indépendance et qui a ainsi fait des expériences sous le colonialisme? L'école est-elle un "temple du savoir" du style européen ou simplement le lieu ou l'arrière-plan où se passent des aventures passionnantes, mystérieuses ou amoureuses? Quels détails comprend le lecteur de l'enseignement, des instituteurs, du comportement des élèves. Quels sont les motivations pour la scolarisation, aujourd'hui et à l'époque?

"Grand-papa Dargueune, je veux aller à l'école comme tous mes camarades", sanglote le petit Malic dans *Les trois volontés de Malic* (Diagne 1920). Au contraire Soudsia, le frère de 12 ans de Moudaïna dans le roman *Moudaïna ou deux enfants au cœur de l'Afrique* (Clair 1952) refuse avec véhémence: "Non, je ne veux pas, je veux rester libre, je ne veux pas m'enfermer dans l'école". Par contre sa petite sœur Tchinda (Clair 1959) s'y intéresse beaucoup, *mais c'est une fille.* La petite Awa dans *Awa, la petite marchande* (Diallo 1981) doit quitter l'école à l'âge de neuf ans pour des raisons familiales, mais ne désire rien d'autre si ardemment qu'une éducation scolaire solide pour échapper à la pauvreté de la famille. Stella, la protagoniste dans le texte *Dans la cour des grands* (Bebey 1999) va quant à elle entrer en classe terminale et passer son baccalauréat; pour elle, l'école est une chose tout à fait banale, elle a d'autres problèmes. Akoua dans Partir en France (Ekue 1996), 10 ans, veut aller à l'école en France comme tous les autres. Barry Yacine dans Demande d'emploi (Mpiala 2001) est même titulaire d'une maîtrise de l'université, mais il ne trouve pas de travail. Albarka dans le texte autobiographique de Boubou Hama *L'aventure d'Albarka* (Clair/Hama 1972) est un élève recruté par le commandant blanc à l'âge de sept ans. Il se voit victime de l'alphabétisation et décrit l'école comme l'instrument de l'intégration de la population noire dans l'idéologie coloniale des Français selon la logique de l'assimilation à leur système. Il regrette que lui ait été sinon volée son enfance africaine, du moins qu'elle ait été défigurée au point d'être méconnaissable.

Ces quelques exemples proposent déjà un large éventail de situations. Dans le roman de 1920, Malic lutte pour la fréquentation de l'école, à un moment où l'institution n'est qu'en voie d'établissement; la critique littéraire a blâmé l'auteur pour son assimilation à l'administration colonisatrice française. Albarca, par contre, est victime d'un système qu'il déteste et dans lequel il ne trouve pas encore son compte à l'époque où il doit quitter sa famille pour aller à l'école. Ce roman (Clair/Hama), écrit en 1972, dépeint à peu près la même époque réelle que *Les trois volontés de Malic*, mais il arrive – au moins au premier coup d'œil - à une conclusion tout à fait différente. Une lecture plus intense montre pourtant que les classifications binaires "pour" et "contre" l'école française ne représentent qu'une partie des interprétations possibles et ne permettent pas d'apprécier les deux textes à leur juste valeur. Ahmadou Mapaté Diagne relativise sa position assimilatrice par de courts passages narratifs où il décrit la vie dans un village africain et, finalement, par le troisième vœux de Malic qui veut se faire forgeron et cela malgré toutes les objections de ses grand-pères. Malic réalise son rêve, mais revient dans son village natal et prouve ainsi que la fréquentation de l'école française ne mène pas automatiquement à une rupture avec les valeurs traditionnelles africaines – la sensibilité pour la communauté, la serviabilité, le souci des vieux. Malic devient ainsi le garant d'une certaine continuité. D'autre part, Albarka qui, au début, déteste l'école et se sent dépaysé et déraciné de son monde africain aimé qu'il veut retrouver coûte que coûte, tentant même de fuir à plusieurs reprises, finit par se réconcilier avec le système en travaillant durement. A la fin, il est tellement intégré dans l'éducation française qu'il choisit même d'y participer en devenant instituteur.

2. Les filles et leur position difficile dans la société: égalité des droits, excision, mariage forcé

Les filles endurent encore d'autres problèmes. En ce qui les concerne, elles voudraient bien aller à l'école, car cette éducation leur permettrait une certaine indépendance et les rendrait capables d'échapper au rôle traditionnel de la femme dans la société. Si la distribution rigide des rôles, si la fixation aux normes, rites et traditions défavorisait par le passé les filles, elles commencent aujourd'hui à lutter pour l'égalité de leurs droits et contre la discrimination de la femme et veulent échapper à la monotonie des travaux ménagers trop durs, l'assujettissement sous la volonté inflexible de leurs pères, frères ou maris.

Jusqu'à aujourd'hui, les statistiques montrent des chiffres bien moins élevés déjà en ce qui concerne la scolarisation des filles. Ce sont aussi les filles qui doivent interrompre leur formation scolaire plus souvent que les garçons; elles redoublent des classes plus souvent parce qu'elles ont dû aider à la maison, et elles obtiennent nettement moins de certificats qualifiants ou même académiques.

Les Etats membres de l'ONU ont convenu, en septembre 2000, d'atteindre huit objectifs du millénaire pour le développement (OMD) dont l'un est l'éducation pour les filles; deux autres objectifs sont la promotion de l'égalité des genres et l'autonomisation des femmes et l'amélioration de la santé maternelle.

Dans la littérature des jeunes, tous ces problèmes sont traités:

Il y a, par exemple, Awa dans *Awa la petite marchande* (1981) de Nafissatou Niang Diallo qui doit interrompre son éducation. La petite Awa, neuf ans au début de l'histoire, est la deuxième de six enfants d'une famille pauvre. Le père, "l'homme à tout faire", ne gagne pas suffisamment d'argent pour nourrir sa famille, la mère travaille comme marchande. Awa, elle, est en charge de beaucoup de tâches domestiques et doit s'occuper de ses frères et sœurs. Elle est malgré cela bonne élève, car elle veut apprendre des choses pour pouvoir échapper à la mauvaise situation économique dans laquelle se trouve sa famille. Le matin, avant d'arriver à l'école, elle a déjà accompli tout un programme: elle a acheté du pain, rempli le canari d'eau, allumé le fourneau, fait bouillir le "quinquéliba", réveillé, lavé et habillé ses petits frères, les a faits manger, balayé la chambre, préparé le repas du midi, conduits les petits à l'école coranique. Quand elle rentre à la maison, il lui reste encore des travaux de ménage et aussi les devoirs pour l'école. Un jour, le père tombe gravement malade et Awa renonce sans mot dire, mais avec beaucoup de regret à la fréquentation de l'école et se charge du poste de travail d'une petite marchande de poisson pour contribuer aux revenus de la famille. Quelques mois plus tard, le père, guéri, a la chance de travailler à Paris pendant trois ans; il y va avec sa fille qui profite de ce séjour pour parfaitement apprendre la langue française. Au moment de leur rentrée au Sénégal, la famille n'est pas seulement riche et peut s'acheter une grande maison avec des symboles de réussite sociale, l'électricité, un réfrigérateur et l'eau courante. L'éducation acquise en France permet aussi à Awa de se venger de ses petites camarades africaines pour leurs moqueries concernant de la pauvreté d'autrefois.

Un autre exemple des difficultés que les filles doivent affronter est donné par le roman *L'oiseau en cage* (Zanga-Tsogo 1983). Ici, la protagoniste Ekobo lutte pour l'égalité des droits des femmes. Sa mère lui a permis d'aller à l'école, contre la volontébdu père qui regarde une fille comme un être inférieur dont la seule justification sur terre est la soumission au père puis au mari. Malgré ses succès à tous les examens, le père décide de marier Ekobo à l'âge de 15 ans afin qu'elle ait enfin tout dont une jeune fille a besoin: un mari, un foyer, des enfants. Un an plus tard, Ekobo met au monde un garçon, puis une fille. Son mari la traite comme l'avait traitée son père, et Ekobo, prisonnière de son éducation traditionnelle d'obéissance et de soumission, mais aussi éclairée par son éducation française scolaire, se trouve dans un conflit de conscience: d'une part, elle veut obéir et s'occuper de son mari, de ses enfants et de son ménage, d'autre part, elle veut s'échapper aux obligations sans fin de tous les jours et à l'étroitesse de sa vie pour chercher un travail hors de la maison et participer à la vie publique et économique. Au début, elle en rêve seulement, mais la fin du texte est plus optimiste. La vie d'Ekobo représente le sort de beaucoup de femmes dans des sociétés africaines qui entrent dans la modernité – les femmes y contribuant par leurs initiatives, leur confiance et leur capacité de s'imposer.

L'histoire de Mariéta dans *La blessure* (Cissé 2001) parle d'une coutume ancestrale barbare toujours pratiquée dans 28 pays africains: l'excision. Cette tradition rencontre de plus en plus une condamnation dans le monde entier et est considérée comme une violation des droits de l'homme, néanmoins des millions de jeunes filles et de femmes sont excisées chaque année. Les mutilations génitales féminines (MGF) comprennent des pratiques diverses pour ôter tout ou une partie des organes génitaux externes par différentes variations d'interventions chirurgicales souvent rudimentaires et peu hygiéniques à la suite desquelles se développent souvent des infections et des complications. L'excision doit contrôler la sexualité des jeunes filles et garantir leur virginité.

Notre petite Mariéta a 14 ans quand son père veut la marier ce qui exige l'excision traditionnelle. Mariéta, elle aussi bonne élève et, par son éducation à la française, très critique envers quelques traditions, ose protester contre la décision de ses parents, mais se sent aussi obligée, par son éducation africaine, à l'obéissance absolue envers les parents. Une jeune (!) exciseuse fait l'intervention, "lui coupa sa chair". Après la fête traditionnelle, la jeune fille est mariée; maintenant elle devrait tomber enceinte le plus vite possible, mais deux ans passent et la famille du mari commence à s'inquiéter de sa fertilité jusqu'au point de forcer le mari à prendre une deuxième femme. Un médecin peut prouver qu'à cause de soins médicaux inappropriés après l'excision, Mariéta est devenue stérile. Même si ce livre se termine positivement – Mariéta cherche l'explication avec l'exciseuse: celle-ci reconnaît sa faute et consent à ne plus jamais pratiquer d'autres interventions et à devenir une sage-femme moderne, finalement Mariéta est opérée, guérit et tombe enceinte – le texte montre de façon saisissante la problématique dans laquelle peut se trouver une jeune fille. Ni la fréquentation de l'école française, ni la conscience des dangers et des complications possibles ne peuvent l'aider quand la pression sociale, la menace d'exclusion de la société et la stigmatisation sont si fortes. La conscience qu'un homme n'épousera jamais une jeune fille non-excisée mène souvent au consentement, d'autant plus que la femme dépend presque toujours économiquement de l'homme. Comme le livre précédent, cet ouvrage reflète une société en voie de changement. Il ne s'agit pas seulement de dénigrer ce qui reste des temps passés, l'auteure indique prudemment un autre chemin et encourage les jeunes filles à l'autodétermination en refusant la mutilation.

Il en va bien autrement pour Marie dans *Lezou Marie ou les écueils de la vie* (Yaou 1982): A l'âge de 16 ans, sa mère meurt, son père la repousse, elle cède aux insistances de son ami qui la met enceinte, elle doit quitter l'école, ne trouve pas de travail, s'appauvrit de plus en plus, meurt presque de faim, accouche d'un petit garçon qui tombe malade et meurt. Marie ne voit aucune autre possibilité que de devenir prostituée, enfin prostituée de grand luxe et rien d'autre que l'argent n'a plus d'importance pour elle jusqu'au moment où elle tombe amoureuse d'un jeune homme. Quand celui-ci l'abandonne à cause de son passé, elle se voit dans une impasse et se suicide.

Hadja Djami dans *Plus jamais ça!* (Diallo 1999) représente ceux qui sont encore des enfants au moment de leur mariage. Elle aussi doit quitter l'école pour être mariée selon la volonté du père et elle meurt en couches à l'âge de 13 ans.

Une autre fille, Nakany, 17 ans, dans *Un mariage forcé* (Doumbi-Fakoly 1999) veut devenir médecin après le baccalauréat, mais son père veut la marier. Elle, avec diplomatie, réussit à le convaincre de lui laisser suivre encore une année d'école. Heureusement pour elle, le prétendant se disqualifie lui-même par des actions criminelles. Un cas à part, bien sûr, quelle fille pourrait espérer échapper au mariage forcé grâce aux mauvaises mœurs de l'élu du père?

Stella, 16 ans, dans le texte *Dans la cour des grands* (Bebey 1999) est une fille moderne de la ville désireuse d'avoir des contacts sexuels prénuptiaux et s'adresse à une gynécologue pour s'informer des possibilités de contraception afin de résoudre ses problèmes.

Dans tous les exemples précités le lecteur peut facilement reconnaître les efforts des auteurs pour illustrer une gamme de problèmes autour de la position des jeunes filles dans les sociétés africaines. Presque toujours les filles sont encouragées à réfléchir et à décider de leur vie elles-mêmes. Mais les écrivains ne cachent pas qu'il faut beaucoup de forces et de volonté pour ne pas se soumettre aux traditions et aux décisions prises par d'autres.

3. Le travail des enfants

Quand il s'agit du travail des enfants, nous devons nous rendre compte que la participation aux travaux ménagers ou champêtres est regardée comme tout à fait normale dans beaucoup de sociétés africaines, et que les devoirs des jeunes sont adaptés à leur capacité physique ou intellectuelle afin de leur procurer des connaissances utiles pour leur vie. C'est la raison pour laquelle les enfants dans les romans ne se plaignent pas du travail quotidien.

Le point où se termine la transmission du savoir traditionnel et où commence l'exploitation des enfants est difficile à déterminer si on considère qu'à cause de transformations de grande portée des structures familiales et sociales, même de petits enfants doivent travailler pour gagner leur vie, par exemple quand les parents sont séropositifs ou décédés et les grands-parents surchargés où décédés eux aussi.

Si on parle, dans les pays riches et industrialisés, de l'abolition de toute forme de travail des enfants, il faut aussi prendre en considération qu'il y a des pays africains, dans lesquels les enfants et les jeunes constituent un pourcentage assez grand de la population totale – parfois jusqu'à 40%. L'abolition du travail des enfants priverait ce groupe des fondements de la vie et aggraverait l'appauvrissement. Seulement une petite minorité des enfants des riches en Afrique profite d'une jeunesse sans travail et d'une éducation orientée selon les normes européennes. L'excès de travail cependant entrave les droits de l'enfant, par exemple le droit à l'éducation, c'est un fait dont beaucoup d'états africains sont conscients. Il existe déjà toute une gamme de lois et de décrets, mais les clivages entre les revendications sociales et juridiques et la réalité de l'appauvrissement sont trop profonds pour pouvoir renoncer au travail et la collaboration d'un grand nombre des enfants, même si cela les prive d'une enfance "normale".

Dans *Un drôle de bienfaiteur* (Dick 2002) Mamadi, un garçon de 10 ans, est vendu par son père pour travailler dans une mine de diamants dans des conditions misérables. Avec cet argent et le salaire promis, le père espère nourrir ses autres enfants pour un certain temps. Le travail est dur et éprouvant, les maladies et les accidents sont nombreux. Les enfants souffrent de l'épuisement physique et d'un manque de nourriture. Mamadi comprend très vite que sa situation personnelle s'est détériorée. Avec un ami il essaie de fuir, mais les deux sont rattrapés et punis très violemment pour décourager les autres. Néanmoins, ils essaient encore une fois et réussissent: après de longues semaines de marche, ils arrivent dans une ville où finalement une femme d'une organisation non-gouvernementale les aide. La femme adopte Mamadi et entame une action en justice à l'encontre des propriétaires de la mine, qui a pour résultat la libération de tous les autres petits travailleurs. Pour Mamadi commence une période d'aisance: il peut manger à sa faim et il a la chance d'aller à l'école ce qui lui offrira des options pour un avenir de succès économique.

La petite Amoins, 14 ans, par contre, donne dans *Pain sucré* (Martin-Koné 2002) l'exemple peu digne d'être imité d'une fille qui quitte le village pour vivre en ville coûte que coûte et qui sera exploitée. Selon elle, la ville est un paradis où elle peut réaliser son rêve et devenir chanteuse. Et effectivement, une tante l'invite un jour à lui rendre visite en ville. Amoins qui arrive trop tard au point de rendez-vous se retrouve tout à coup seule dans un environnement inconnu et, imprévoyante comme elle est, elle ne connaît ni l'adresse de sa tante ni n'a de l'argent avec elle. Elle fait alors la connaissance d'une fille sympathique qui l'invite à passer la nuit chez elle. Ce qu'Amoins ne comprend que beaucoup plus tard, c'est que la gentillesse était prétendue et l'invitation un piège. Amoins devient victime d'un vieux appelé Baba qui a déjà recruté toute une troupe de jeunes filles qu'il fait travailler pour lui dans des conditions épouvantables. Petit à petit Amoins comprend que sa vie à la campagne n'était si mauvaise qu'elle l'avait cru et regrette sa sottise et sa naïveté. L'histoire se termine bien pour elle, elle peut rentrer dans son village se jurant de travailler ardemment pour réussir scolairement.

Un problème similaire est illustré par le cas de Mandiou dans *Cap sur le bonheur* (Traoré 1987) qui à l'âge de 14 ans succombe aux fascinations de la ville jusqu'à ce que la réalité le rattrape. Après de mauvaises expériences – dont les pires sont la faim, la prison, la torture – il retrouve le chemin de son village natal et vers le bonheur.

Abboki dans *Abboki ou l'appel de la côte* (Mahamadou 1978) quitte son village pour faire fortune dans la capitale du pays voisin, échoue et devient criminel, connaît la prison, la faim, la torture et est expulsé pour mendicité; de plus, après un accident, il a été amputé d'une jambe. Il retourne au village physiquement et psychiquement blessé. Mais dans son village, les cicatrices de l'âme peuvent guérir, Abboki reprend le goût à la vie et devient un membre utile de la société.

4. La guerre

Les jeunes exercent souvent un travail épuisant, quand la faim, la misère et la pauvreté de la famille les obligent à contribuer aux coûts de la vie; ils comprennent très bien la nécessité de se débrouiller par n'importe quel moyen. Il est beaucoup plus difficile pour eux de comprendre une guerre ou une guerre civile, comme dans *Charly en guerre*[107] (Couao-Zotti 2001) ou dans *L'enfant de la guerre* (Mpiala 1999). Malheureusement, il y a trop de ces conflits armés sur le continent africain, et ainsi trop de jeunes "victimes".

Le petit Charly, lui aussi, ne comprend pas pourquoi son père est tué par des militaires ni pourquoi sa mère et lui doivent s'enfuir. Il lui reste quand-même la mère. Mais un jour, les "hommes en uniforme" la déportent aussi, et il se retrouve tout seul. Quand il tombe dans les mains des militaires, ils essayent de faire de lui un petit combattant.

Conclusion

L'analyse quantitative montre qu'il y a déjà un nombre considérable de livres africains pour les jeunes. Malheureusement, il n'est pas possible de se procurer des statistiques qui permettront des conclusions sur l'attitude réelle des enfants envers le mot imprimé, la lecture. Certes, les parents et les auteurs, instruits eux-mêmes, veulent que leurs enfants lisent aussi à la maison, mais il n'a pas été possible de prouver que les enfants veulent lire et qui plus est lire des livres africains. Le problème est amplifié par le fait que ces romans

[107] Publié en 1996 sous le titre: *Un enfant dans la guerre.*

africains sont imprimés dans de petits tirages et qu'il y a jusqu'à aujourd'hui dans les librairies en Afrique francophone surtout des livres français. Il ne reste que les bibliothèques, les centres de lecture et les bibliobus qui pourraient – peut-être – éclairer avec des statistiques de prêts la situation de la lecture et fournir des détails sur les lecteurs et leurs préférences. Il est aussi possible que les enfants et les jeunes en Afrique aujourd'hui donnent la préférence à d'autres genres, peut-être aux romans graphiques ou aux bandes dessinées. Eventuellement on peut émettre l'hypothèse qu'ils préfèrent rester devant la télé ou la radio et consommer des émissions pour les jeunes passivement au lieu de se jeter dans l'aventure de la lecture d'un livre.

L'analyse qualitative des romans africains francophones pour les jeunes montre qu'un large éventail de sujets est abordé.[108] La plupart des problèmes d'importance politique, économique et sociale en Afrique sont traités selon différents points de vue et toujours la question cardinale est plausiblement enveloppée dans une histoire attrayante dont le protagoniste est un enfant ou un adolescent africain, de telle sorte qu'une identification avec le héros de la fiction soit possible. Mais comme il y a une énorme prédominance du contenu problématique dans les textes au regard d'une réalité quotidienne du lecteur souvent compliquée, se pose la question de savoir si le lecteur veut s'identifier avec les protagonistes des livres ou s'il ne serait pas tenté de choisir, s'il en existait, des livres plus faciles et peut-être plus superficiels, plus gais et insouciants, des romans d'aventure ou d'amour, moins denses et moins tristes. Ce genre "léger" de lecture manque encore.

Même si les auteurs et les éditeurs ne différencient pas selon les romans explicitement écrits pour les filles ou les garçons, on pourrait présumer que les histoires sont plutôt destinées aux uns ou aux autres. Mais la question de savoir, si par exemple un garçon africain veut lire un roman dans lequel une jeune fille est la protagoniste et dans lequel le monde est décrit du point de vue féminin, reste ouverte. De plus les sujets traités dans les œuvres des anciennes colonies françaises sont souvent semblables, même si le problème spécifique abordé d'un livre à l'autre peut différer: la misère, la faim et la pauvreté, le SIDA, le travail des enfants, l'exode rural, les conflits armés avec l'enrôlement des enfants soldats, l'excision des filles ou l'initiation des garçons, les enfants de la rue, le mariage arrangé ainsi que l'héritage et les rites traditionnels font également partie de la vie quotidienne dans presque toutes les anciennes colonies de langue française. Le débat sur l'école et l'éducation selon le modèle européen est toujours vif ce qui témoigne également du

[108] Voir Lindner, *Kindheit in Afrika* (2008).

traumatisme profond que l'introduction de l'éducation européenne a pu causer dans les sociétés africaines. Mais dans quelques romans des dernières années un certain changement peut être constaté: la problématique de l'école devient de plus en plus marginale, et si l'école est mentionnée, elle sert simplement à expliquer l'état actuel de l'éducation et des connaissances du protagoniste. L'institution "école" aujourd'hui n'est plus mise en question. L'analyse critique de l'époque coloniale et des traditions du "bon vieux temps" a été élargie par des sujets dans lesquels les auteurs s'occupent des problèmes de l'Afrique contemporaine comme les guerres ou le SIDA.

Le héros dans le roman est toujours un enfant qui convainc par son zèle et sa curiosité sans limite, par sa capacité de s'imposer hors norme, par sa volonté inébranlable, par ses initiatives permanentes et son intellect prééminent. Tous ces traits de caractère distinguent l'enfant du roman d'un enfant "normal". C'est un indice très fort dans la mesure où ces qualités jouent un rôle indispensable. Pour la survie et l'avancement en Afrique. Pour les lecteurs implicites des romans, l'identification avec le héros doit encourager – et certainement ne pas décourager, même si le héros souffre – à tout mettre en œuvre pour réussir sa vie et lutter pour le changement dans les sociétés africaines – tâche d'ailleurs qui, dans les textes, incombe toujours aux enfants.

Le roman africain pour les enfants et la jeunesse n'a pas encore réussi à abandonner son caractère "scolaire", car souvent une pensée didactique prédomine ce qui se voit dans les glossaires dans beaucoup de livres – indice également que la langue française n'est toujours pas acquise et maîtrisée comme une langue maternelle. Elle doit toujours être enseignée à l'école et les chapitres *Lire et relire* à la fin des œuvres récentes sert à approfondir la compréhension du texte comme on le fait à l'école – même si ces romans-là sont explicitement faits pour une lecture extrascolaire.

Si la littérature africaine pour les jeunes est peut-être encore modeste et pas encore aussi établie que les critiques le souhaiteraient, elle mérite cependant bien d'être lue.

Références bibliographiques

Bebey, Kidi (1999), *Dans la cour des grands.* Abidjan/Montréal: Editions CEDA/Editions Hurtubise.

Cissé, Fatou Fanny (2001), *La blessure.* Abidjan/Montréal: Editions CEDA/Editions Hurtubise.

Clair, Andrée (1952, 1986), *Moudaïna ou deux enfants au cœur de l'Afrique*. Paris (1952): Bourrelier, Abidjan/Vanves (1986): Nouvelles Ed. Africaines/EDICEF.

Clair, Andrée (1959, 1988), *Tchinda la petite sœur de Moudaïna*, Paris (1959): Bourrelier, Abidjan/Vanves (1988): Nouvelles Ed. Africaines/EDICEF.

Clair, Andrée/Hama, Boubou (1972, 1981), *L'aventure d'Albarka*. Paris (1972): Julliard, Dakar/Vanves (1981): Nouvelles Ed. Africaines/EDICEF.

Couao-Zotti, Florent (2001), *Charly en guerre*. Paris: Dapper. Publié en 1996 sous le titre: *Un enfant dans la guerre*. Lomé: Haho-ACCT-BRAO.

Davesne, André (1931), *Mamadou et Binéta*, Paris: Istra.

Diagne, Amadou Mapaté (1920), *Les trois volontés de Malic*. Paris: Larousse.

Diallo, Boubacar (1999), *Plus jamais ça!* Conakry: Ganndal et al.

Diallo, Nafissatou Niang (1981), *Awa, la petite marchande*, Abidjan-Dakar-Lomé/Vanves: Nouvelles Ed. Africaines/EDICEF

Dick, Gina (2002), *Un drôle de bienfaiteur*, Abidjan/Montréal: Editions CEDA/Editions Hurtubise.

Doumbi-Fakoly (1999), *Un mariage forcé*. Abidjan/Montréal: Editions CEDA/Editions Hurtubise.

Ekue, Christiane Tchotcho Akoua (1996), *Partir en France*. Lomé: Editions Haho.

Lindner, Brigitte (2008), *Kindheit in Afrika. Im Spiegel frankophoner afrikanischer Kinder- und Jugendliteratur in West- und Zentralafrika*. München: Meidenbauer.

Mahamadou, Halilou Sabbo (1978, 2004), *Abboki ou l'appel de la côte*. Dakar (1978): Nouvelles Ed. Africaines, Paris (2004): Syros.

Maran, René (1999 [1921]), *Batouala. Véritable roman nègre*. Paris: Michel.

Martin-Koné, Mary-Lee (2002 [1987]), *Pain sucré*. Paris: Hatier.

Mattenklott, Gundel (1994), *Zauberkreide. Kinderliteratur seit 1945*. Frankfurt am Main: Fischer Taschenbuch.

Mbenga Mpiala, Sammy (1999), *L'enfant de la guerre*. Abidjan/Montréal Editions CEDA/Editions Hurtubise.

Mbenga Mpiala, Sammy (2001), *Demande d'emploi*. Abidjan/Montréal: Editions CEDA/Editions Hurtubise.

Senghor, Léopold Sédar/Sadji, Abdoulaye (1953), *La belle histoire de Leuk-le-Lièvre*. Paris: Hachette.

Traoré, Issa Baba (1987), *Cap sur le bonheur*. Abidjan-Dakar-Lomé/Paris: EDICEF/Hachette.

Yaou, Régina (1982), *Lezou Marie ou les écueils de la vie*. Abidjan-Dakar-Lomé/Paris: Nouvelles Ed. Africaines/EDICEF.

Zanga-Tsogo, Delphine (1983), *L'oiseau en cage*. Abidjan-Dakar-Lomé/Paris: Nouvelles Ed. Africaines/EDICEF.

Jeunesses violentes

Violencia y Juventud

De *L'enfant noir* à l'enfance noire dans le roman francophone. Le paradoxe d'une image

Sélom Komlan Gbanou

Avec *L'enfant noir* (1953), Camara Laye a définitivement épuisé la question de l'enfance édénique et affective dans les littératures francophones africaines. Le protagoniste principal du récit totalise, en effet, tous les traits de l'enfance merveilleuse avec la naïveté et l'ingénuité propices à une parfaite éclosion et intégration sociale. Avec le temps, les écrivains de la période post-indépendance vont faire de l'enfant et de l'enfance le lieu désespéré de la représentation d'une société autodestructive caractérisée par la violence et un mauvais usage de l'enfance. Impliqué de force dans les guerres, livré à lui-même dans un régime de pauvreté généralisée, précocement soumis aux travaux physiques, psychologiquement détruit, l'enfant trouve une nouvelle présence dans la littérature francophone comme signe de l'insécurité, du non-devenir d'un monde qui semble avoir perdu ses repères de socialisation et son sens de l'enfance. Ainsi, l'image de l'enfant sans enfance, de l'enfant de la violence et de la perte va devenir une récurrence chez la plupart des écrivains des dernières décennies tels Tierno Monénembo, Ahmadou Kourouma, Kossi Efoui, Sami Tchak, Florent Couao-Zotti, Marie-Célie Agnant, etc.

Comment s'écrit la déchéance de la société par la représentation de l'enfant sans enfance? Par le truchement d'une image terrifiante de l'enfant abandonné, de l'enfant-victime et de l'enfant-bourreau? Comment la stratégie de la mise en scène de l'enfance sacrifiée est-elle une lecture de l'état postcolonial? Comment la scène de l'enfant sans enfance innove-t-elle désormais un nouveau projet d'écriture et quelles en sont les différentes modalités? Telles sont certaines des interrogations qui nourrissent la présente étude.

La diversité des typologies de l'enfance et de l'enfant dans le roman francophone ces dernières décennies confronte le lecteur à un mode particulier d'écriture et de représentation sociale. L'innocence naturelle de l'enfant s'y voit engagée, à travers un rapport plus ou moins compromis avec le monde de l'adulte, dans des scènes de violence qui offrent à l'enfant une autre perception de lui-même. Cette perception l'éloigne de l'enfance édénique dont les premiers romans africains se sont fait le lieu d'exaltation comme *L'enfant noir* de Camara Laye (1953), *Le fils du fétiche* de David Ananou (1955), *Kocoumbo, l'étudiant noir* d'Aké Loba (1960). Le nouveau système de représentation de l'enfant pose le soupçon que la société se détruit à travers le mauvais usage de ce qui fonde sa permanence, et impose à l'écriture des stratégies narratives spécifiques. Deux orientations portent la présente étude: d'un côté l'enfance représentée dans l'imaginaire et l'imagination de l'adulte comme lieu d'une irréversibilité douloureuse, de l'autre l'enfant confronté aux différents schèmes d'une identité étriquée, potentiellement soumise, à la fois comme victime et bourreau, à la violence.

Le paradis perdu: l'irréversible enfance

Le roman de Camara Laye: *L'enfant noir* (1953) a innové un courant dans les littératures francophones avec d'un côté l'enfance comme paradis, de l'autre une représentation de l'enfant comme image positive socialement construite en laquelle l'on aime à se reconnaître. Le récit propose, sous le mode de l'autofiction, une parfaite symbiose entre l'enfant et l'adulte et renoue ainsi avec la typologie de l'enfance idéale proposée par Rousseau et qui va servir de modèles aux romantiques comme Novalis ou Jean-Paul Richter. Son personnage entretient un rapport tout à fait naturel et sans heurts avec le monde qui l'entoure, s'accommodant aussi bien des êtres que des animaux. Découvert par l'entourage ahuri, alors qu'il était en passe d'être mordu par le serpent avec lequel il s'amusait dans son insouciante naïveté, l'enfant noir ne comprend pas en quoi une telle scène pouvait devenir source d'inquiétude pour tout le monde, notamment sa mère. Ce qui le fit pleurer, c'est moins les claques reçues de sa mère que l'attention particulière dont il fut, à l'instant même, l'objet. Du coup, centre des préoccupations de la communauté, il se sent auréolé d'un amour dont la profondeur, la sincérité et le sens dépassent ses attentes. Plus tard, les randonnées du jeune garçon sur le chemin des champs, sur la route de Tindican, en compagnie de son oncle – dont l'âge avoisine le sien – sont empreintes de ce qu'il appelle lui-même "merveilles", en raison de l'extraordinaire volupté que lui procurent la nature et la douce attention de la communauté tout entière.

Ecrit avant la vague des indépendances africaines, ce roman propose une approche complexe de l'*être-soi-même* de l'enfant aussi bien dans l'intimité familiale que dans l'inconfortable situation de l'entre-deux-mondes, espaces de l'anonymat et de la dissolution identitaire, en ville et surtout en France, mais il inscrit le lieu de l'enfance dans la quête mythique de l'origine qui semble être la préoccupation de chaque être. L'enfance que propose Camara Laye s'inscrit dans la nostalgie qui, selon Vladimir Jankélévitch, dans *L'irréversible nostalgie* (1974), est cette mélancolie et cette absence que la conscience du présent oppose au passé. Le narrateur se voit enfant dans le cadre édénique de son village de Kouroussa et rappelle l'attention que lui portaient son père et sa mère Dâman ainsi que tout le village qui défile dans l'atelier familial. Le village semble offrir le cadre idéal à la représentation de l'enfance. L'enfant y connaît tout le monde et peut, selon son respect des normes sociales ou la situation de ses parents entrer dans les bonnes grâces de tout le monde car, tout porte à croire que pour la communauté, procréer, c'est créer un ordre, se recréer. Le contact avec la nature, l'entrain des travaux champêtres, le travail de l'or, galvanisent chez l'enfant fictionnellement reconstitué une conscience de bonheur intensément fondée sur l'insouciance et l'innocence.

La nostalgie de l'enfance replace rétrospectivement l'adulte dans un cadre spécifique où il renoue avec l'identité psychosociale[109] qui informe un autre rapport à lui-même. Ainsi, c'est dans ce rapport que se formule chez l'enfant l'intérêt pour la communauté et la place qui y est sienne. Comme représentation, l'enfance de l'enfant noir est un ensemble de données inductives qui idéalise la société de référence dans son harmonie et dans ses croyances. Le protagoniste ne parle pas de l'enfance de tous les enfants de son âge mais de comment il fut l'enfant de tout le monde, porté en estime et adulé par une communauté qui exhibe son sens de la vie et sa métaphysique du devenir. Laye semble recourir à son enfance dont le point de départ est fixé à six ou sept ans pour dire l'adulte d'aujourd'hui, adulte qu'il est devenu hors du cadre social du village. Et si le temps s'est écoulé entre les deux polarités, le regard rétrospectif reste, en ce qui le concerne, peu distant. Le narrateur cherche en tous points à relever chez l'enfant les indices de maturation qui font de lui ce qu'il est, et le récit, dan son ensemble, multiplie les artifices d'un hymne à l'irréversible enfance.

Les réminiscences racontées du point de vue de l'enfant témoignent d'une absence où les rapports avec la société, les adultes et la nature ne reposent pas sur des conflits et des injonctions auxquelles il faut se soumettre. Elles offrent au contraire un espace de jeu et de liberté dont l'adulte mesure dorénavant les enjeux dans la sphère trop normée de l'être-adulte. Laye semble non seulement restituer l'enfant qu'il fut mais l'enfance que le monde a perdue et dont le récit rétrospectif tente de reconstituer les bases en ressoudant la communauté autour de valeurs fondamentales collectivement partagées.

La démarche de Laye est d'une admirable lucidité. Elle permet au sujet adulte de se dédoubler et de se soumettre au regard de son propre passé, de

[109] "On a désigné par le terme d'identité psychologique la dimension de l'identité relative à l'appartenance de l'individu à plusieurs groupes. Ce terme suggère que cette appartenance identifie pour une part l'individu et que, subjectivement celui-ci la perçoit comme responsable d'un secteur de son "soi". Ici le mot groupe désigne aussi bien des catégories sociales, l'âge, le sexe, la nationalité que des rôles ou des positions comme la profession, l'affiliation à un mouvement politique ou confessionnel" (Marc-Lipiansky 1978: 62).

résister à la dispersion du Moi, dont la conséquence à court et à long termes demeure la dépravation de l'enfance. L'enfant s'y définit et s'y nuance comme l'expression privilégiée d'une socialité positive où l'individu a encore un rôle à jouer en entretenant une certaine permanence de la lignée. On pourrait inférer de plusieurs modalités narratives par lesquelles le récit devient un tracé menant à une régression imperceptible de l'être. Rites initiatiques et admission à des classes d'âge différentes permettent à l'enfant un apprentissage progressif du devenir-adulte. De la permanence du clan des forgerons auquel appartient le narrateur avec la découverte de l'importance symbolique du serpent, il partage l'entrain communautaire dans le travail telle la moisson du riz avant de subir l'épreuve du Kondèn Diara, rite de circoncision qui légitime le passage définitif et irréversible de l'enfance à "l'âge d'homme".[110] Désormais séparé des parents, l'enfant apprend à faire face à la vie et à s'assumer seul sur la base des acquis que sont l'apport des parents, la permanence des rites et la fréquentation des valeurs éthiques qui portent l'univers auquel il appartient. Ainsi paré pour affronter l'inconnu et dominer la peur, l'enfant peut quitter les parents et continuer sa scolarité dans la ville de Conakry, auprès de son oncle pour ajouter au savoir acquis dans ses initiations et à l'école coranique, la science de l'homme blanc. Cette quête le conduit en France d'où il reprend à rebours le chemin de son enfance comme si, tout d'un coup "l'adulte [s'employait] à sélectionner chez l'enfant ce qui est à l'origine de ses conflits et des désirs d'homme mûr" (Ottevaere-van Praag 1996: 39).

Ce qui caractérise le récit de Camara Laye, c'est avant tout la défense et l'illustration d'une socialité exemplaire que constituerait le village susceptible d'offrir à l'enfant et à l'enfance le cadre propice pour un développement collectivement contrôlé à l'abri de l'isolement et de la perte des repères communautaires. Ainsi, l'enfance, loin d'être une cité de transit pour l'adulte, correspond à une chute dans l'incommensurabilité des lois et des exigences de survie qui se lisent sur le mode du regret. Lorsqu'à Conakry le directeur de l'école lui proposa d'aller poursuivre ses études en France, l'enfant noir, quoique initié à être un "Homme", ne sut retenir ses émotions: celles surtout de devoir quitter sa mère pour une terre inconnue, de savoir à quel point il reste "l'enfant", "le petit", "le gamin" pour celle dont l'affection et la tendresse sont bienveillance et protection. C'est plutôt la réaction de la mère qui témoigne de l'intensité de ce lien filial:

[110] L'expression fait référence au titre de Michel Leiris, *L'âge d'homme* (1973).

> - N'aurais-je donc jamais la paix? dit-elle. Hier, c'était une école à Conakry; aujourd'hui, c'est une école en France; demain… Mais que sera-ce demain? C'est chaque jour une lubie nouvelle pour me priver de mon fils!… Ne te rappelles-tu déjà plus comme le petit a été malade à Conakry? Mais, toi, cela ne te suffit pas: il faut à présent que tu l'envoies en France! Es-tu fou? Où veux-tu me faire devenir folle? Mais sûrement je finirai par devenir folle!… Et toi, dit-elle en s'adressant à moi, tu n'es qu'un ingrat! Tous les prétextes te sont bons pour fuir ta mère! Seulement, cette fois, cela ne va plus se passer comme tu l'imagines: tu resteras ici! Ta place est ici!… Mais à quoi pensent-ils dans ton école? Est-ce qu'ils se figurent que je vais vivre ma vie entière loin de mon fils? Mourir loin de mon fils? Ils n'ont donc pas de mère, ces gens-là? Mais naturellement ils n'en ont pas: ils seraient pas partis si loin de chez eux s'ils en avaient une?
> […] Toi, tais-toi! Tu n'es encore qu'un gamin de rien du tout! Que veux-tu aller faire si loin? Sais-tu seulement comment on vit là-bas?… Non, tu n'en sais rien! Et, dis-moi, qui prendra soin de toi? Qui réparera tes vêtements? Qui te préparera tes repas? (Laye 2007: 216-217)

On notera que l'écriture de l'enfance est placée sous le signe de la bienveillance parentale et la présence massive de la mémoire sociale comme recherche des points d'ancrage pour une gratitude à ceux qui ont fait de cet instant de vie le paradis qui manque. Comme le fait remarquer André Siganos dans l'essai *Mythe et écriture. La nostalgie de l'archaïque* (1999), confronté à la nostalgie de l'inaccessible passé,

> l'écrivain ira jusqu'à adopter une démarche orphique liant indissolublement remémoration et commémoration, souvenirs personnels et collectifs au bout desquels, évanouis, ne subsistera plus le chant que le chant pour lui-même et en lui-même. (Siganos 1999: 20)

Chez Laye, la démarche orphique du retournement sur 'l'irreconstituable' passé qu'est l'enfance n'échappe pas au recours à la lyre en tant que manière de fixer le bonheur fugace. En effet, c'est par une mélopée filiale que s'ouvre le roman de l'écrivain guinéen, chant dans lequel la commémoration et la remémoration de la mère sont le pendant d'un retournement sur l'irréversible enfance. On trouve dans le projet littéraire de Camara Laye un rapport de l'adulte à l'enfance qui intègre l'image de la mère comme espace à la fois sacré et ludique où l'enfant trouve un partenaire et un complice. Ainsi, dans la conception du sacré telle qu'étudiée par Mircea Eliade, *Le sacré et le profane* (1957), autant l'enfant est pour la mère le centre du monde, autant la mère est pour l'enfant le centre du monde. C'est donc par le souffle poétique de sa lyre que l'adulte, dans le pèlerinage imaginé sur les lieux de son enfance, exprime sa gratitude à la mère complice: "Ô Daman, ma mère, comme j'aimerais encore dans ta chaleur, être enfant près de toi" (Laye 2007: 8).

Entre la vie et l'enfant qui la découvre, la mère tient un rôle de régulation entre le danger, l'insouciance, la peur et la curiosité de l'enfant. La gratitude envers la mère ou toute personne ayant tenu, auprès de l'enfant, ce rôle de donneuse et de veilleuse de vie, connaît chez les adultes des expressions variées. Le poète Paul Akakpo Typamm offre dans son poème "Mélopée filiale" des notes saisissantes de la lyre de l'adulte confronté à la nostalgie de son enfance sous l'ombre bienveillante et protectrice de la mère. Écrit en 1955 dans la même période que le roman de Camara Laye, le poème reprend les schèmes de la nostalgie et de l'obsession d'un retour à l'enfance au sein de l'espace maternel, identifiant le *devenir-adulte* comme une discontinuité dans le bonheur connu et vécu:

> Tendre mère
> Je t'espère,
> Te vénère…
>
> Oiseau d'or
> Qui m'endors
> De ton chant
> Alléchant
> Sois béni
> Dans ton nid
>
> Beauté noire
> Qui te moires
> Je t'embrasse
> Tu m'enlaces
> Belle vie
> Qu'on envie
> (Typamm 1980: 16)

Il est possible ici, en prenant acte de la redevance à la mère en tant que miroir de l'enfance, d'objecter que l'adulte éprouve presque toujours le besoin d'immortaliser à travers une présence massive de la mère le rêve d'un paradis perdu. Pour certains écrivains, le devenir-écrivain est une renaissance au sens symbolique du terme où l'adulte retourne à la mère et/ou à tout ce qui en tient lieu comme un geste de prolongement de ce passé dont il n'a pas fini de savourer les délices. Ainsi, c'est à sa grand-mère maternelle Céline Guillou que le docteur Louis-Ferdinand Destouches empruntera ce qui est devenu son patronyme: Céline dans son nom de plume Louis-Ferdinand Céline. La démarche du devenir-écrivain[111] chez Tierno Diallo est similaire. Enfant, il était confronté à l'instabilité du ménage et au divorce de ses parents dont il devrait faire les frais. Le divorce introduit l'enfant peul dans la béance de l'impasse et obligé de vivre auprès de sa grand-mère paternelle, il développe un nouvel espace maternel avec celle-ci qu'il avait coutume d'appeler, dans le langage ludique et affectif de l'enfant, Néné Mbo. Aux dires de Tierno Monénembo lui-même, c'est de cet appellatif de la grand-mère qu'il a créé son nom de plume Monénembo qui veut dire "fils de Nénembo". Cette nouvelle appellation est une double métaphore de re-naissance de l'enfant et de réinvention de la mère. Chez Tierno aussi bien que chez Céline, la grand-mère est une reconfiguration de l'espace vacant de la mère. Néné Mbo est un lieu compensatoire où se replie l'enfant pour tenir dans les épreuves de cette première distance par rapport à ses parents et surtout par rapport à son enfance en passe de s'évanouir dans l'orphelinat. Tierno parle d'"une espèce de transgression parentale" par laquelle il se réclame de sa grand-mère, quand il a commencé à écrire, par le pseudonyme de Monénembo[112]. L'invention du nom peut être ainsi assimilé, chez l'enfant, à un exercice de la liberté et à l'instinct de transgression dont le ludique constitue la première variante.

Outre cette dimension de complicité entre mère et enfant qui participe du bonheur de l'enfance, l'imaginaire francophone propose une autre lecture de l'enfance: il s'agit de sa place dans les exigences du devenir-adulte au sein du strict univers de la tradition. A l'instar de l'enfant noir, c'est dans son petit

---

[111] Le devenir-écrivain est un cheminement, une mutation intérieure où le dialogue avec soi pousse à la création, à l'invention de Soi tel que l'analyse Natalie Heinich dans son essai: *Être écrivain. Création et identité* (2000).

[112] "Il y a eu une espèce de transgression parentale parce que, quand j'avais quatre ou cinq ans mes parents ont divorcé et on a confié mon éducation à ma grand-mère paternelle que j'ai appelé Néné Mbo. Néné en peul ça veut dire Maman, Mbo ne veut rien dire, c'est du langage d'enfant. Quand j'ai écrit mon premier roman, je l'ai publié sous le nom de Monénembo, "fils de Nénembo", faisant de ma grand-mère ma mère" (Tierno Monénembo cité par Christiane Albert, *Francophonie et identités culturelles* (1999): 321-322.

village de Kouamo situé dans les entrailles de la forêt vierge que Kocoumbo, l'étudiant noir a tiré le maximum de profit de son enfance en y forgeant sa personnalité de chasseur valeureux et de digne fils. Il se remarque que c'est dans la sphère traditionnelle du village que le personnage de l'enfant, surtout dans l'Afrique d'avant les indépendances, "joue au jeu de la vérité et de l'insolence, au ravage des conventions et des apparences en bénéficiant d'une large impunité" (Balandier 1985: 47) mais aussi d'une large sagesse. Pour un grand nombre d'écrivains de cette période et même dans les premières années des indépendances tels Ousmane Socé Diop, *Karim: roman sénégalais* (1935), Abdoulaye Sadji, *Nini, la Mûlatresse du Sénégal* (1951), *Maïmouna, petite fille noire* (1958), David Ananou, *Le fils du fétiche* (1955) etc., le village est le royaume de l'enfance merveilleuse où s'exalte un apprentissage de la vie porté vers la quintessence et la fusion harmonieuse avec la nature, au point que tout éloignement devrait être contrôlé et régi par des rituels afin d'éviter que l'enfant ne se perde dans son devenir-adulte. Ces rituels établissent une liaison mystique avec l'espace traditionnel qui assure à l'enfant la capacité de toujours rester près des siens même dans la distance géographique. Il y a dans la pensée de l'enfance l'angoisse d'un exil douloureux dont la famille entend prémunir l'enfant dans sa rupture précoce avec le noyau familial. Dans le roman d'Aké Loba (1960), une semaine avant de quitter la terre de ses aïeux, les parents du protagoniste Kocoumbo organisèrent un sacrifice afin de permettre aux mânes des ancêtres de veiller sur le fils appelé à affronter seul le monde inconnu de l'Europe. Quant à Kofi Marc Tingo, le héros de *L'initié* (1979) d'Olympe Bhêly-Quenum, ainsi que son cousin Anani Ségué n'Di, avec qui on le redécouvre plus tard dans une autre œuvre: *Les Francs-maçons* (Bhêly-Quenum 1997), ils ont passé l'enfance sous la protection mystique de leur oncle Atchè, le maître des initiés. Celui-ci les forme aux secrets ésotériques susceptibles de leur permettre de porter partout leur terroir et d'être Hommes parmi les autres enfants. L'attention particulière portée par Olympe Bhêly-Quenum à une parfaite maturation de l'enfance rejoint de très près la préoccupation de Camara Laye de fournir à l'enfant l'harmonie du cadre socioculturel qui lui permette de faire un apprentissage adéquat de la vie sans passer outre des étapes indispensables. En effet, dans son roman, au ton exemplairement touchant, *Un enfant d'Afrique* (1970), Olympe Bhêly-Quenum retrace l'itinéraire singulier d'un enfant au nom de Ayao dont la vie et le quotidien contrastent avec le misérabilisme au miroir duquel l'enfant africain est généralement perçu. Elevé dans un cadre familial et social des plus harmonieux, il partage avec ses parents le savoir qu'il découvre à l'école, les ouvrant ainsi à une autre vie capable de combiner mystère et cartésianisme.

De manière générale, l'oncle comme la grand-mère participent de l'enclave familiale. On pourra évoquer le rôle joué par l'oncle N'Dabian auprès du jeune Climbié dans le roman éponyme de Bernard Dadié (1996). Auprès de lui l'enfant "apprend son métier d'homme" (Dadié 1996: 15) en se formant aux travaux champêtres et à toute la philosophie agnie.[113] Substituts du père et de la mère, l'oncle et la grand-mère assurent dans le meilleur des cas une proximité privilégiée à la topique de l'enfance en prolongeant ou en réinventant la chaleur parentale.

L'enfance ainsi construite dans le faste du traditionnel permet à l'écriture de déployer une volupté narrative où enfance et nature se résorbent dans une profonde spécularité. Le plaisir de l'enfant noir chassant les oiseaux sur la route menant à Tindican, village de ses oncles, se prolonge dans la naïveté jubilatoire du jeune Dansou autour duquel est tissé le récit du *Fils du fétiche* (1955) de David Ananou. Dans son petit village de Séva au Sud de Lomé où il a vu le jour avec la bénédiction du Dieu Serpent (Dan) auquel il doit son nom de Dansou, le héros de l'unique roman de David Ananou mène une vie paisible sous la protection de tous les féticheurs de la région. Garçon exceptionnellement doué, il se fait remarquer par ses talents de pêcheur, de penseur et devient une référence pour les autres garçons de son âge. Comme l'enfant noir, sa distraction favorite est de savourer les délices de la nature, de chasser les oiseaux, de les dénicher et de les mettre en cage. Pour Climbié, le double fictionnel de Bernard Dadié, le village est un lieu d'initiation aux richesses de la tradition orale, aux secrets de la nature contrairement à la ville de Gorée au Sénégal où, admis à l'Ecole Normale Supérieure William Ponty, il va faire l'expérience de la brutalité coloniale, de la dévaluation de sa culture, de la perte de sa langue et surtout l'expérience de la dépouille de son enfance.

Il n'y a pas de doute que le projet implicite qui sous-tend la plupart des œuvres produites pendant la période faste de la colonisation et pendant la première décennie des indépendances est de faire de l'espace traditionnel du village, le lieu de préservation d'un idéal social qui trouve sa parfaite expression dans les représentations ennoblies de l'enfance. La carte de l'enfance que tracent les différentes œuvres a pour centre le noyau familial dont le village tout entier n'est qu'une forme dilatée. Une telle harmonie formule une image équilibrée de l'enfant dont la figure extrême sera Samba Diallo, l'un des personnages les plus complets et les plus denses de toute la littérature africaine de langue française. Formé dans la pure tradition des Diallobés et particulièrement pris en estime par le maître coranique Tierno ainsi que par la charismatique sœur du Chef des Diallobés: La Grande Royale, Samba Diallo est un enfant précoce, singulièrement doué qui aura connu une

[113] Les agnis constituent un groupe social au Sud de la Côte d'Ivoire. Ils sont généralement présentés comme un sous-groupe des Akan venus du Ghana.

vie enviable sous le toit familial et sous l'attention de la communauté diallobé tout entière. Il est pressenti et choisi pour être le stratège de la démythification du pouvoir colonial en allant, en éclaireur, étudier la science et "l'art de vaincre sans avoir raison" du colonisateur. Pour la Grande Royale:

> L'école étrangère est la forme nouvelle de la guerre que nous font ceux qui sont venus, et il faut y envoyer notre élite, en attendant d'y pousser tout le pays. Il est bon qu'une fois encore l'élite précède. S'il y a un risque, elle est la mieux préparée pour le conjurer, parce que la plus fermement attachée à ce qu'elle est. S'il y a un bien à tirer, il faut que ce soit elle qui l'acquière la première. (Kane 2002: 47)

Mais pourquoi cette idéalisation du cadre traditionnel du village? Y aurait-il, de la part des écrivains de l'époque, une méfiance à l'égard de la modernité? Chez certains, l'opposition entre la ville – lieu de l'insuccès, de la dépravation des mœurs, de la désocialisation, de la déshumanisation – et le village – symbole de cohésion et de surveillance de l'éthique sociale – est bien nette. Ainsi, avec *Maïmouna* (1953), Abdoulaye Sadji prend avec ferveur le parti du village représenté comme l'espace idéal de la trame de l'enfance. Son héroïne, Maïmouna avant les déboires subis dans la fameuse ville de Dakar avait connu auprès de sa grand-mère dans le petit village de Louga bonheur et sérénité. Tout porte à croire que le village, lieu de circulations des valeurs traditionnelles fortement conservatrices serait l'espace d'un épanouissement certain où soumis à la bienveillance des dieux, à la sagesse des vieux et à la largesse de la communauté l'enfant est assuré d'un destin glorieux minutieusement conçu par les parents et loyalement entretenu par toute la communauté.

La littérature africaine des années 50-70 est restée intimement liée aux mutations subséquentes de l'enfance. Ainsi, la peur de l'inconnu que représenterait la ville africaine en plein chantier avec des structures nouvelles pousse à un réflexe de préservation de l'enfance contre les tendances perturbatrices et d'altération identitaire de la "ville cruelle" telle que le nommera Eza Boto/Mongo Béti (1954). Car si l'intérêt même de la société et de son évolution face aux nouvelles exigences socio-économiques rendent impossible l'enfermement de l'enfance dans le cercle de la tradition, du microcosme familial, le passage du village à la ville et de la ville[114] à l'Europe est vécu par la plupart des écrivains: Camara Laye (1953), Aké Loba (1960), Bernard Dadié (*Un nègre à Paris*, 1959), Mongo Béti (*Ville cruelle*, 1954; *Le pauvre Christ de Bomba*, 1956), Olympe Bhêly-Quenum (*L'initié*, 1980), Francis Bebey (*Le fils d'Agatha Moudio*, 1967) etc., comme un choc qui pousse l'adulte à chercher en lui l'enfant qu'il fut et/ou l'enfance qui manque. Avec *Kocoumbo, l'étudiant noir* (Loba 1960), on découvre un adolescent pris dans le dilemme de se situer par rapport à la ville et au village, à la tradition et à la modernité. Et avant même qu'il ne puisse se retrouver, son père, le patriarche du village décide de l'envoyer en France. Dopé par le rêve du splendide Paris auquel se résume en Afrique la France, tel Tanhoe Bertin le héros de *Un nègre à Paris* (Dadié 1959), il se distancie de ses amis, mais sera vite désenchanté par ce monde infernal où il n'arrive pas à (re)trouver ses repères.

Néanmoins, si par transposition, les écrivains de la première génération font de l'enfant une "projection de l'adulte" (Dolto 1985: 51) dans l'espace intimiste, idéalisé mais dogmatique de la famille et du village, leur travail d'écriture au-delà des zones de turbulence que crée la délicate transition entre le village et la ville, la ville et l'Europe s'assortit, en filigrane, d'une interrogation forte: le village et la tradition sont-ils tant un absolu de référence en ce qui concerne l'enfance?

La problématique de l'enfance noire

Pour répondre à cette interrogation, un constat s'impose. L'apologie de l'enfance dont on semble déplorer l'évanescence dans le solvant de la ville, de l'Europe et de la modernité ambiante repose sur des considérations fort subjectives. La famille vantée par Laye, Aké Loba, Dadié, Ananou ou Bhêly-Quenum se fait, dans un grand nombre de romans le lieu où l'enfant et l'enfance sont graduellement dévoyés. Ainsi avec *Une vie de boy* (1956) de Ferdinand Oyono, l'espace familial devient un enfer dans lequel l'enfant répugne à vivre d'où l'obsession de la fugue. Le protagoniste, Toundi Ondoua Joseph, y fuira la cruauté de son père pour se réfugier sous les bonnes grâces du Père Gilbert qu'il va malheureusement perdre très tôt. Livré à lui-même et désormais condamné à la servitude dans le monde colonial de l'homme blanc, il échoue dans son rêve de donner un sens à son enfance en recouvrant

[114] On pourra lire, à propos de la difficile transition du village vers la ville l'étude de Immaculada Díaz Narbona, "La ville africaine entre la tradition et la modernité: *Karim* d'Ousmane Socé Diop" (2001).

l'affection. Le monde qu'il découvre n'est pas celui qu'il espérait dans son innocence, sa naïve bonhomie et ses représentations de la société des adultes. Même le Blanc dont il s'est fatalement épris et en qui il cherche la chaleur parentale perdue ne lui sera d'aucun secours. Recueilli par le Père Gilbert, il devient, après la mort de celui-ci, l'enfant qui en sait trop, le témoin de l'adultère de la femme du commandant. Sa fin sera des plus atroces et dénote d'une dévaluation générale de l'enfant.

Ce roman innove le délicat rapport entre l'enfance et l'ascendance parentale et peut à raison être considéré comme une nouvelle brèche dans l'imaginaire littéraire africain. Le projet littéraire de Tierno Monénembo, notamment dans quatre romans: *Les écailles du ciel* (1986), *Un attiéké pour Elgass* (1993), *Cinéma* (1997), *L'aîné des orphelins* (2000), s'inscrit dans la même veine. Ce qui est commun à ses œuvres, c'est la figure de l'enfant illégitime et indésirable, errant et sans ancrage, contraint par les contingences sociales de se prendre en charge en livrant à la vie une guerre acharnée de survie. La première figure de l'enfant errant est fournie par *Un attiéké pour Elgass* où l'horreur de la dictature pousse tout le monde, y compris les enfants, à l'aventure à l'instar de Idjatou, la petite sœur d'Elgass qui, au dire de ce dernier, n'avait même pas l'âge de cueillir une aubergine. Mandatée par sa mère pour faire le voyage de Bidjan, la tumultueuse capitale ivoirienne, dans le but de récupérer le *sassa*[115] de feu son frère supposé protéger tout le clan, Idjatou, en réalité fait partie de ces enfants que le pays dans sa folie expulse ou au pire massacre. Bidjan n'est qu'une étape dans ce défi d'affronter seul, malgré l'âge impubère, la vie d'adulte. Malheureusement, la petite Idjatou ne réalisera pas son rêve de s'envoler pour Bruxelles pour y entreprendre des études. Elle sera déflorée par l'un de ces naufragés guinéens dans l'enfer de la capitale ivoirienne et se suicidera, profondément blessée. L'introuvable *sassa* de son frère qu'elle est venue chercher et qui préserverait la famille des "sept malheurs qui guettent le voyageur: la faim et la soif, la maladie et la honte, l'injure et l'asservissement, la folie que provoque les morsures du scorpion" (Monénembo 1993: 75) ne lui a été d'aucun secours. Elle était, comme un nouveau-né, encore fragile dans les épreuves de l'exil et son sort témoigne d'une enfance sacrifiée autant par le pouvoir politique que familial. Et en privilégiant ainsi le factuel, le récit de Tierno Monénembo donne toute la mesure de la situation catastrophique à laquelle sont confrontés la plupart des enfants où partir, fuir et mourir renvoient à la même issue: l'impossible enfance. Idjatou, comme toutes les petites filles qui fuient les foyers de guerre implicite ou explicite se trouve fatalement destinée à se prostituer pour (sur)vivre.

---

[115] Dans le récit, il s'agit d'un fétiche protecteur de la lignée.

Mais si *Un attiéké pour Elgass* (1993) plonge dans un univers où l'élément perturbateur de l'enfance est l'Etat censé la protéger, l'hypothèse qui traverse l'œuvre de Tierno Monénembo est que l'enfance, quelles que soient les valeurs que la rhétorique sociopolitique lui accorde est un leurre. Son œuvre est une représentation de l'enfant sans enfance, un regard sur l'illusion de l'enfance dans un monde dominé par la violence. Son énigmatique personnage de Cousin Samba, le protagoniste de *Les écailles du ciel* en est une parfaite illustration. Enfant sans enfance, Cousin Samba est né sous le double signe de la malédiction et du bannissement. Sa mère Diarraye l'aurait conçu dans l'adultère avec le grand séducteur Kékouta auquel nulle femme ne résiste. Avant même sa naissance, Cousin Samba est exposé au courroux de Hammadi, l'époux cocufié et humilié qui en deviendra, malgré lui le père. Sa mère abandonnée par tous est en passe de devenir folle. Elle erre dans la forêt jusqu'au jour où, remis de son humiliation son mari vient la chercher. Néanmoins, les sentiments éprouvés à l'égard de l'enfant illégitime vont lever le voile sur un phénomène social pour le moins pernicieux: l'enfant illégitime est voué aux gémonies. Le caractère problématique de l'enfant rejeté du fait de son statut de 'produit d'adultère' fut déjà esquissé avec une pointe d'humour par Francis Bebey dans le palpitant roman *Le fils d'Agatha Moudio* (1971) où, Mbenda le père de l'enfant illégitime a fait lui-même l'expérience de l'enfance noire en tant qu'orphelin. Une telle expérience lui permet de se ressaisir et de mener une réflexion qui a statut d'un hymne à l'enfance:

> Les enfants, qu'ils viennent du péché de l'enfer, ou qu'ils sortent des meilleurs moules du ciel, se ressemblent tous. Ils descendent tous du même arbre de la Vie, celui-là dont les branches ressemblent à la nullité des races, et les feuilles aux mille caractères des hommes [...]. Ils viennent au monde, tous gracieux et beaux, parlant le même langage muet de la paix et de l'amitié. Plus tard, hélas, plus tard, ils parleront celui combien plus bruyant et sot de la raison insensée qui fait la guerre et le racisme. (Bebey 1971: 207f.)

L'adultère anticipe sur la relation à l'enfant dont le statut entièrement négatif de paria, le porte à se dissoudre, malgré lui, dans le paradigme de l'enfant indésirable. Désormais, Cousin Samba est jugé par rapport à une norme, à une typologie attendue de l'enfant légitime en lequel le père aime à se reconnaître. Rappelant, aussi bien à la mère qu'au père une douloureuse et fâcheuse mémoire, l'enfance de Cousin Samba se déroule insidieusement dans la haine du père cocufié, l'amertume de la mère désillusionnée et le mépris de la société. On s'accorde partout dans le village de Kolisosko à voir en lui, dès sa naissance, un véritable monstre dont le portrait alimente les commentaires. Loin d'être considéré comme un enfant, il est présenté comme "la chose". Son "père", le mari de sa mère le rejette avec un rare dédain pour ne pas avoir à assumer la moindre responsabilité: "Le mari montrait la chose et vociférait au bord de l'hystérie: Ce n'est pas à moi, ce cauchemar! Non, ce n'est pas à moi!" (Monénembo 1986: 37). Quant au grand-père Sibé qui va accepter de s'occuper de l'enfant:

> Ce bébé faisait la moue. Ça, je l'ai vu tout de suite, bien qu'il fût encore trempé des eaux vivifiantes. Il nous glaçait le sang avec ses yeux qui regardaient un autre monde. Devant son corps qui ne bougeait pas, on se sentait coupable. Houm! Dès sa naissance, j'ai su que ce bébé-là n'était pas comme les autres. (Monénembo 1986: 36)

En faisant de lui un monstre, on en fait un modèle défectueux opposé à une poétique sociale de l'enfant normal. On semble, sur une échelle autre que celle de l'art, renouer avec la pensée du monstre et du monstrueux dont Mathieu Brunet (Brunet/Université de Provence 2008) propose une lecture bien saisissante. Publiquement désigné par le démonstratif péjoratif de "ça", Cousin Samba est devenu la créature abjecte dont on se méfie et dont on a peur. Le village met à son compte tous les malheurs qui peuvent advenir. C'est à cause de lui que le vieux Sibé mettra le feu à l'école coloniale, ce qui leur vaut, à tous les deux, le bannissement du village. A la mort de son grand-père, le jeune Cousin Samba n'aura d'autre choix, dans l'impossibilité de revenir chez lui, que de prendre le large. Dans la communauté sociale, l'enfance illégitime gêne, il met au défi la prétendue harmonie dont on a souvent fait l'apologie. Du point de vue de l'affect, la société que présente Tierno Monénembo est loin d'accepter l'enfance comme une phase neutre de la vie dès lors que l'enfant peut en faire les frais.

Les systèmes de représentation de l'enfant dans l'espace socioculturel varient selon les besoins et un ordre référentiel où, à la fois sujet sociologique et sujet biologique, l'enfant indispose l'adulte pris au piège de l'intolérance et du défi de la différence. Ce que l'on peut admettre comme agissant dans cette démarche de relocation de l'enfance par l'adulte est de l'ordre du fantasme en tant que nécessité inconsciente de se représenter l'enfance comme lieu de tous les paradoxes. On pourrait avancer ici l'hypothèse d'un pathos de l'enfance que symboliserait l'orphelin: l'enfant qui a perdu son père et sa mère ou l'un des deux. Tout se passe comme s'il y avait une invalidation de l'enfant et de l'enfance privés de la protection des parents biologiques. En la matière, le conte offre des exemples probants tel *Le pagne noir* (1955) de Bernard Dadié.

Dans ce conte qui prête son titre à l'œuvre, la petite Aiwa ayant perdu sa mère dès le bas-âge, est livrée à la cruauté de sa marâtre. Jalouse et envieuse de la bonne humeur de l'orpheline, décidée à lui rendre la vie dure pour l'obliger à fuir la maison familiale et se livrer à la rue, la marâtre lui donne un pagne noir avec pour consigne de le rendre blanc par la lessive. Dans son voyage pour trouver l'eau possédant cette vertu de blanchir un pagne noir, l'enfant rencontre des animaux qui tentent de l'aider. Finalement, c'est l'esprit de sa mère qui apparaît pour lui apporter la solution.

Comme il apparaît, l'enfant sans enfance connaît une belle fortune aussi bien dans l'imaginaire littéraire que populaire. On pourrait revisiter, pour plus d'éclairage sur les facteurs de dévaluation de l'enfance, le roman très peu étudié de Tierno Monénembo: *Cinéma*. Publié en 1997, le roman se présente comme un retour fulgurant à des aspects précis de la vie socio-politique africaine en ce qui concerne surtout la question de l'enfance. Tierno Monénembo y décrit la vie d'un "p'tit môme" aux prises avec la misère et la tyrannie familiale. En effet, le jeune Binguel, excédé par l'ambiance révoltante de la maison où règnent en terreur un père tyrannique et deux marâtres insupportables, cherche avec avidité la liberté d'autant plus que l'école de la rigoureuse Mlle Saval, surnommée Mlle Sans-Plis, où il est inscrit ne semble pas lui offrir le cadre de cette liberté tant escomptée. Épris de fugue et d'école buissonnière, il se laisse initier au banditisme, à l'aventure et à l'errance salvatrice par quelques jeunes dont Benté le cow-boy au surnom de Oklahoma Kid et Ardo le cireur de chaussures, le photographe Nabil. Tierno Monénembo nous invite à une traversée de sa culture peule, et de l'histoire de la Guinée sous le règne de Boubou-Blanc: Sékou Touré. C'est sur les écrans de cinéma cependant que Binguel découvre l'actualité politique de la Guinée avec les visites officielles du fameux Boubou-Blanc (Monénembo 1997: 136). Comme dans les précédents romans, la mémoire est le principal cadre dans lequel personnages et événements prennent forme et se réalisent pleinement. On y découvre, comme au cinéma, le cheminement à la fois carnavalesque et pathétique de ce singulier enfant du ghetto familial aux cités urbaines en passant par les contingences de l'école coranique et de l'école coloniale française. Les mômes que l'on découvre sont de vieux cow-boys qui ont longtemps déserté l'incommode statut d'enfant. Ils ont du cran avec leur revolver et sont possédés de l'idée obsessionnelle de se métamorphoser en "caïd". Déjà, avant même qu'il ne quitte l'école sous les injonctions de son ami Benté qui n'y voit qu'une structure insidieuse pour maintenir l'enfant dans le crétinisme ambiant, Binguel n'hésite guère à brandir son couteau à virole. Il rejoint le club des enfants de la rue qui s'est créé un monde en soi où rapts, mensonges, vols, viols, braquages sont au centre des préoccupations. Du coup, Binguel ne supporte plus d'être traité de "petit", de "môme", "d'insignifiante chose" (Monénembo 1997: 20) d'être soumis à l'autorité de quelque ascendance que ce soit et cultive aussi bien psychologiquement que physiquement, un courage insensé pour se prouver à lui-même et aux autres qu'il est un adulte accompli dans un corps d'enfant. Même les coups de feu du véreux Bakiré jaloux de ses goyaviers, de ses épouses et de ses sept filles ne l'intimident plus. L'école de la rue, voilà donc qui assure à l'enfance son rite de passage à un au-delà de l'enfance: "Les épreuves de l'initiation dans les forêts sacrées n'égalent pas ce que [Benté, le chef de bande] m'aura fait endurer" (Monénembo 1997: 22) se glorifie-t-il d'ailleurs. La rue pour l'enfant abandonné est une école de survie et de dépassement. Un lieu de mise à mort de l'enfance subie. Ainsi, c'est à force d'être le larbin de bonne foi de ce caïd de Benté qui ne connaît ni la pitié ni la peur que Binguel décide d'afficher, à la maison en guise de révolte contre la tyrannie de son père, sa sortie d'enfance, de poser les paradigmes de sa propre épopée. Il reste convaincu que devenir Homme, c'est avant tout tenir le pari de se débarrasser de ces "foutus réflexes de mômes" (Monénembo 1997: 24) pour cultiver l'intrépidité et une hargne tenace contre l'ordre établi. Ni parents, ni lois ne commandent la pensée et les actes de ces enfants-adultes libres et libérés du carcan social dans lequel ils ne voient que devoir et soumission. Il se développe chez Binguel ce que Odile Dot appelle "l'opposition agressive" (Dot 1984: 50) et qui se caractérise par le défi à l'adulte et le mépris. A la maison, l'enfant ne se laisse plus commander:

> Mère-Griefs, pour éviter l'infarctus, usa sa colère sur son indolence à elle. A qui la faute si un gamin comme moi ("même pas encore capable d'aller seul au water") prenait des airs de commandant de Cercle! criait-elle en griffant la porte derrière laquelle on entendait tousser Néné Goré. (Monénembo 1997: 41)

L'opposition agressive passe également par un renversement des rôles, l'enfant-personnage utilise le hamac de son père, se montre d'une rare insolence à l'égard de ses parents, décidé à prouver en tout qu'il était "devenu un homme, un sacré petit cow-boy cruel et irrécupérable" (Monénembo 1997: 42) d'autant plus que personne ne peut prévoir ses réactions. Son rêve: quitter l'enfer familial pour un réel épanouissement. Binguel considère l'enfance dans le giron familial comme un modèle manipulé par la tyrannie des normes.

Une démarche similaire à la sienne se retrouve chez un autre personnage-enfant *Johnny chien méchant* (Dongala 2002) et induit à penser que sans mère ou avec un père sans cœur, la notion d'enfance perd toute pertinence pour devenir un concept aléatoire. Rétablir la vérité psychique de l'enfance en mettant en scène son drame intérieur dans le complexe parental où la vie n'est pas toujours le paradis poétiquement construit tel est l'enjeu des 'mômes' qui évoluent dans *Cinéma* (Monénembo 1997) entre la férule du père, les injures des autres et les normes tyranniques de la société. Dans l'impossibilité de jouir de l'enfance, l'enfant la réprime, la déserte. Dans un tel contexte, l'enfant a-t-il d'autres choix que de devenir son propre parent? La fugue, la rue tout en participant de cette opposition agressive participent d'une écriture de plaidoyer en faveur de l'enfance à réinventer.

L'enfant renommé: le bourreau et la victime

Mais comment réinventer son enfance sans autre référence que soi-même? L'exigence de la révolte chez l'enfant abandonné semble d'abord passer par des exigences de survie, de refus de la norme où victime sociale, l'enfant se métamorphose en bourreau en tant qu'aboutissement d'un *devenir autre,* d'un *devenir adulte anticipé.* L'étape la plus tragique de l'enfance noire se résume alors avec acuité au paradoxe de 'l'enfant-héros', de l'enfant *re*-nommé mieux de l'enfant *auto*-nommé, *pseudo*nommé qui traverse de plus en plus la société et l'imaginaire littéraire comme figure d'une représentation nouvelle de l'enfance dévoyée. Cette nouvelle figure dont on a sous estimé au début l'inquiétant devenir et son effet spéculaire de reflet d'une société en perte de repères, s'est imposée, à partir de 1985 avec le roman du Nigérian Ken Saro-Wiwa: *Sozaboy (Pétit Minitaire)* (1998). On y découvre l'histoire d'un enfant engagé dans la guerre comme en une partie de jeu où l'on espère trouver du plaisir. En effet, dans le but de plaire à sa jeune épouse, Méné, un jeune apprenti chauffeur en pleine guerre de Biafra[116] décide de s'initier au maniement des armes pour se laisser ensuite naïvement embarquer dans une violence atroce que sa bonhomie empêche de percevoir dans sa réalité. Surnommé "Pétit Minitaire", il sacrifie son enfance et la paisible vie qu'il menait dans son village au détriment d'une vie d'errance et de violence à la solde des seigneurs de la guerre.

Pétit Minitaire, l'enfant *re*-nommé innove l'enfance bouleversante et bouleversée du "kadogo": l'enfant-soldat dont l'avènement en tant que phénomène sociologique préoccupant et comme perspective nouvelle dans la littérature, engage d'autres significations de l'enfant et de l'enfance. Précoce,

---

[116] La guerre de Biafra est la guerre civile qui a décimé le Nigéria de mai 1967 à janvier 1970, suite à la proclamation de sécession de l'Est du Nigéria, la zone la plus riche du pays. On pourra lire à propos de la guerre de Biafra les ouvrages de Rémy Boutet: *L'effroyable guerre du Biafra* (2004); de Jean Wolf et Claude Brovelli: *La guerre des rapaces - la vérité sur la guerre du Biafra* (1969).

métamorphosé en *sur-enfant*, l'enfant-soldat s'extirpe de la famille, des normes communautaires et de l'identité/identification enfant. La figure du Pétit Minitaire, du Sozaboy connaît rapidement une belle fortune avec la multiplication des foyers de guerre[117], de violence que sont le génocide rwandais (1994), les échauffourées qu'ont connues la plupart des pays dans la fameuse phase de démocratisation fictionnalisée par Florent Couao-Zotti dans le savoureux roman *Le cantique des cannibales* (2004); la guerre du Libéria qui inspire à Kourouma le récit de *Allah n'est pas obligé* (2000), la dévaluation généralisée de l'enfant et de l'enfance bien représentée par Sami Tchak dans *Le paradis des chiots* (2006) qui relance la réflexion sur la société telle qu'engagée par Mario Vargas Llosa dans le célèbre roman *La ville et les chiens* (1962) l'institutionnalisation de la violence comme le montre Tanella Boni dans *Matin de couvre-feu* (2005) consacré à la dérive ivoirienne, etc.

Dans tous ces romans, le changement de paradigme de l'enfant docile à l'enfant insoumis, révolté et bourreau, passe par un acte de re-naissance qui se traduit par un processus de dénomination, où l'enfant cherche à s'incarner dans un nom de guerre qui valide ses actes d'héroïsation.

La dénomination (re-nomination) est un assaut victorieux sur l'identité-enfant. Par sa pertinence, l'enfant n'entend plus se plier à une quelconque identification sociale régie par des traditions de respect et de soumission de l'autorité parentale ou communautaire, mais oblige la société à se reconnaître en cette nouvelle image qu'il se façonne et d'admettre par là l'achèvement de l'enfance et l'affirmation de l'enfant ainsi *re-né*. L'enfant renonce alors à son statut d'enfant, d'impubère, d'inaccompli et s'assume en tant que sa propre référence. Le nom qu'il se choisit légitime cette rupture brutale avec l'ascendance de l'adulte. Il rejette le père – symbole de l'interdit – pour se mettre sous l'égide des seigneurs et sous sa propre gouverne – symbole du permis. Dans sa nouvelle sphère où domine la violence, où il doit tuer pour son ascension sociale, l'enfant ne se soumet plus à l'éthique mais à l'épique; il ne reconnaît plus la loi mais fait la loi. Et, adulte dans l'âme, il se singularise par l'insoumission et s'exprime par le meurtre, le viol, le vol, le massacre, autant d'indices de libération de son enfance qui, à ses yeux ne peuvent rien avoir de répréhensibles. A la limite, la violence rentre dans l'ordre du ludique et du banal comme le montre le récit de *Murambi: le livre des ossements* (Diop

[117] Entre autres la guerre civile au Libéria de décembre 1989 à juillet 1997; la guerre civile en Sierra Leone de mars 1991 à novembre 2000; la guerre civile au Djibouti de novembre 1991 à décembre 1994; la guerre civile en Somalie de 1991 à 2002, le génocide au Rwanda entre avril et juillet 1994; les guerres civiles en République démocratique du Congo (depuis 1997) et de la Côte d'Ivoire depuis septembre 2002, etc. (cf. Sophie Chautard: *Guerres et conflits du XXe siècle*, 2004).

2000) où le massacre des Tutsis est considéré comme un travail qui ne devrait observer le moindre répit:

> Dans d'autres groupes d'Interahamwe, les gars se tapent déjà dessus: l'un veut tuer une fille et l'autre veut la garder pour ses soirées, ou inversement. C'est humain, dira-t-on. Je veux bien, mais, quand on commence à faire des sentiments, on ne peut plus s'arrêter et c'est le travail qui en pâtit.
> Une fois dehors, nous avons vu une meute de chiens rôder autour de Nyamata. Des bandes de gamins attendaient notre départ pour se précipiter dans l'église. Il y avait tant de cadavres qu'ils pouvaient toujours espérer glaner quelque chose, les petits. On m'a même dit qu'ils jouent au foot avec les crânes, mais je n'ai pas encore vu cela de mes propres yeux. (Diop 2000: 111)

Il y a comme une rupture et un renversement du contrat entre l'enfant et l'entourage; il refuse d'être le jouet du monde pour faire du monde son jouet, en accord avec la nouvelle identité de Caïd, d'adulte avant la lettre qu'il croit désormais incarner. A défaut de pouvoir comprendre tout ce qui dépasse son entendement de marginalisé des réalités de la société, l'enfant participe à la violence à la criée, s'y engage avec plus d'acharnement comme pour rivaliser de compétence avec l'adulte. L'incompris et l'incompréhension semblent motiver davantage le parti pris de la violence chez lui. Telle est du moins l'idée que suggère le personnage de Laokolé, l'un des protagonistes de *Johnny chien méchant* (2002) d'Emmanuel Dongala:

> Je ne comprenais pas comment on pouvait bombarder avec des roquettes et des chars une population désarmée et terrifiée sous prétexte qu'on avait repéré dans le quartier une bande de miliciens rivaux [...]. Je ne comprenais vraiment pas. (Dongala 2002: 249)

A l'instar de Faustin Nsenghimana obligé par la situation de devenir le père et la mère de ses frères et sœurs (*L'aîné des orphelins*; Monénembo 2000), de Birahima qui s'engage dans le fameux groupe des Lycaons dans *Allah n'est pas obligé* (Kourouma 2000), l'enfant sans enfance participe ainsi de l'absurde d'un monde auquel il ne veut plus confier son enfance comme lieu d'un cheminement et d'une réalisation de son Moi. C'est surtout avec son roman *Allah n'est pas obligé* (2000), que Kourouma attire l'attention sur le phénomène de l'enfant *re*-nommé. On découvre, le long de l'itinéraire du jeune Birahima, qu'en se re-nommant, l'enfant crée sa renommée, son *renom*, une autre filiation au monde et à la société. Ainsi, plus que le nom qu'il s'impose, c'est essentiellement dans l'acte d'autonomination qu'il marque sa sortie d'enfance, son entrée et sa sortie d'une initiation personnelle, car le nom qu'il se choisit – que ce soit dans *Johnny chien méchant* (Dongola 2002), *Allah n'est pas obligé* (Kourouma 2000), *Charly en guerre* (Couao-Zotti 2001), *Cinéma* (Monénembo 1997), *Matin de couvre-feu* (Boni 2005), *Le paradis des chiots* (Tchak 2006), etc. – est porteur d'une griffe de singularisation, de légende en construction, un sceau de renaissance, une marque de désappartenance à une socialité désavouée. Le nom choisi participe, chez l'enfant d'une quête identitaire qui passe par la force et la volonté de repenser l'enfance, de passer outre les structures socioculturelles[118] inextricables. L'enfant ne se plie plus à une identification sociale mais oblige la société à admettre ainsi l'achèvement de son enfance. Birahima aspirant à devenir Lycaon ou Johnny autonommé "Chien Méchant" renoncent au statut d'enfant, de "môme" en passe de devenir un lieu commun et s'assument comme leur propre ascendance. La plupart des enfants-soldats, des enfants de la violence n'ont plus de parents et ne semblent même pas vouloir en avoir d'où le plaisir du meurtre comme une symbolique du parricide oedipien. De fait, pour un enfant comme Faustin Nsenghimama qui a vu périr son père et sa mère ainsi que des dizaines de personnes, la mort peut-elle encore avoir quelque chose d'effroyable:

> Je ne sais pas qui, de mon père ou de ma mère, succomba le premier. Sont-ils morts foudroyés par une grenade ou achevés à coups de machette et de marteau? Quand je repris mes esprits, je constatai que leurs corps étaient en morceaux sauf la poitrine de ma mère dont les seins en parfait état dégoulinaient encore de leur sang. (Monénembo 2000: 156f.)

Birahima, dans *Allah n'est pas obligé* (Kourouma 2000), est un errant qui aurait bien voulu connaître Mory son père, John, le camarade de Charly dans *Charly en guerre* (Couao-Zotti 2001) a perdu ses parents dans les montagnes où les rebelles les ont massacrés et l'ancêtre de l'enfant-soldat: Pétit Minitaire ne sait plus où chercher sa mère et son épouse Agnès. Quant à Johnny et à son

[118] Pour Béatrice André-Leicknam, les noms de personnes, quels qu'ils soient "sont le plus souvent théophores, c'est-à-dire qu'ils relient l'enfant, par une notion de louange, de remerciement, de service ou d'appartenance à une divinité" (Leicknam 1984: 13).

acolyte Laokolé (Dongola 2002), le même vide parental a transformé leur vie en lutte de survie. En somme, l'absence de mère et de père devient une absence de repères. Et si tous ces enfants se cherchent confusément à travers la violence, c'est en partie parce qu'ils ont un contentieux à régler avec une société qui, visiblement, n'a prévu la moindre issue pour eux, et en laquelle ils ne se reconnaissent pas. Le protagoniste de *Allah n'est pas obligé* (Kourouma 2000) se pose même la question du devenir de l'enfant sans enfance, de l'enfant abandonné et esseulé rejeté dans les marges de la société:

> Et quand on n'a plus personne sur terre, ni père ni mère ni frère ni sœur, et qu'on est petit, un petit mignon dans un pays foutu et barbare et où tout le monde s'égorge, que fait-on? Bien sûr on devient un enfant-soldat, un small-soldier, un child-soldier pour manger et pour égorger aussi à son tour; il n'y a que cela qui reste. (Kourouma 2000: 100)

Ainsi, le nom que ces enfants se choisissent légitime cette rupture brutale avec la société et les propulse dans un imaginaire social qui compense la perte et rend la solitude plus supportable avec les bandes et les gangs comme dans *Le paradis des chiots* (Tchak 2006) où Ernesto, Riki, Laura, Jaunito le Caïd, constituent une bande de chiens qui (se) terrorisent. Sans parents, les enfants mis en scène dans l'imaginaire littéraire, rejettent la norme – symbole de l'interdit – pour se placer sous l'égide de nouvelles marques identitaires qui affichent le libertinage, la violence et même ce que Dany Laferrière désigne par "Le goût des jeunes filles" (Laferrière 2005) – symbole du permis.

Dans cette nouvelle sphère où domine la violence, où il doit tuer pour son ascension sociale, l'enfant sacrifie son enfance. Et, adulte dans l'âme, il se singularise par l'insoumission et s'exprime par le meurtre, le viol, le vol, le massacre avec délectation comme si tout devenait à ses yeux un simple jeu. A la limite, la violence rentre dans l'ordre du ludique et du banal. L'enfant participe ainsi à la folie et à l'absurde de ce monde auquel il ne veut plus confier son enfance comme lieu de cheminement et d'achèvement de son Moi. La dénomination est en accord avec cet usage irrévérencieux du monde. Dans *Allah n'est pas obligé* (Kourouma 2000), on peut noter, en dehors des grades de capitaine, de commandant dont s'affublent les enfants, des noms tout aussi terrifiants de: "Boukary le maudit", "Johnny la foudre", "Sosso la panthère", "Siponni la vipère", "Sékou le terrible"… qui déterminent les Lycaons, ces enfants soldats. De telles dénominations inscrivent l'enfant dans l'intrépidité car, fonctionnant comme noms de guerre, elles effacent toute trace du nom authentique – le *cognomen* – et ont ceci de commun qu'elles construisent une épaisseur épique et signifiante dans la nouvelle perception de leur porteur. Dans la plupart des récits, l'enfant est représenté en prévision de quelques faits d'armes dont l'exceptionnalité devrait l'investir d'une force et d'une férocité dont la dénomination se fait le bréviaire. Le sens et la portée guerrière de ces noms ont quelque chose de fondamentalement sacré[119] ainsi, non seulement le *re-nom* offre une affinité directe avec la violence et la terreur, mais il légitime la conscience du mal, le goût du sang et du meurtre, l'échafaudage d'une hargne animalière. L'un de ces rites de passage dans le hors-enfance, se retrouve précisément dans *Allah n'est pas obligé* (Kourouma 2000), lorsque le général Tieffi explique à Birahima le contenu moral et psychologique de Lycaon, la dénomination du groupe d'élite des enfants-soldats. Ses explications ont valeur d'une cure psychologique destinée à prémunir l'enfant de la peur, le pardon, la pitié:

> T'as connaître ce que c'est un lycaon?
> J'ai répondu non.
> Eh bè, les lycaons, c'est les chiens sauvages qui chassent en bande. Ça bouffe tout; père, mère, tout et tout. Quand ça a fini de se partager une victime, chaque lycaon se retire pour se nettoyer. Celui qui revient avec du sang sur le pelage, seulement une goutte de sang, est considéré comme blessé et est aussitôt bouffé sur place par les autres. Voilà ce que c'est. C'est pigé? Ça n'a pas pitié. T'as ta mère sur place? (Kourouma 2000: 188)

Ces propos initiatiques ont pour intérêt de préparer le jeune enfant-lycaon à mettre définitivement un terme à tout rapport d'ascendance qui empêcherait l'affirmation dans l'intrépidité ou conduirait au 'lâche' sentiment de pitié. En coupant les amarres avec la famille, l'enfant *re-nommé* devient acteur dans une scène que figure l'élément comparé de son nom tels la vipère, la panthère, la foudre, le terrible, le maudit dans l'exemple d'*Allah n'est pas obligé*. Contrairement chez l'adulte où elle semble généralement répondre à des besoins d'euphonie, de masque[120], la dénomination pseudonymique n'est pas,

---

[119] Selon Jean Markale "l'attribution du nom de guerre est d'ailleurs soumise à des règles précises où interviennent nécessairement l'élément sacré. C'est toujours à la suite d'un événement déterminant pour le héros et par lequel il, en quelque sorte, se métamorphoser lui-même: l'attribution du nom est alors un constat, mais ce constat engage magiquement son avenir" (Markale 1983: 31-32).

[120] A ce propos, la réflexion que consacre Dominique Desanti au jeu et enjeux du pseudonyme chez les écrivains sous le titre de "Masquer son nom" (1984) mérite une attention particulière. Desanti explique que le pseudonyme peut être une manière

pour l'enfant, un masque mais une marque, une exaltation de l'enfance dissoute dans la geste de conquête du territoire de l'adulte. Plus question d'être une victime de la société en tant qu'enfant-infantile mais un Vieux os comme l'indique le nom du protagoniste du *Goût des jeunes filles* (Laferrière 2005); le bourreau qui affiche sa terreur dans les injonctions de sa dénomination. La dénomination est sans doute, pour l'enfant-bourreau, une désinfantilisation de l'enfance, et c'est dans une telle perspective que l'interrogation formulée par Desanti à propos du pseudonyme trouve tout son sens: "Se pseudonymer, est-ce passer dans un autre camp?" (Desanti 1984: 91). Desanti admet qu'il y a une espèce de malaise à traîner un nom qui implique l'enfance d'où le désir du pseudonyme qui met un terme aux liens pater-maternels en vue de se reconfigurer autrement. Dans les fictions relatives aux enfants sans enfance, se dégage le soupçon qu'en s'auto-nommant, l'enfant se désengage de l'implicite contrat social qui le lie aux normes. Aussi la terreur du *re-nom* est-elle l'expression d'un écart par rapport aux règles et aux enjeux de la famille, de la communauté, du clan. Même en se limitant à la dénomination générique de "Enfant", l'imaginaire littéraire ne manque pas d'évoquer la grandeur héroïque dont se réclame l'enfant re-nommé et qui transite par des titres de l'armée supposés exalter de possibles faits d'armes à travers une violence inouïe. Le narrateur de *Babyface* (Kwahulé 2006), parlant de la répression sanglante qui a transformé la capitale Little-Manhattan de la fameuse république démocratique d'Eburnéa en ville fantôme sous le règne du dictateur Adama Katatjé, évoque le pullulement de ces enfants-soldats sans foi ni loi. Livrée à "l'insouciance guerrière d'enfants-caporal, d'enfants-sergent, d'enfants-capitaine, d'enfants-colonel, d'enfants-général, d'enfants-maréchal… d'enfants aux corps trop frêles pour les armes qui les ceinturent" (Kwahulé 2006: 10), la ville est un sinistre terrain de jeu de massacres. De fait, tous ces noms que s'octroient les enfants sans enfance, tous ces titres dont les seigneurs de guerres les affublent participent d'un pouvoir d'essentialisation qui fait passer de l'enfant au guerrier, de l'innocence à la violence, de la naïveté à la cruauté.

Inscrite au registre de la bravoure et de l'héroïsation, la violence de l'enfant re-nommé est proposée en modèle aux autres enfants. Néanmoins, les dénominations héroïques que ces enfants se choisissent, les stratégies discursives par lesquelles ils sont affectés au rôle de bourreaux, l'illusion de grandeur dans laquelle ils se trouvent, obligés de tuer pour le plaisir et pour

---

d'amplifier le nom à la hauteur de l'être que l'on sent en soi, il peut répondre aussi à un besoin de mystification comme chez Romain Gary, ce Jules Ajar qui a réussi l'exploit de la réincarnation et de la dissimulation de son identité.

une cause juste qu'ils ignorent pourtant, posent la délicate question du rapport de l'enfant à l'enfance. Dans la plupart des romans, l'enfant est déjà un adulte engagé dans une folie qui l'ouvre à tous les interdits. Il est le symbole d'une force nouvelle qui ignore son autodestruction car ne comprenant pas les véritables enjeux de la violence dans laquelle il est impliqué, il en fait un jeu qui légitime sa force et son pouvoir. A la limite, l'enfant sans enfance devient, comme le montre Sami Tchak dans *Le paradis des chiots* (2006), un chien sans maître ni lois, expression d'un monde complexe dans lequel le monde peine à se reconnaître. La société que donnent à découvrir ces œuvres est synonyme d'un nouveau paradis, "le paradis des chiots", cet "El Paraiso" que décrit admirablement Sami Tchak avec des enfants candides et caïds, fragiles et sanguinaires qui, pour la survie quotidienne, se prostituent, (s'entre)tuent, pillent, volent avec une rare violence.

Conclusion

Désormais, l'enfant devient le schème narratif d'une structure paradoxale où il est obligé de s'assumer et d'assurer seul sa place entre la délinquance et la déliquescence, contraint à la violence par les adultes et par les urgences de la révolte et de la réinvention de son enfance. Somme toute l'enfance n'est plus, en raison des configurations des mentalités, une étape obligée dans le *devenir-adulte* mais une histoire que chacun s'écrit différemment. Enfant ne rime pas forcément avec enfance; il y en a qui l'ont connue et y retournent de mémoire en pèlerinage tel le héros de Camara Laye ou qui, parce qu'ils sont enfants illégitimes, orphelins n'en connaissent ni le charme ni le goût. Il y en aussi qui la subissent et y périssent et en lesquels, cyniquement et sadiquement le monde adulte voudrait voir des héros: ce sont les enfants re-nommés, les enfants-soldats, les enfants-kalachnikov, les chiots, les kadogos…, expression crue d'un oxymore peu glorieux: la barbarie ludique, la violence infantile. En ce qui concerne la littérature, elle devient le lieu d'un double constat: celui d'un mauvais usage de l'enfance qui infantilise de plus en plus la société; et celui de l'émergence d'une figure de l'enfant-monstre, ni enfant ni adulte, ni responsable ni irresponsable, ni monstrueux ni glorieux qui, à terme se fait la figure la plus problématique et la plus paradoxale aussi bien de l'imaginaire que de l'inimaginable.

Références bibliographiques

Albert, Christiane (1999), *Francophonie et identités culturelles.* Paris: Karthala.

Ananou, David (1955), *Le fils du fétiche.* Paris: La Savane.

André-Leicknam, Béatrice (1984), "La signification du nom en Mésopotamie", dans: *Corps Ecrit*, N° 8, *Le Nom.* Paris: PUF, 9-16.

Balandier, Georges (1985), *Le détour. Pouvoir et modernité.* Paris: Fayard.

Bebey, Francis (1971), *Le fils d'Agatha Moudio.* Yaoundé: Éditions Clé.

Béti, Mongo (1956), *Le pauvre Christ de Bomba.* Paris: Présence Africaine.

Bhêly-Quenum, Olympe (1970), *Un enfant d'Afrique.* Paris: Éditions Larousse.

Bhêly-Quenum, Olympe (1979), *L'initié.* Paris: Présence Africaine.

Bhêly-Quenum, Olympe (1997), *Les Francs-Maçons*, Cotonou: Les Éditions Wloguèdè.

Boni, Tanella (2005), *Matin de couvre-feu.* Paris: Le Serpent à Plumes.

Boutet, Rémy (2004), *L'effroyable guerre du Biafra.* Paris: Africa Éditions.

Brunet, Mathieu/Université de Provence (2008), "Récits d'enfantement monstrueux et d'autres singularités de la nature et critique de la normativité de l'imitation dans le discours esthétique du XVIIIe siècle", *Construire l'exemplarité*, http://www.fabula.org/colloques/document339.php (24.11.2009).

Chautard, Sophie (2004), *Guerres et conflits du XXe siècle.* Paris: Librio.

Couao-Zotti, Florent (2001), *Charly en guerre.* Paris: Dapper.

Couao-Zotti, Florent (2004), *Le cantique des cannibales.* Paris: Le Serpent à Plumes.

Dadié, Bernard B. (1955), *Le pagne noir.* Paris: Présence Africaine.

Dadié, Bernard B. (1996 réédition [1956]), *Climbié.* Abidjan: Douga/Paris: Seghers [1953].

Dadié, Bernard B. (1959), *Un nègre à Paris.* Paris: Présence Africaine.

Desanti, Dominique (1984), "Masquer son nom", dans: *Corps Ecrit*, N° 8, 91-98.

Díaz Narbona, Immaculada (2001), "La ville africaine entre la tradition et la modernité: *Karim* d'Ousmane Socé Diop", dans: *International Journal of Francophone Studies*, vol. 4, N° 1, 24-32.

Diop, Boris Boubacar (2000), *Murambi: le livre des ossements.* Paris: Stock.

Dolto, Françoise (1985), *La cause des enfants.* Paris: Laffont.

Dongala, Emmanuel (2002), *Johnny chien méchant.* Paris: Le Serpent à plumes.

Dot, Odile (1984), *Agressivité et violence chez l'enfant et l'adolescent.* Verviers: Nouvelles Éditions Marabouts.

Eliade, Mircea (1957), *Le sacré et le profane.* Paris: Gallimard.

Eza Boto (Mongo Béti) (1954), *Ville cruelle.* Paris: Présence Africaine.

Heinich, Natalie (2000), *Être écrivain. Création et identité.* Paris: La Découverte.

Jankélévitch, Vladimir (1974), *L'irréversible nostalgie*. Paris: Flammarion.
Kane, Cheikh Hamidou (2002 réédition [1961]), *L'aventure ambiguë*, Paris: Union générale d'éditions.
Kourouma, Ahmadou (2000), *Allah n'est pas obligé*. Paris: Seuil.
Kwahulé, Koffi (2006), *Babyface*. Paris: Gallimard.
Laferrière, Dany (2005), *Le goût des jeunes filles*. Paris: Grasset.
Laye, Camara (2007 [1953]), *L'enfant noir*. Paris: Plon.
Leiris, Michel (1973), *L'âge d'homme*. Paris: Gallimard.
Loba, Aké (1960), *Kocoumbo, l'étudiant noir*. Paris: Flammarion.
Marc-Lipiansky, Edmond (1978), "Groupe et identités", dans: Guy Michaud (Sous la direction de), *Identités collectives et relations inter-culturelles*. Bruxelles: Éditions Complexes, 59-88.
Markale, Jean (1983), "Le nom, la parole et la magie", dans: *Corps Ecrit*, n°8, 29-39.
Monénembo, Tierno (1986), *Les écailles du ciel*. Paris: Seuil.
Monénembo, Tierno (1993), *Un attiéké pour Elgass*. Paris: Seuil.
Monénembo, Tierno (1997), *Cinéma*. Paris: Seuil.
Monénembo, Tierno (2000), *L'aîné des orphelins*. Paris: Seuil.
Ottevaere-van Praag, Ganna (1996), *Le roman pour la jeunesse: approches, définitions, techniques narratives*. Frankfurt/Main: Peter Lang.
Oyono, Ferdinand (1956), *Une vie de boy*. Paris: Julliard.
Sadji, Abdoulaye (1953), *Maïmouna, petite fille noire*. Paris: Présence Africaine.
Saro-Wiwa, Ken (1998), *Sozaboy (Pétit Minitaire). Roman écrit en anglais "pourri" (Nigeria)*. Arles: Actes sud.
Siganos, André (1999), *Mythe et écriture. La nostalgie de l'archaïque*. Paris: PUF.
Socé Diop, Ousmane (2000 [1935]), *Karim: roman sénégalais*. Paris: Nouvelles Éditions Latines.
Tchak, Sami (2006), *Le paradis des chiots*. Paris: Mercure de France.
Typamm, Paul Akakpo (1980 réédition [1955]), *Rythmes et cadences. Poèmes et contes d'Afrique*. Champigny-Sur-Marne: Les Éditions Akpagnon.
Vargas Llosa, Mario (1962), *La ville et les chiens*. Paris: Gallimard.
Wolf, Jean/Brovelli, Claude (1969), *La guerre des rapaces - la vérité sur la guerre du Biafra*. Paris: Albin Michel.

Enfant et soldat en Afrique: représentations littéraires et médiatiques de l'enfance-violence

Isaac Bazié

Les victimes des violences qui ont secoué le monde et particulièrement l'Afrique pendant les dernières décennies ont marqué le continent avec une nouvelle figure complexe, produit des conflits postcoloniaux: celle de l'enfant soldat. Il est sans aucun doute établi que cette figure de l'enfant impliqué dans la guerre n'est pas le fait seulement des guerres postcoloniales, ni du contexte africain; ce qui est particulier dans ce cas-ci, c'est la gradation du phénomène et sa médiatisation. Par conséquent, il y aurait quand même lieu de parler de rupture. Le contexte de violence qui a marqué la figure de l'enfant-soldat passe d'abord par la prise en otage d'enfants obligés de porter les armes et de s'impliquer dans des conflits dont ils deviennent les instruments. Cette violence est directe et instrumentalise les plus fragiles dans l'atteinte d'objectifs très discutables. Grâce à elle se forgent les différentes variations de la figure de l'enfant-soldat, aussi bien dans les textes littéraires que dans les discours journalistiques que nous verrons. Lorsqu'on considère les discours littéraires et médiatiques sur l'Afrique des dernières décennies, on se rend compte que la représentation de l'enfant a changé par rapport à ce qu'on en a dit de par le passé. L'enfance est devenue ces derniers temps ce passage obligé qui permet de fédérer deux faits majeurs: celui de l'Afrique des guerres et des ténèbres, et celui justement de l'enfant, victime et acteur non imputable de ses actes, d'atrocités inouïes.

Il faut noter que ces ruptures importantes sont liées au contexte social et historique dans lequel on situe la question. Si la violence semble être, dans ses diverses manifestations et telle qu'on l'a observée, l'élément marquant de cette exacerbation de la figure de l'enfant soldat, on pourrait remarquer qu'il y avait également violence dans les années antérieures, avec quelques représentations littéraires bien connues. Certes, des enfants comme Samba Diallo ont été victimes d'une certaine violence. Mais Samba Diallo enfant, dont le corps porte les traces de l'éducation sévère qu'il a reçue, s'inscrit dans un contexte de violence "constructive", intégrée et sensée forger l'âme et le caractère de l'enfant. C'est une violence socialisante et non marginalisante. Elle trouve son théâtre à l'intérieur du cadre normatif d'une culture et d'un contexte social donnés, et n'a rien à voir avec celle à laquelle participera la figure de l'enfant soldat quelques décennies plus tard.

L'enfant soldat tel qu'il se présente actuellement marque par conséquent une sorte de rupture par rapport au passé. Cette figure, somme toute singulière, évolue dans diverses formes de médias et devient l'objet de perceptions et de représentations multiples sur lesquelles je m'arrêterai dans la présente réflexion. Il s'agira par conséquent de s'interroger d'un point de vue diachronique sur les contextes qui l'ont vu naître, mais également de considérer de manière critique les modalités de la représentation et les conditions de licitation d'une figure devenue si populaire. Trois auteurs retiendront mon attention: en effet, les textes de Camara Laye, d'Ahmadou Kourouma et de Kossi Efoui serviront à marquer les ruptures que nous observons et qui font de la figure de l'enfant soldat un élément ambivalent dans les représentations et les appropriations dont elle est l'objet.

1. "J'étais enfant"

L'enfant noir (1995 [1953]) de Camara Laye n'est pas seulement un classique de la littérature africaine, il est également un monument qui a été publié avec l'ambition de rendre compte d'une réalité africaine et d'un parcours dont l'atmosphère, dépassant la singularité du vécu de l'enfant, se conçoit comme un modèle.

> J'étais enfant et je jouais près de la case de mon père. Quel âge avais-je en ce temps-la? Je ne me rappelle pas exactement. Je devais être très jeune encore: cinq ans, six ans peut-être. Ma mère était dans l'atelier, près de mon père, et leurs voix me parvenaient, rassurantes, tranquilles, mêlées à celles des clients de la forge et au bruit de l'enclume. Brusquement j'avais interrompu de jouer, l'attention, toute mon attention, captée par un serpent qui rampait autour de la case; et je m'étais bientôt approche. J'avais ramassé un roseau qui trainait dans la cour [...] et, à présent, j'enfonçais ce roseau dans la gueule de la bête. Le serpent ne se dérobait pas: il prenait goût au jeu.
> (Laye 1995: 10)

Parce qu'il se pose comme un modèle classique au plan de la réception, et surtout parce que le parcours de l'enfant présent dans ce texte autobiographique est aux antipodes de ce que nous lisons sur les enfants soldats, le récit de Camara Laye nous permet de mettre en évidence des caractéristiques qui vont de pair avec l'innocence et la beauté qui se rattachent à cette période de la vie.

La première phrase du livre est devenue célèbre et est connue de tout jeune africain ayant été minablement scolarisé. Elle a une force illocutoire révélatrice de toute la portée du récit autobiographique: "*J'étais enfant* et je jouais près de la case de mon père" (Laye 1995: 10).

Ce "J'étais enfant" fait tout d'abord de l'enfance une construction à posteriori, un temps et un état dont la conscience est foncièrement tributaire d'une certaine distance du regard: un tel énoncé est forcement le fait d'un *autre*, jamais celui de l'enfant, au moment où il n'est qu'un enfant. Cela n'est pas seulement dû à l'aspect accompli et révolu du verbe qui inscrit le constat dans le passé, mais surtout au fait que c'est l'autre, l'adulte ou l'enfant qui prend conscience de son état et devient dans une distance de regard son propre observateur qui se prononce. Ce faisant, il y a au cœur de cette première phrase quelque chose de particulier à l'enfance-innocence et qui relève de ce *regard rétrospectivement objectivant d'un ayant-été*.

En deuxième lieu, il faut noter que cette objectivation du passé se fait avec une *posture nostalgique*, manifestant dans l'évocation le désir de rétention ou de résurrection d'une belle époque qu'on aurait toujours voulu garder et figer dans le temps. En troisième lieu et pour les raisons évoquées plus haut, l'enfance devient *ipso facto* la résultante d'une posture énonciative qui advient par un regard en arrière, une réflexion et une *reconstruction structurante qui donne un sens*. Ce retour nostalgique est donc aussi objectivation de ce qui a forcement été positif dans la restitution ou l'attribution nouvelle de sens qui corrige et explique pour mieux comprendre. Ce regard *après* définit les contours, sélectionne et sanctionne dans l'acceptation nostalgique ou la négation privative, les faits saillants d'une époque antérieure. Cet aspect se retrouve dans l'autobiographie classique et postule par conséquent l'innocence et le mieux-être du sujet dans deux temporalités dont l'une – l'âge adulte – sert essentiellement à faire valoir l'autre.

Un quatrième élément important apparaît dans cet incipit du texte de Camara Laye. À côté de la validation nostalgique d'une époque révolue, il faut retenir dans le décor qu'il restitue une notion de sécurité liée à l'occupation de l'espace. L'enfant noir n'est pas un innocent vivant dans un monde sans dangers et sans menaces, bien au contraire. Le texte ouvre de manière très captivante sur une scène dont les principaux acteurs sont justement un enfant jouant avec un serpent. Par contre, le milieu dans lequel l'enfant noir s'épanouit est structuré de manière à ce que le danger et la menace soient contenus et, quand cela devient nécessaire, qu'ils soient neutralisés. Cette *structuration sécurisante de l'espace* est fondamentale dans les caractéristiques de l'enfance-innocence. Elle se traduit par une notion de proximité dont l'enfant a conscience et qui est rendue par plusieurs éléments dans le texte: les énoncés "*près* de la case de mon père", "Ma mère était dans l'atelier, *près* de mon père, et leurs voix me *parvenaient*", attestent d'un lien existant entre l'enfant et ses parents, qui, même en l'absence de tout contact visuel, se tient dans la proximité géographique et sonore. La multiplication de tels indicateurs spatio-sensoriels est frappante dans le texte. Elle traduit une présence forte de figures marquantes et sécurisantes dans la vie de l'enfant, donnant les repères et également la promesse d'une intervention prompte et efficace en cas de danger.

2. "J'ai été enfant-soldat"

Cette situation de l'enfant noir n'a rien de commun avec celle de l'enfant soldat. Nous pouvons observer les changements qui s'opèrent dans les caractéristiques que nous avons déjà mises en évidence. À ce titre, *Allah n'est pas obligé* (2000) d'Ahmadou Kourouma nous donne une illustration frappante de la rupture qui s'est imposée entre l'enfant noir de Camara Laye et l'enfant soldat des guerres tribales des années 1990 et 2000.

Alors que la beauté de l'enfance chez Laye est marquée par un retour objectivant sur le passé de l'enfant par l'adulte, nous observons dans le récit de Kourouma une aspectualité qui abolit la double temporalité à l'origine de la distance fondatrice de l'enfance-innocence. Ce fait est majeur. Il s'illustre donc par le temps de l'énonciation qui est celui d'une prise de parole dans l'enfance, à l'opposé de celle s'opérant dans le décalage temporel vis-à-vis de l'enfance. Le jeune Birahima, en déclinant son identité en six points, dira au point quatre: "Je veux bien m'excuser de vous parler vis-à-vis comme ça. *Parce que je ne suis qu'un enfant*" (Kourouma 2000: 10).

Le texte de Kourouma a donné lieu à plusieurs analyses, cette figure de l'enfant soldat continuant à intriguer les lecteurs. Le malaise se trouve dans la rupture de ce premier cadre de la prise de parole qui exigeait dans le cas de Laye, que la conscience de l'enfance soit attribuée à un autre que l'enfant. Cet autre, chez Laye, c'est l'adulte. Avec l'énoncé "Je ne suis qu'un enfant" chez Kourouma, c'est encore l'enfant qui, en s'objectivant dans ce statut, cesse *ipso facto* de l'être. En lieu et place d'une objectivation *a posteriori* cependant, nous avons une coïncidence lourde de conséquences dans la fusion des deux temporalités. Cette fusion est inattendue, voire fâcheuse, parce qu'elle affecte la deuxième caractéristique de l'enfance-innocence et la disqualifie également. Si dans le premier cas la licitation de l'enfance dans le regard de l'adulte est nostalgique et de toute poésie, ici, la prise de conscience de l'enfance est celle aussi des guerres tribales et du monde des violences. Des jeux dont sont marqués les souvenirs d'enfance comme c'est le cas chez Laye, il n'y a chez Kourouma qu'une évocation itérative non pas dans la nostalgie, mais plus dans la mémoire des souffrances et des larmes qui ont inondé la vie de la mère de Birahima. La fusion n'est pas seulement celle des deux temporalités (enfance et âge adulte), elle est surtout celle qui donne lieu à une disqualification brutale de la première – l'enfance – par la seconde, alors que chez Laye, l'âge adulte servait de faire-valoir à la première. Cette fusion est le tombeau de l'évocation nostalgique et le renvoi de toute justification édulcorée d'une réalité violente que l'enfant n'a que trop connue.

À cela s'ajoute une autre rupture, qui reste très marquante dans le profil de l'enfant soldat et dont le contraste est frappant avec ce que nous voyons dans *L'enfant noir*. Il s'agit de la déstructuration de l'espace, la coupure des attaches et la perte des repères dans une proximité qui sécurisait l'enfance chez Camara Laye et dont l'absence projette l'enfance dans un temps de l'errance chez Kourouma. Birahima expliquera:

> Donc, quand j'étais un enfant mignon, au centre de mon enfance, il y avait l'ulcère qui mangeait et pourrissait la jambe droite de ma mère. L'ulcère pilotait ma mère (Piloter, c'est guider dans un lieu.) L'ulcère pilotait ma mère et nous tous. Et, autour de ma mère et de son ulcère, il y avait le foyer. Le foyer fumait ou tisonnait (Tisonner, c'est remuer les tisons d'un feu pour l'attiser.) [...]. Entre les canaris et le foyer, il y avait ma mère et son ulcère dans la natte. Il y avait moi, il y avait le féticheur, le chasseur et guérisseur Balla aussi. Balla était le guérisseur de ma mère.
> (Kourouma 2000: 15)

Nous sommes loin de l'univers synonyme de stabilité que présente Camara Laye. Dans sa fonctionnalité, l'espace chez Laye disait l'essentiel de ce dont l'enfant avait besoin. Chez Kourouma, les indicateurs spatio-sensoriels sont d'une autre nature: ils traduisent non pas une proximité rassurante, mais une promiscuité oppressante avec au centre du décor non pas l'enfant jouant, mais l'ulcère puant. Dans le monde de l'enfance-violence, la rupture des structures traditionnelles dans l'occupation des lieux rend compte non pas d'un simple abandon dont l'enfant serait la victime, mais bien plus d'un renversement dans lequel les adultes sont des enfants et les enfants les garants d'une (sur)vie qui ne peut se concevoir qu'à la marge de l'ancien monde, quand ce n'est pas dans l'errance.

Cette perte de repères caractéristique est marquée par ailleurs par un décès et un départ:

> Quand maman a commencé à trop pourrir, pourrir au dernier degré, elle m'a convoqué et a serré trop fort mon bras gauche avec sa main droite. Je ne pouvais pas échapper pour aller faire le petit vagabond cette nuit-là dans les rues. J'ai dormi dans la natte et maman a rendu l'âme au premier chant du coq. Mais le matin les doigts de maman étaient tellement serrés sur mon bras qu'il a fallu Balla, grand-mère et une autre femme pour m'arracher à ma mère.
> (Kourouma 2000: 32)

Sa mère morte, le jeune Birahima se met en route en quête de sa tante Mahan vivant au Libéria. Il est connu que cette route vers la tante passe par mille et une péripéties qui feront de l'orphelin un enfant soldat dans le récit de Kourouma. Pour résumer, nous pouvons simplement opposer deux énoncés principaux des deux textes convoqués jusqu'à présent. Le "J'étais enfant" chez Camara Laye s'oppose au "j'ai été enfant-soldat" chez Ahmadou Kourouma. Dans le premier cas, c'est une sorte de performation d'une absence reconvoquée, l'énoncé d'un fait désormais établi, l'enfance heureuse qui a été vécue. Un tel énoncé serait quasi impropre dans la bouche de Birahima. À l'opposé, la juxtaposition "enfant-soldat" paraît une incongruité aux antipodes de l'univers de l'enfance qui se suffit à elle-même, l'extension soldatesque vient combler un vide qui n'en était pas un dans *L'enfant noir*. Ce dire de l'absence qu'est l'écriture de l'enfance après Laye, je le perçois comme un appel dans le vide qui s'essouffle dans l'extension d'une perte marquée par le soldatesque: là où l'innocence de l'enfance est défigurée par la violence. Si *L'enfant noir* ouvre un univers de rêve et d'innocence, *l'enfant-soldat* ferme un horizon de possibles dans la privation qui accompagne toute violence.

Ainsi, face aux violences historiques et singulières à l'origine de cette rupture qui nous fait passer de l'énoncé "J'étais enfant" à la rhétorique de l'enfance manquée, marquée par le "j'ai été enfant-soldat" au lieu du "j'étais enfant" tout court, nous assistons à un autre passage dans les discours sur l'Afrique: il s'agit de cette combinaison qui permet de désigner "l'Afrique des ténèbres" par le raccourci de la figure de l'enfance-violence. Il en ressort l'image d'une Afrique certes toujours localisée à l'extrême pôle du chaos et de la désolation, mais cette fois-ci, avec un visage et un accessoire, celui des enfants à la kalachnikov!

3. Témoigner de l'intérieur

Les textes comme ceux d'Ahmadou Kourouma ne sont pas rares. Ils mettent en scène par procuration, le parcours de milliers d'enfants dans l'univers de la violence. Kossi Efoui tout comme Tierno Monénembo, sont de ceux-là. En mettant en scène l'enfance confisquée et instrumentalisée par les seigneurs de guerre et les dictateurs qui ont pacifié leurs peuples par la peur et les représailles, ces auteurs se font l'écho d'un vécu qui n'est pas le leur. Cela donne lieu à une prise de parole à un double niveau: D'une part, le niveau de prise de parole ou la figure de l'enfant soldat, dans le jeu des artifices de l'écriture littéraire, devient l'alibi d'une mise en scène. C'est ici donc le faire-valoir d'une parole qui dénonce les contradictions et les dérapages complexes des systèmes et l'immoralité de ceux qui les entretiennent. D'autre part, le niveau du récit autobiographique dans lequel les enfants soldats ayant échappé à l'enfer de la violence inouïe, racontent eux-mêmes leur vécu.

Dans les deux cas de figure, les caractéristiques que nous avons observées et qui distinguent l'enfant noir de l'enfant soldat restent les mêmes au niveau de la réception. La valeur des récits ne sera donc pas basée sur les structures internes grâce auxquelles on peut mettre en évidence le profil de l'enfant soldat, mais bien plus dans la manière de l'écrire, et la légitimité dont jouissent les auteurs.

Les récits d'enfants soldats qui ont échappé à cet univers de violence pour pouvoir en témoigner sont devenus monnaie courante. Plusieurs d'entre eux ont connu des succès à l'échelle mondiale, comme le texte de China Keitetsi, *La petite fille à la Kalachnikov. Ma vie d'enfant soldat* (2004). L'histoire de China se déroule au sein de l'armée de Museveni dans laquelle elle est enrôlée à l'âge de neuf ans. La déstructuration du noyau familial – comme chez Birahima – qui pousse la fillette dans la rue, en fait une proie facile pour les recruteurs:

> Petit à petit, on m'entraîna à être soldat. Le troisième jour, alors que je répondais à l'appel du matin avec les autres enfants, mon instructeur vint vers moi. Il était très grand et très sévère, et me posa toutes sortes de questions. Il se planta directement devant moi et me fixa dans les yeux pendant toute la conversation. À la fin, je dus lui dire mon nom. Comme il avait des difficultés à le prononcer, car il venait du nord de l'Ouganda, il s'énerva. Je n'osais pas le regarder dans les yeux et baissai la tête. "Hé, toi, avec tes yeux bridés comme une Chinoise, regarde-moi!", hurla-t-il. Je levai la tête, le corps traversé d'une poussée d'adrénaline. Alors, il me tira hors du rang et commença à crier: "China,

> gauche-droite, China, gauche-droite", et je dus marcher devant tout le monde, en guise de punition. Ce nouveau nom aux consonances étranges me conféra aussitôt un certain statut et du coup, de nombreux autres enfants voulaient se lier d'amitié avec moi. (Keitetsi 2004: 90)

Ce scénario initial est classique dans l'expérience de l'enfance-violence. Le récit de China est une autre variante de ce que Birahima, dans l'espace de la fiction produite par Kourouma, a expérimenté. Ces deux types de récits, en se partageant le même champ, procèdent d'une licitation réciproque dans le domaine de la réception.

Les textes de fiction d'auteurs connus comme Monénembo ou Kourouma, établissent dans l'horizon d'attente un cadre de références qui sert à valider les productions du genre. Cela ne serait pas possible sans le lien explicite aux contextes de violences historiquement documentés dont ces auteurs se sont inspirés et dont ils ne font aucun secret. Kourouma dédie son livre "aux enfants de Djibouti", en déclarant qu'il fut écrit sur leur demande. Monénembo prend le soin de préciser le cadre de référence de son texte, "le génocide rwandais", avant de revendiquer l'univers de la fiction pour les détails du récit qu'il propose. Les liens qui s'établissent entre les textes produits par les enfants soldats et ceux relevant d'auteurs témoin distants des violences se tissent sur le plan des thématiques et de la convocation des mêmes événements historiques dont l'horreur défie les frontières de l'imagination. Le jeu de licitation est très serré dans ces conditions, les textes des deux types d'auteurs dialoguant et se donnant le change pour marquer une figure devenue emblématique de l'Afrique des violences. Pourtant, dans les discours médiatiques, les débats sur la vérité, l'authenticité du témoignage par rapport aux événements dont il est question est récurrente. On s'y retrouve avec la publication du grand succès de librairie d'Ishmael Beah, *Le chemin parcouru: Mémoires d'un enfant soldat* (2009). Dans *Le Monde* du 29 janvier 2008, Catherine Simon rapporte cette polémique:

> En attendant, l'ancien enfant soldat a dû, fin janvier, repartir à la guerre. Centre les médias, cette fois. Des journalistes australiens l'accusent d'avoir partiellement falsifié son histoire. Loin d'avoir passé deux ans dans l'armée sierra-léonaise, comme il le dit dans son livre, l'auteur du Chemin parcouru n'y serait resté "que deux à trois mois", affirment les reporters [...]. Selon eux, l'attaque contre le village de Mogbwemo aurait eu lieu non pas en

> 1993, mais en 1995: c'est à ce moment-la, pas avant, qu'Ishmael Beah aurait été enrôlé dans l'armée.
> (Simon 2008)

Cette polémique nous rappelle que les écrits sur l'enfance-violence dans l'Afrique postcoloniale restent soumis aux mêmes critères de vérifiabilité et d'authentification convoqués dans l'examen de textes portant par exemple sur le génocide de 1994. Elle démontre par ailleurs que dans la perception et la reformulation des questions liées à la perte de l'innocence par la violence inouïe, la frontière entre la recherche pointilleuse du détail qui dévie et démasque le mensonge du témoignage, et la réception qui s'approprie le récit en conservant par honnêteté et par décence la distance intrinsèque qui sépare tout lecteur de l'expérience d'autrui est mince. Tout comme dans le contexte des violences postcoloniales en général, la médiatisation du fait a ceci de marquant qu'il faut d'un point de vue théorique et critique, reconsidérer non seulement les constructions et projections qui en sont faites sur les différentes scènes (littéraires et médiatiques), mais aussi rester sensible à ce combat pour la légitimité que se livrent ces différentes sphères de la représentation. Ainsi, l'enfance-violence en Afrique fait désormais partie des objets de discours médiatiques privilégiés.

On pourrait dire que la figure de l'enfant soldat est devenue le lieu d'une prise de parole idéale: alliant dans une forte congruence l'objet du dire et les modalités de son avènement, dire la *violence faite aux enfants* devient dans les discours médiatiques et littéraires, idéalement, dire la *violence par les enfants*. De la figure historique à la pléthore des reproductions médiatiques, l'enjeu devient double: d'une part, il consiste à continuer la réflexion sur le fait historique. D'autre part, cet enjeu se formule comme une urgence de critique dans l'espace de la réception, dans le champ des lectures et perceptions, des reformulations compulsives de la figure de l'enfant-soldat. C'est en cela que cette figure devient un lieu commun, traversé par toutes sortes de regards, nécessitant, à côté des réflexions relatives à la manière dont les faits historiques ont été présentés, de réfléchir sur la manière dont les figures qui en émergent sont reçues.

Références bibliographiques

Beah, Ishmael (2009), *Le chemin parcouru: Mémoires d'un enfant soldat.* Paris: Pocket.

Kane, Cheikh Hamidou (2007 [1961]), *L'aventure ambiguë.* Paris: Éditions 10/18.

Keitetsi, China (2004), *La petite fille à la Kalachnikov. Ma vie d'enfant soldat.* Bruxelles: Grip – Éditions Complexes.

Kourouma, Ahmadou (2000), *Allah n'est obligé.* Paris: Seuil.

Laye, Camara (1995 [1953]), *L'enfant noir.* Paris: Plon.

Monénembo, Tierno (2000), *L'aîné des orphelins.* Paris: Seuil.

Simon, Catherine (2008), "J'étais une machine à tuer", dans: *Le Monde*, 29 janvier.

Du jeu de l'enfant à l'art du jeu dans un récit de génocide

Josias Semujanga

Introduction

Par son sens étymologique, l'enfant – *infans*, en latin – signifie qui ne parle pas, donc bébé et personne en bas âge. La figure de l'enfant a donc partie liée avec les mythes de l'origine, temps primordial de l'innocence avant la chute correspondant au temps de l'âge adulte. Cette innocence est à protéger par la figure parentale. Car la vulnérabilité de l'enfant suscite les espoirs pour l'intégration sociale et les angoisses pour son échec. Elle a partie liée aussi avec les idéologies en cours dans la société. Entre autres celle des droits de l'enfant, qui remplace celle de la toute-puissance paternelle garante de la cohésion sociale.

Celle-ci donne à la figure de l'enfant une certaine irresponsabilité de ses actes lorsque par exemple la justice intervient. On ne le juge pas comme un adulte. Car une telle idéologie libérale tient à l'idée que par l'éducation l'enfant s'élève à la *responsabilité* de la personne adulte; affirmant par là que le jugement de l'enfant n'est pas encore atteint son degré de maturité pour être totalement comptable de ses actes. Ainsi un enfant prisonnier est davantage un élève qu'on instruit dans une maison spécialisée qu'un prisonnier dans le sens vrai du terme. On forme un citoyen. Et les parents ne deviennent que des pourvoyeurs de services de sécurité et de protection à l'égard de l'enfant. L'enfant défend ses droits. En tout cas, la doxa le présente comme tel. Elle condamne aussi la société pour ses manquements vis-à-vis de l'enfant. On assiste alors au passage de l'enfant, celui qui ne parle pas, donc n'a pas d'autorité à la reconnaissance de son pouvoir de s'exprimer à partir d'une certaine position éthique en tant que sujet de droit. Ainsi, comme on va le voir dans l'analyse du corpus, Nsenghima, l'enfant condamné, s'exprime à partir d'une morale - celle qui refuse le jugement des adultes – et défie l'autorité des juges et de son avocat. Entre les deux discours agressifs, c'est l'autorité de l'un et de l'autre qui est en jeu.

Actuellement la littérature, en tant qu'énonciation sur la société, représente l'enfant à partir de ce cadre idéologique brièvement esquissé: celui du droit de l'enfant au droit à la parole. À la figure de l'innocence et de la beauté angélique de l'enfant, peuvent succéder des images de la maltraitance. À partir du roman de Tierno Monénembo, *L'aîné des orphelins*, (Monénembo 2005; désormais *L'aîné*), publié à la suite du génocide survenu au Rwanda, l'article analyse la parole de l'enfant sur la société qui l'a fait orphelin et père de famille de ses frères et sœurs à 16 ans. Et le narrateur-enfant, celui qui ne parle pas, devient le porte-parole de la société postgénocide d'adultes dont la parole oscille entre l'amnésie, le mutisme et la langue de bois. Elle part de l'idée que le narrateur-enfant, en inventant un langage pour dire ce que les adultes ont fait d'abominable, réinvente le *roman du génocide:* contrairement au récit de témoignage d'un génocide, qui se limite à la dimension du vraisemblable narratif, *L'aîné* déploie les mécanismes narratifs les plus complexes. Monénembo sent l'obligation de préciser les choses: "Si le génocide rwandais est irréfutable, les situations et les personnages de ce roman sont, eux, fictifs pour la plupart." (Monénembo 2005: 7)

Le roman évoque, à travers la voix d'un narrateur enfant, le massacre de Tutsi, pourchassés et froidement exécutés à coups de houes, de machettes ou de gourdins par des Hutu selon une action programmée, justifiée et encadrée par les autorités politiques et religieuses au rythme d'une propagande redoutable. On y apprend aussi que cette tragédie, qui était pourtant connue des puissances occidentales, a été tolérée et parfois même accompagnée par certains pays occidentaux et les associations des droits de l'homme. Le héros est un enfant de 15 ans dont la vie a basculé après le massacre de ses parents. Fils d'une union mixe entre un père hutu – donc hutu lui-même par décision du système patrilinéaire – et une mère tutsi, Faustin Nsenghimana raconte davantage ses péripéties d'enfant de la rue de Kigali que le déroulement des massacres. C'est souvent au détour d'une phrase que le lecteur apprend les faits racontés par cet enfant à la fois victime et bourreau. Il faut attendre la fin du roman pour voir une scène violente lorsque le narrateur raconte le massacre de ses parents et de la quasi-totalité des villageois de la bourgade de Nyamata (Monénembo 2005: 156-157). Cependant, une telle violence, tout insupportable qu'elle soit, est aussitôt défiée par une écriture qui, non seulement bouleverse les lieux communs des récits de témoignages, mais rend aussi équivoque la frontière entre la fiction et la vérité.

À travers ses formes hybrides – entre roman et reportage journalistique – le roman relance le grand débat de la représentation de l'horreur par les artistes. Cela apparaît clairement dans la façon dont ce récit évoque le sujet. En raison d'une longue pratique de l'écriture romanesque et d'un culte voué aux subtilités de la narration romanesque, Tierno Monénembo adopte systématiquement dans *L'aîné* la même posture. Ici, c'est la brièveté de la description et là, la recherche très calculée de la composition romanesque défiant la progression linéaire des récits traditionnels et privilégiant une organisation complexe des récits parallèles ou juxtaposés. Ou encore une quête de vérité sur la nature humaine par la dérision des discours constitués, comme le portrait déformé par la satire du monde cynique de l'humanitaire et du journalisme.

En renonçant à montrer les horreurs du génocide, tirer parti de l'éloquence descriptive du récit de témoignage, et susciter l'émotion du lecteur, c'est-à-dire en adoptant une stratégie du retrait, Monénembo refuse d'ajouter des images à la pléthore d'images de presse. Tout se passe comme s'il ne voulait pas dissoudre son récit dans le flux ininterrompu des documents visuels ou écrits qui sillonnent le monde au sujet de ce génocide. Au culte de la reproduction du réel se substitue la conscience aiguë que l'excès d'images sature le regard, détourne l'attention et brouille la conscience. Avec la rigueur d'un manifeste éthique et esthétique, l'œuvre de Monénembo se dresse face à l'excès et à la surenchère documentaires, face à la mise en spectacle et à la banalisation de la souffrance qui offensent la dignité des victimes données en spectacle au monde qui les a abandonnées. Une œuvre de subversion des logiques des reportages médiatiques et documentaires sur les événements et une tentative de création romanesque allant au-delà du bien et du mal. À l'instar de Jorge Semprun, soutenant que pour témoigner des horreurs des camps de concentration, il faut penser "à une fiction qui serait aussi éclairante que la vérité" (Semprun 1994: 175), Monénembo suggère l'idée selon laquelle le style d'une fiction permet de transmettre partiellement, du moins, la vérité du témoignage. Et comme dans toutes les expériences traumatisantes, il sait qu'on ne saurait tout dire d'un génocide. Il opte pour une technique de représenter l'histoire de façon fragmentaire, par bribes, comme si l'intrigue classique d'un avant et d'un après ne convenait plus à un tel sujet.

De la naïveté du regard de l'enfant à l'écriture oblique du génocide

Raconté par un jeune garçon de quinze ans, Faustin Nsenghimana, héros-narrateur, le récit se présente d'abord comme un récit autobiographique puisque c'est à travers les mésaventures, les souvenirs et les oublis d'une mémoire trouée d'adolescent que le narrateur "je" conduit progressivement le lecteur dans l'horreur du génocide. Le récit s'ouvre ainsi sur une analepse, puisque l'intrigue se déroule en grande partie dans la prison centrale de Kigali où Faustin est maintenant détenu depuis trois ans pour avoir tué à bout portant un autre adolescent qu'il a surpris en train de violer sa petite sœur Esther. Progressivement le lecteur apprend que Faustin, ses sœurs, son frère et d'autres orphelins habitent dans un bâtiment désaffecté de la ville qu'ils ont squatté; d'où le titre du roman "L'aîné des orphelins". En prison, Faustin tente de se souvenir du déroulement des événements, du village de Nyamata, où il a vécu avec ses parents jusqu'à l'âge de dix ans, des cauchemars qui ont détruit sa vie calme de fils de paysan:

> Je vivais avec mes parents au village de Nyamata quand les événements ont commencé. Quand je pense à cette époque-là, c'est toujours malgré moi. Mais, chaque fois que cela m'arrive, je me dis que je venais d'avoir dix ans pour rien. (Monénembo 2005: 15)

Tout bascule autour du héros depuis un matin d'avril lorsque les miliciens hutu, armés de machettes et de gourdins, ont pris d'assaut son village de Nyamata dans le Bugesera. Son père, hutu, a préféré mourir plutôt que d'abandonner sa femme, tutsi, visée par les tueurs. Laissé pour mort par les tueurs et sauvé par une vieille femme des environs du charnier, mais devenu amnésique, Faustin va se cacher dans les champs, refusant de se joindre aux réfugiés qui quittent le village. Il croit que ses parents sont arrivés à Byumba, symbole de la paix, et tente de les y rejoindre. Finalement il abandonne le projet lorsqu'il rencontre un sorcier sous un arbre de la forêt. Il survit grâce à son état hallucinatoire qui lui permet des "sommeils involontaires, des comas momentanés et les monticules de cuisses de poulet et de bananes cuites qui lui venaient en rêve" (Monénembo 2005: 36). Revenu à la conscience, il se trouve en face d'un soldat du FPR (Front patriotique rwandais) qui le suspecte d'être un *génocideur*. Même si le militaire est encore imberbe comme lui, il constate qu'il a affaire à "un grand frère" par la manière dont celui-ci examine les choses. Les paroles de son père lui viennent alors à l'esprit: "La barbe n'est pas tout, non! S'il en était ainsi, le bouc serait le plus sage du village" (Monénembo 2005: 38).

Faustin est conduit par l'enfant-militaire à la gendarmerie de Rutongo à une cinquantaine de kilomètres de Kigali, au quartier général du FPR avant la chute de la capitale. Les militaires l'interrogent et puis, faute de preuves, le relâchent. À la fin de la guerre, Faustin rejoint la cohorte des enfants des rues de la ville. La suite de l'histoire retrace sa descente dans l'enfer de la ville, une fuite en avant qui culmine par le meurtre. Cependant, si cet itinéraire a un caractère autobiographique, ce récit est avant tout un témoignage oblique sur le génocide. Ce n'est pas la vie personnelle que Nsenghimana raconte, c'est celle d'un rescapé parmi d'autres rescapés. Ayant été à la fois victime et observateur, il tente de transmettre au lecteur ses impressions sur les événements.

Sur le plan de l'écriture, le récit est fait de souvenirs vrais et faux, d'oublis et de silences. C'est une écriture de l'anamnèse, qui, en rétablissant la mémoire, permet de se souvenir et de dire le génocide. Faustin, guéri de son amnésie, peut enfin désigner les "événements" par leur vrai nom de "génocide" et dire ce qui est réellement arrivé à ses parents. Sobrement. Car la réalité est démente, elle exige un dépouillement du récit pour être crédible, comme dans cette scène horrible en l'église de Ntarama dans le village de Nyamata:

> On entendit hurler les ordres. Les vitraux volèrent en éclats, les icônes tombèrent en poussières, des dizaines de cervelles déchiquetées éclaboussèrent le plafond et les murs. Ils jetaient des grenades. Mes souvenirs du génocide s'arrêtent là […]. Je ne sais pas qui de mon père ou de ma mère succomba le premier. Sont-ils morts foudroyés par une grenade ou achevés à coups de machette et de marteau? (Monénembo 2005: 156)

Pour rester dans la vraisemblance, le moment du salut du rescapé est raconté par un autre personnage. Le narrateur a ainsi contourné la difficulté de l'*indicible* du génocide qui ne repose que sur le fait que la description de la mort n'est pas crédible si elle est racontée par le héros victime lui-même. En effet, la scène de la mort demeure pour la pensée rationnelle le seul événement dont l'être humain ne pourra jamais faire l'expérience individuelle.

Il est donc question des massacres, mais rien de tout cela n'est abordé frontalement. Si le thème du génocide apparaît, de temps en temps, c'est par incidences, digressions, allusions et notations indirectes; donc une narration complexe et polyphonique. En effet, le roman obéit à une structure très stricte bâtie sur le modèle de l'entrelacement. Il y a le récit de l'emprisonnement de Faustin qui alterne avec le récit des activités de l'enfant de la rue. Ces deux récits sont articulés à l'intrigue dominante - le récit du génocide – car ils sont structurellement des récits enchâssés, possédant quand même une relative autonomie. C'est-à-dire que le récit du génocide pourrait exister sans eux et que ceux-ci pourraient exister sans le récit du génocide. En fait, ils fonctionnent surtout comme des contrepoints narratifs, donnant une profondeur et un éclairage au récit focalisé sur les événements du génocide. Cette technique de l'entrelacement permet au lecteur d'évaluer les différentes conséquences introduites par le génocide dans les rapports entre les personnages. Elle permet au lecteur d'avoir plusieurs points de vue sur l'intrigue dominante. Par exemple, l'intrigue de la prison permet au narrateur de porter un jugement sur la société après le génocide: "depuis les événements, tout fonctionne à l'envers. Chacun s'évertue à enfreindre les règles." (Monénembo 2005: 91) ou des réflexions générales sur le comportement humain face à la mort: "Et la vie, ce n'est pas que ce soit indispensable, mais on se surprend à la défendre même quand on n'en a plus pour longtemps." (Monénembo 2005: 25) ou encore "Une fois au bord de la tombe, la pièce est finie. La seule chose qui nous reste à faire, c'est de tirer le rideau." (Monénembo 2005: 141).

Un tel contrepoint narratif est associé à un autre procédé narratif important: l'incertitude. La fiction est soumise au code du vraisemblable propre à faire reconnaître l'authenticité des faits rapportés. Surgissent dans le roman les indications temporelles sur le génocide de 1994, les protagonistes de la guerre, les noms de lieux, le monde des humanitaires qui reviennent après la catastrophe pour filmer les sites du génocide, etc. Ce registre réaliste qui touche aussi la représentation de la vie quotidienne à Kigali après le génocide vise à soutenir l'effet de réel. Et pourtant, ce code *réaliste* est sans cesse déstabilisé, soumis au soupçon, de telle sorte que dans la plupart des séquences, le narrateur ne permet pas de distinguer clairement entre la vérité objective – celle qu'autorise le code vraisemblable – et la vérité subjective – celle qui relève du délire ou de l'hallucination, comme dans ce récit enchâssé portant sur l'orphelinat dirigé par Miss Human Rights, orphelinat dans lequel a séjourné le narrateur. C'est dans cet internat où Faustin a par ailleurs retrouvé les autres adolescents de son village, parmi lesquels se trouvaient ses sœurs et son frère devenus fous. De leurs délires sortaient des mots susceptibles d'avoir un sens. Ce qui a permis à Miss Human Rights de reconstituer le récit du meurtre de Tonia Locatelli, cette religieuse italienne, tuée par les miliciens du Général Habyarimana un an avant le génocide, récit repris ici par le roman (Monénembo 2005: 68-75). Une telle hésitation ne cesse de se reproduire lorsque le récit focalise sur le sujet génocide. La vérité paraît ainsi fuyante et indécise – comme dans l'épisode où Faustin, héros-narrateur de son propre récit, qui accompagne les journalistes occidentaux à un site du génocide, ne sait pas, à propos d'une question cruciale sur le lieu de la mort de ses parents quelle version donner. Entre les deux versions proposées, il n'y a aucun indice qui permette au lecteur de trancher de façon absolue sur la meilleure (Monénembo 2005: 105-106 et 156-157).

En déstabilisant ainsi les codes convenus de la représentation romanesque, on peut dire que sur le plan de l'esthétique, Monénembo semble défier l'interdit d'Adorno selon lequel le génocide ne saurait faire l'objet de fiction. En multipliant les techniques narratives le génocide touche aux limites du représentable. Et ce n'est pas à cause des raisons morales, par exemple l'indécence ou l'inconvenance, ou métaphysiques, comme l'idée de profaner la mémoire des morts, mais pour des raisons esthétiques. Il est en effet impossible d'aborder un tel sujet sans tomber dans le sentimentalisme attendrissant qui empêche la distanciation ironique ou parodique des sujets de fiction, procédés qui sont, comme on le sait, à la base de l'esthétique romanesque.

Monénembo prend l'événement du génocide par une vision distanciée qui déstabilise le processus de la représentation. Par exemple, par des hallucinations qui hantent son discours, la représentation devient étrange et sa véracité suspecte. La perception de l'événement est soustraite à l'automatisme habituel liant les causes et les effets dans le régime *réaliste* de la fiction. Il est ainsi question de différentes brutalités des miliciens qui terrorisent les Tutsi ou de l'assassinat d'une religieuse italienne tuée par les miliciens pour avoir dénoncé les massacres sur les ondes de radios étrangères. Il évoque également le conflit armé entre le FPR (Front patriotique) et les FAR (Forces armées rwandaises) et des réfugiés qui quittent le pays, mais aussi la journée mémorable du 13 avril 1994, au cours de laquelle les miliciens hutu venus de l'autre côté de la rivière massacrèrent de nombreux Tutsi, notamment en lançant sur eux des grenades et en coupant les agonisants à la machette. Mais tous ces éléments sont abordés de biais de sorte que toutes ces brutalités sont évoquées de manière allusive et indirecte. Cela fait même du génocide un objet de tragi-comédie entre le témoin et le journaliste sous l'œil spectaculaire de la caméra. Si les massacres de 1994 sont évoqués, c'est par une scène tragi-comique de reconstitution des événements pour le compte des télévisions étrangères. Les scènes de ce genre sont nombreuses, notamment celle où une journaliste demande à Faustin, le rescapé, de désigner l'endroit où se trouvent ses parents, celui-ci désigne un tas d'ossements:

> Ils sont d'ici, tes parents?
> - Oui!
> - Où sont-ils?
> - À la coopérative?
> - Non, avec les autres crânes! Elle frémit et baissa la tête. Le sang reflua sous la peau de son visage, lui donnant une teinte de piment rouge. J'étais heureux de la désarçonner ainsi. Elle n'était pas la plus forte, tout de même! (Monénembo 2005: 105)

Ce témoin-enfant, censé rapporter les événements douloureux vécus durant les massacres, se complait dans le spectacle médiatique, jouant le jeu de ces interlocuteurs adultes: "Le lendemain, on m'offrit un copieux déjeuner avant de me filmer au milieu des crânes entassés" (Monénembo 2005: 108). Il adopte même un ton où le cynisme n'est pas très loin: "Qu'est-ce que tu veux, brother, les morts sont des grandes stars même quand il ne reste plus que les crânes" (Monénembo 2005: 99). Il ajoute plus loin comment la comédie se joue régulièrement entre lui et les journalistes occidentaux venus couvrir les événements du Rwanda: "quand on quitta les gens de la BBC, j'étais devenu un aussi bon acteur que ceux que je voyais à la télé du bar de la Fraternité se tordre et tomber de cheval comme s'ils avaient reçu une vraie balle." (Monénembo 2005: 108). Tout cela sous l'œil vigilant de son mentor ès cynisme, Rodney: "Rodney, le sourire satisfait, levait gaillardement son pouce pour m'indiquer que c'était très bien que c'était fini, et l'on allait recommencer ailleurs." (Monénembo 2005: 109). À travers le point de vue du journaliste Rodney, le cynique total, et dont la devise "Larmes de Pierre? Miel pour Rodney!" (Monénembo 2005: 98) – en dit long sur sa conception des rapports humains, le lecteur a accès à une vision du monde de l'humanitaire, à travers laquelle cohabitent journalistes, agents de toutes sortes au service de l'Occident. Une telle posture satirique sur un sujet aussi grave qu'un génocide permet de rendre compte de ce que Primo Lévi appelait la zone grise dans *Les naufragés et les rescapés* (Lévi 1989). C'est-à-dire le lieu où les frontières éthiques semblent se brouiller, au sein de personnages ambigus. Cela fait, par exemple, que Faustin, l'orphelin, le rescapé, la victime a perdu son innocence au point qu'il monte des coups, seul ou avec Rodney, et profite à sa manière du génocide, comme le font d'autres humanitaires et leurs collaborateurs locaux:

> Musinkôro, dis-je à mon vieil ami, veille sur Esther, Donatienne et Ambroise, Il se peut que je m'absente de Kigali une semaine ou deux, je ne sais pas encore [...]. Je lui remets une partie de l'argent que j'avais eu le temps d'échanger chez les trafiquants du marché qu'on appelle pompeusement busenessmen [...]. (Monénembo 2005: 101)

Ailleurs, il évalue, en vrai salaud, le gain qu'il tirera de son *business* de témoin du génocide: "Combien de dollars avais-je ainsi accumulés: trois cents, quatre cents? J'allais pouvoir ouvrir un salon de coiffure que, depuis mon arrivée à Kigali, j'avais toujours secrètement désiré. J'allais devenir riche." (Monénembo 2005: 109-110).

Il est doublement initié par l'expérience de la vie et par l'exemple de Rodney qui lui annonce sans sourciller cette maxime de cyniques: "Ne perds jamais rien. Le monde entier peut pleurer mais il veut du miel à lui." ou encore "Rodney est partout où ça va mal. Rodney est un médecin qui arrive en souhaitant que ça aille plus mal encore" (Monénembo 2005: 98).

Le récit évolue ainsi en une suite de scènes où l'on voit l'enfant-témoin et victime se transformer en bourreau se complaisant dans cette comédie du *caïd*. Il tente de faire croire à tous, notamment à Claudine, sa protectrice envers et contre tous, qu'il est "une belle ordure et non le petit martyr que son esprit compliqué s'était inventé tout seul." (Monénembo 2005: 87). Et la dernière étape est le meurtre, qui achève de rompre les liens entre le personnage et le monde de l'enfance, constituant en cela une véritable épreuve initiatique à la désillusion et à la cruauté:

> Aujourd'hui, c'est différent: condamné à mort, je suis devenu un homme, j'ai volé la vedette à Ayirwanda. Comme on dit à l'école, j'ai sauté plusieurs classes. D'abord, les petites frappes du marché central, ensuite directement les caïds du club Minimes et, ma foi, le peloton d'exécution. (Monénembo 2005: 27)

Il raconte l'enchaînement de ses actes qui l'a conduit au meurtre de son compagnon d'infortune.

> Dis-moi où est Esther! Lâche-moi petite brute! Ce n'est pas à moi que tu dois t'en prendre [...]. Dans la pièce d'à côté! Mais je t'en prie, n'y va pas! C'est drôle, je n'y avais jamais pensé mais, dès qu'il me dit ça, j'eus le pressentiment de l'image que j'allais découvrir quelques secondes plus tard: Esther nue sur une paillasse et Musinkôro affalé là-dessus. Je visais la tête du voyou et tirai jusqu'à ce qu'il n'y ait plus de balles. (Monénembo 2005: 114)

Une fois l'innocence perdue, reste le regard désabusé sur le monde pour faire face à la cruauté des hommes.

> Ce matin-là, je fus réveillé par des bruits de chiens et des pas sur les cailloutis et le chiendent [...]. Ils étaient une vingtaine à courir dans tous les sens à travers les galeries. La lumière d'une torche gicla sur mon visage. On me souleva par les pieds et par les mains. Dehors, cinquante autres attendaient, les fusils-mitrailleurs braqués vers la mine. Tatien se tenait au milieu d'eux. Il laissa tomber ses bras en signe de désolation pendant qu'on attachait les miens. (Monénembo 2005: 127-128)

Il est dorénavant indifférent au danger et au sens du monde des humains. À preuve cette réponse à Maître Bukuru, son avocat, qui lui apprend les bonnes manières de la hiérarchie entre adulte/enfant dans le registre d'une certaine *normalité* sociale:

Tu te conduis comme un enfant! Gronda l'avocat sans prendre la peine de desserrer les dents de sa pipe. La prison ne t'a rien appris! On ne pose pas de questions, on n'élève pas la voix en présence de ses aînés. Ne savais-tu pas? Tu dois garder ton sang-froid même au bord de la tombe si tu es vraiment un homme. (Monénembo 2005: 115)

La réplique de l'enfant témoigne du malentendu séparant les deux personnages sur le sens des *valeurs* sociales:

Ça se voit que ce n'est pas vous que l'on cherche à anéantir! J'en ai appris suffisamment ici pour me présenter seul devant les juges de Dieu. L'œil d'un être humain ne me fera plus peur. Et, crois-moi grosse pipe, je n'ai fait aucun effort pour cela: c'est venu tout seul. (Monénembo 2005: 115-116)

Claudine tente d'amadouer Maître Bukuru pour qu'il ne se retire pas du procès de Faustin en arguant que les mots durs du condamné résultent de la dépression mentale suite aux malheurs subis. Ce à quoi Maître Bukuru consent, car, dit-il l'essentiel "est de sortir cette petite ordure d'ici" (Monénembo 2005: 116). À qui réplique presque du tac au tac Faustin en disant que pour "l'ordure, mieux vaut une petite qu'une grande." (Monénembo 2005: 117).

Mais Faustin est loin d'être sur la même longueur d'onde que sa protectrice, car, non seulement il défie encore une fois Maître Bukuru, mais également envoie promener les juges.

Faustin, insistant le tout premier, si j'ai bien compris, tu as tué cet homme parce que tu l'as trouvé, disons, avec ta sœur?
- Vous, si je couchais avec votre sœur, vous me feriez ce que j'ai fait à cette pourriture, non? [...].
- C'est toi qu'on juge, Faustin, certainement pas le monde entier! Dit le troisième juge en s'étranglant de rage. [...].
- Faustin Nsenghimana, menaça le premier juge, tu es ici dans un tribunal! Nous sommes tes aînés et tes juges! Sois poli sinon nous allons te condamner pour outrage à magistrat.
- Il y a deux ans que je croupis dans un trou à rats. Si vous pensez que qu'il y a pire condamnation que cela, alors condamnez-moi! (Monénembo 2005: 135-136)

Les rôles se renversent. Faustin devient juge à la place des juges. Il condamne non seulement l'humanité entière, mais aussi les juges présents à son procès. Il est condamné à mort, mais demeure indifférent à son sort qui pourtant émeut mêmes les plus durs caïds comme Ayirwanda.

> Tu es un monstre, Faustin! Tu ne mérites pas d'appartenir au genre humain!
> - Je n'ai jamais pris ça pour une gloire, appartenir au genre humain! Jamais je n'ai vécu aussi heureux que quand j'étais dans la mine d'étain. [...].
> Ce fut seulement le lendemain quand je vis ce dur d'Ayirwanda en larmes que je compris. Je venais d'être condamné à mort. (Monénembo 2005: 136-138)

Ce qui devait être un procès contre le génocidaire s'abîme dans une caricature de procès banalement axé sur le crime passionnel commis par un jeune orphelin pour laver l'honneur de sa famille: sa sœur violée par l'un de ses amis et non le crime de vengeance contre les assassins de ses parents et les habitants de son village.

Un discours ambivalent, à double sens, s'enchaîne dans la bouche de maître Bukuru:

> Cet enfant n'est pas génocideur: il a simplement vengé sa sœur. Le crime passionnel, l'honneur de la famille! C'est drôle les familles il n'en reste pas beaucoup, on s'attache à défendre leur honneur quand même. Ce n'est pas parce qu'il y a eu le génocide que les Rwandais ont perdu toute morale. (Monénembo 2005: 134)

Ici se trouve justement la question centrale du roman: dans une communauté où a eu lieu un génocide, les valeurs sociales sont tellement ébranlées qu'on ne saurait les évoquer avec assurance sans attirer le soupçon sur la langue de bois. Et tout procès juridique basé sur cet ordre ne pourrait que se tourner en pur spectacle. Et le même ton désabusé sur la nature humaine se rencontre tout au long du roman au point que Faustin s'étonne et s'interroge sur l'intention réelle de Claudine Karemera, l'assistante sociale, qui lui veut du bien gratuitement.

> C'est le genre de personnes qu'il vaut mieux oublier. Elle vous aborde souriante et avec un tel naturel que, au début, vous croyez qu'elle se moque de vous. Puis vous vous

> rendez compte que non, des gens comme elle, cela existe bel et bien. Vous lui en voulez presque d'être si bonne, si différente des autres. Vous vous gavez de ces boulettes de viande et de ses raves de manioc, vous remplissez vos poches de ses stylos-billes et de ses pièces de monnaie, résultat: vous lui gardez plus de ressentiment que de reconnaissance. Vous en arrivez à souhaiter qu'elle crève, elle aussi, une bonne fois pour toutes. (Monénembo 2005: 27-28)

De tels épisodes du roman, qui évoquent de manière parodique le reportage photographique, posent en pointillés la question de la représentation de la violence génocidaire soustraite aux lieux communs de ce genre de récits caractérisés entre, autres, par la mise en spectacle des événements. Ces dialogues disent une partie de l'horreur, mais les personnages jouant avec leurs caméras, de la façon la plus neutre et la plus apaisée possible, en dévoilent une autre partie. C'est-à-dire que le génocide, dans les médias télévisuels, est, comme d'autres événements un spectacle: sa présentation est aussi banale que celle d'autres événements; et ce terrible constat, c'est l'écriture qui le permet.

Une telle ambivalence du témoignage s'opère par la technique du dédoublement très fonctionnel dans le roman au point où l'identité même du témoin principal change de nom, comme dans la scène de la première rencontre entre Faustin Nsenghimana et Claudine Karemera, l'assistante sociale voulant venir en aide à l'enfant de la rue.

> - Dis-moi, d'où viens-tu, mon petit: de Cyangugu, de Ruhengeri?
> - Non, de Kigali!
> - Et où sont tes parents?
> - Ici à Kigali! Notre maison se trouve à Gikondo!
> - Ce sont tes parents qui t'ont dit de venir garder les voitures?
> - Non, je le fais tout seul. Ils ne sont au courant de rien. […]
> - Dis-moi, mon petit, comment t'appelles-tu?
> - Cyrille! Cyrille Elangashu! À Gikondo, tout le monde connaît la famille Elangashu. (Monénembo 2005: 57-58)

Or, ce caractère macabre est ici atténué par le ton étrangement apathique du jeune homme. Comme si cela ne suffisait pas, la scène se transforme en un combat contre le pathétique suggéré par l'horreur du génocide.

De plus, dans ce passage, le roman, plutôt que d'expliquer le génocide, tente de dégager le non-dit de l'histoire officielle, de déstabiliser les certitudes sur l'événement – le génocide des Tutsi du Rwanda a été une affaire des miliciens *Interahamwe* – et de montrer le négatif de l'image convenue de la communauté internationale: pendant le massacre, les étrangers sont partis laissant les victimes seules à la merci des bourreaux, et après le génocide, ils reviennent pour filmer et expliquer ce qui s'est passé (Semujanga 2008: 259-289).

Si l'ampleur et la gravité des persécutions sont évoquées, les informations les plus poignantes – la mort de ses parents, par exemple – sont données comme une simple réponse à la question de la journaliste, un peu comme si le héros avait préféré les taire, s'il l'avait pu. Le thème du génocide apparaît ainsi à distance et passablement déformé par une telle théâtralisation. De même, cette scène introduit une problématique fondamentale de la représentation du mal dans les textes de fiction en posant la question du statut du spectateur lorsque celui-ci est confronté à un discours abject tenu dans le récit. Ici le roman s'ouvre à la scène théâtrale en évoquant le débat éthique sur le voyeurisme et la complaisance à assister les tortionnaires, du moins par l'imagination. Une telle monstration de la violence sous forme drôlatique dans une œuvre de fiction participerait d'une tentative de proposer au lecteur une posture éthique dans sa lecture du roman à la seule condition que le choc émotif suscité par de telles images conduise à la réflexion sur le mal dans le monde. Comme si la fable permettrait de donner à penser la barbarie. Cette distanciation ironique dans une situation macabre en atténuant le pathétique accroît la dimension esthétique du roman: le travail sur la manière de construire le récit. Comme l'entreprise est pénible car l'écrivain part du sentiment de l'impuissance à dire le génocide des stratégies et moyens détournés sont à l'œuvre dans le récit. Ils cassent les formes conventionnelles du roman historique de facture ordinaire. Ces formes brisées conduisent le lecteur de *L'aîné* vers un style de vie caractérisé par une double quête de la mémoire et de l'oubli de l'événement, comme dans le récit enchâssé qui raconte les rêves du héros lors de son séjour dans une maison de fous. Ce faisant, l'horreur est mis à distance par ce passage dans le monde aliéné. Par ce jeu de focalisation, le lecteur reçoit des bribes d'informations sur le génocide à partir des points de vue différents.

Ce souvenir de Nsenghimana, après une longue anamnèse se veut travail de deuil mais aussi de mémoire pour penser ce qu'il est devenu après la perte de ce qu'il a été. Travail nécessaire pour reconstruire son identité autour de l'absence. C'est cette stratégie du détour qui explique pourquoi le narrateur utilise des subterfuges pour approcher l'événement sans directement nommer le génocide. Cette part d'indicible se trouve à la base de la modification du roman qui mêle tous les genres et tous les tons.

En abordant le sujet de manière oblique, Monénembo a pu dépasser le problème classique du rapport entre la réalité et la fiction pour un sujet dont la réalité dépasse la fiction dans l'imaginaire de l'écrivain et du lecteur. Une telle déconstruction des codes sur laquelle reposait jusqu'à maintenant le cadre convenu du roman, notamment celui de la perception du personnage comme sujet cohérent et conscient, mène à un autre aspect intéressant de ce roman: l'exploration de l'univers symbolique du monde par l'écriture.

Du jeu de l'enfant à l'art du jeu

Tout comme *L'aîné* n'est pas un livre d'histoire, mais une œuvre littéraire, la manière dont il construit une représentation du génocide comme événement extraordinaire du monde est symbolique et non analytique. Sa singularité, la fonction et la place qu'il partage avec tous les textes littéraires, proviennent également de l'objet dont il propose la connaissance. En effet, doté d'un mode propre de dire le monde et d'une visée singulière, le texte littéraire, en l'occurrence le roman, existe autrement que comme document. En tant qu'interprétation, le roman possède une valeur représentative au second degré dans la mesure où il articule une dimension de connaissance et une visée subjective. À travers lui le romancier confère un sens symbolique au monde et à sa propre situation. Cela fait du roman une interprétation de la culture dans le sens de la construction d'une *forme de vie* organisée dans la cité. Le génocide serait alors une interprétation régressive de la culture, c'est-à-dire le retour à l'état de nature, à la violence absolue, gratuite, lorsque se produit une rupture entre la culture et le sacré et qu'un engourdissement moral s'empare d'une société dont la sensibilité au vide et au mal se trouve atrophiée et endormie. Une telle désacralisation est symbolisée par le motif du rocher qui figure le pilier sur lequel reposait le sacré dans le Rwanda ancien.

À l'origine, il y avait le rocher de Kinani dans le Mubari où sont tombés Kigwa, ancêtre des Rwandais et premier souverain du pays. Fondateur de l'univers et du tambour emblème, Kigwa et son rocher signifiaient le début de la civilisation et posaient le lien entre le monde d'en haut et le monde d'en bas. Son rocher servait de lieu où se rencontraient les forces antagonistes, celles du ciel (*ijuru*), de la terre habitée (*isi*) et du monde souterrain (*ikuzimu*). Sur lui reposaient le sacré et la culture. En le déplaçant, on a détruit l'équilibre entre ces trois forces et conduit au chaos actuel:

> C'était de ma faute, tant qu'à faire! La disette, le choléra, le bouillonnement des laves du Karisimbi, tout était ma faute! Tant qu'à faire, c'est moi qui avais déplacé le rocher de la Kagera, foutu un pied dans le vagin de cette dame Mukandoli dont l'image et la momie empalée a fait le tour du monde, excité les démons et déchaîné les éléments. (Monénembo 2005: 72)

Ce rocher symbolise aussi le lien entre les vivants et les morts. Son déplacement a créé la confusion des valeurs et engendré le vide éthique. Le héros, Nsenghimana, ne sait plus à quel saint se vouer quand survient l'horreur: "[je] me mis à prier tous les pouvoirs qui me passèrent par la tête: Imana et le Saint-Esprit, le rocher de la Kagera et les gris-gris du vieux Funga" (Monénembo 2005: 74). Traduisant l'origine céleste de la lignée des Rwandais, le rocher de la "Kagera" exprime une sympathie cosmique entre les êtres et les choses et une coexistence entre les Hutu, les Tutsi et les Twa. C'est ce *jadis* de l'équilibre garanti par le rocher que le narrateur regrette:

> Je m'appelle Faustin, Faustin Nsenghimana. J'ai quinze ans. Je suis dans une cellule de la prison centrale de Kigali. J'attends d'être exécuté. Je vivais avec mes parents au village de Nyamata quand les *avènements* ont commencé. Quand je pense à cette époque-là, c'est toujours malgré moi. Mais chaque fois que cela m'arrive, je me dis que je venais d'avoir dix ans pour rien. (Monénembo 2005: 14-15)

Le massacre de ses parents et la destruction de son village le vouent à une rapide déchéance morale qui le transforme en enfant de la rue, voyou et finalement meurtrier lui-même. Un autre personnage précise que depuis que le rocher a été déplacé, les habitants ont perdu les repères et le chaos s'est installé: "Ici les dieux n'ont plus de cœur. De l'autre côté du lac Kivu, il doit en rester, de la chance. Mais toi, tu ne m'écoutes jamais. Ce père blanc t'a pourri la tête. Tu ne crois plus aux pouvoirs de Funga, voilà ce qui te perdra" (Monénembo 2005: 17). Le narrateur se met alors à raconter la légende du rocher déplacé:

> Au fait, est-ce que je t'ai raconté la légende? – Un millier de fois, Funga: personne ne doit déplacer le rocher sacré de la Kagera! Les Blancs qui savaient cela l'ont fait bouger exprès. Voilà pourquoi ils nous ont vaincus et voilà

> pourquoi les cataclysmes. – Alors, promets-moi de le remettre à sa place, le rocher de la Kagera! (Monénembo 2005: 19)

À côté de ce motif du rocher de la "Kagera", motif lié à la symbolique de la stabilité et du lien entre les monde céleste, terrestre et souterrain dans l'imaginaire populaire, est associé le cerf-volant qui symbolise l'ascension du sujet qui veut s'arracher des ténèbres pour atteindre les airs, le lieu de liberté, une quête de sublimation de la condition de déchéance dans laquelle patauge le personnage-narrateur qui rapporte que son ami Lizende mort tenait toujours "la ficelle de son cerf-volant." (Monénembo 2005: 152).

Comme dans le mythe d'Icare où après avoir fabriqué des ailes géantes pour sortir du labyrinthe qui leur tenait lieu de prison, le père mit en garde le fils de ne pas monter trop dans les airs de peur de se faire brûler par le soleil. Négligeant les recommandations du père, le jeune homme s'approche de l'astre, et la cire qui fixait les ailes sur ses épaules fond. Son corps s'abîme dans les flots. Cette chute fatale se trouve symbolisée dans la rencontre entre le cerf-volant du jeune Nsenghimana avec la chute fatale de l'avion du général Habyarimana, incident considéré comme le détonateur de la poudrière génocidaire en ce printemps de 1994:

> Des cerfs-volants, notre maître d'école nous avait appris à en fabriquer. Avec une longue ficelle et cette résine qui brûle les yeux [...], j'obtins un magnifique épervier qui avait l'air d'un vrai quand il était là-haut. Mon épervier, il volait si haut qu'il aurait pu frôler l'avion du président s'il était passé par là. (Monénembo 2005: 118)

Et la mise en garde du vieux Funga contre la démesure s'inscrit dans la figuration du déplacement du rocher de la "Kagera", dit le rocher du Kinani, l'invincible. Or, c'est par ce sobriquet que se désignait le général Habyarimana lorsqu'il déclamait ses hauts-faits. Ce faisant, il brisait lui-même l'interdit populaire selon lequel un monarque ne chante pas ses hauts-faits. S'il le fait, il déclare la fin brutale de son règne; d'où ce rapprochement entre le cerf-volant de l'enfant et le déplacement du rocher du Kinani, dit l'invincible et l'avion du général Habyarimana:

> Il suffirait d'un bon coup de vent pour que ton machin il frôle le firmament. Si tu faisais tomber une étoile, pourrais-tu la remettre à sa place? Non! Fais attention, fils de

> Théoneste, tu ne seras jamais plus malin que les dieux! (Monénembo 2005: 118)

Et l'association du cerf-volant avec l'avion présidentiel *Impala* ou la Zèbre préfigure la catastrophe du génocide. La folie des grandeurs, la mégalomanie et les ambitions démesurées ont fini par perdre le pays. Funga, le sorcier du village, ayant la figure d'un sage, d'un intellectuel génial, qui arrive à prévoir dans le présent et dans l'avenir ce qui reste obstinément caché aux autres hommes, avait répété plusieurs fois que le pays courait à la catastrophe. Et personne ne l'avait écouté. Ici se lit aussi simplement le motif du jeu qui traverse presque tous les romans de Monénembo dans une trame intratextuelle tissée autour du thème général du bonheur associé à l'enfance. Cette scène de l'aventure par le rêve que permet le jeu qui émerge ici, se retrouve également dans certaines pages de *Pelourinho* (Monénembo 1995) ou de *Cinéma* (Monénembo 1997) où une véritable nostalgie de l'enfance se met en place, suivant l'archétype, souvent parodié par le narrateur, du bonheur et du paradis perdu.

Une autre interprétation symbolique s'appuie sur le motif de l'eau. Elle est un symbole ambivalent. Dans le roman, elle prend la figure de la pluie qui mouille le sol, assurant ainsi de bonnes récoltes pour les agriculteurs et de grasses génisses pour les éleveurs. Elle rythme la vie sociale des Rwandais en en alternant la saison sèche et la saison pluvieuse. Sa venue est saluée par tous. Elle est dotée de vertus purificatrices qui nettoient les cœurs des hommes:

> Mon père Théoneste aimait plus que toute cette magnifique portion de l'année. Il était persuadé que l'*itumba* (ainsi appelle-t-on la grande saison des pluies dans notre langue, le kinyarwanda) n'avait pas seulement été prévue par les dieux pour laver la terre et arroser les plantes. Elle contribuait aussi à nettoyer les cœurs et à renouveler les liens entre les hommes. Ce devait être ça: l'*itumba* avait purifié mon âme et celle de Musinkoro pour nous réunir dans le feu d'une nouvelle parenté. (Monénembo 2005: 50)

Mais d'un autre côté, l'eau symbolise la menace destructrice de l'orage. Car la pluie évoque la foudre, le feu du ciel qui réduit tout en cendres. Dans le roman, elle est associée à la tragédie qui a frappé le Rwanda, changeant l'élément vital de l'eau en pouvoir maléfique et destructeur pour l'homme:

> Le malheur fait penser à la pluie: contrairement aux apparences, il n'est jamais subit, me disait le vieux Funga.

> Cela vient d'une succession de petites choses qui s'accumulent […], et, un beau jour, ça déborde et voici que l'eau gicle de partout ou bien alors dans le sang. (Monénembo 2005: 110)

La même symbolique est reprise à un autre endroit du récit, dans la scène mettant en présence Claudine Karemera, travailleuse sociale s'occupant des enfants de la rue, et Sembé, l'enfant orphelin. Ce malheur évoque l'action destructrice de la foudre qui "tombe sur le toit" d'une case et disperse ses occupants dans une fuite éperdue à travers monts et vallées (Monénembo 2005: 61-62).

Cette partie du roman évoque également le thème même du projet, le devoir de mémoire, qui est généralisé à l'ensemble de l'histoire africaine, évoquée dans ses manifestations locales au Rwanda. En racontant ces temps anciens pour la mémoire disloquée du temps présent, le roman renoue avec le thème de l'engagement de l'écrivain africain, Monénembo, qui, dans la foulée de la réflexion sur la mémoire, l'histoire et l'imaginaire, soutient l'idée que l'écrivain invente le monde à travers une mémoire tordue, disloquée et trouée par les événements. De ces bribes de mémoire jouxtant l'Afrique et l'Occident se lisent l'histoire du temps présent, temps où les enfants, s'ils ont "un sacré avantage", car "ils n'ont aucun sens du drame", et si leur "vie reste un jeu même en cas de désastre", reste marqué par un horizon fermé à l'avenir (Monénembo 2005: 95). Tierno Monénembo montre ce qu'il est urgent de montrer aujourd'hui, non seulement un mémorial tourné vers les massacres du passé, mais l'augure d'un sombre avenir, dans la mesure où les enfants figurés par le personnage de Faustin sont socialement et psychiquement ravagés par le génocide et portent en eux, inéluctablement, le germe d'une violence future.

Conclusion

Cette lecture du roman, centrée sur la parole de l'enfant dans un récit de génocide, a mis en exergue le conflit entre les formes de ce texte - vouloir dire l'extermination des Tutsi - et les conditions d'acceptabilité par le lecteur pouvoir comprendre l'événement grâce aux conventions culturelles et artistiques. Il est à constater que si la vérité de l'événement ne peut naître d'une connaissance superficielle des faits dans la réalité du génocide, elle peut s'exprimer également de manière différente dans la fiction. Aussi divers procédés établissent-ils des relations entre l'événement – ici le génocide – et la fiction qui l'intègre, comme celui qui consiste à couper le texte romanesque de collages, extraits de journaux, rapports et discours officiels, afin de lui conférer l'authenticité et en même temps confronter la fiction à la réalité. Néanmoins ces *informations* sont assumées dans une narration parodique par un narrateur-enfant les mettant à distance et créant le doute sur leur authenticité dans le long processus d'une quête d'un vrai témoignage du génocide. Ceci parce que d'ordinaire, le discours romanesque part du réel, le subvertit et le dépasse alors que dans le récit du génocide, l'imagination du romancier travaille sur une réalité qu'il perçoit lui-même comme *irréelle*, *indicible, innommable* et, par conséquent, inacceptable. Le défi du romancier du génocide consiste moins à rendre crédible un monde imaginaire sadique, mais à rendre vraisemblable une réalité *absurde* et défiant toutes les normes. C'est dans la reconnaissance de cet obstacle que la mise en fiction du génocide amorce la réflexion sur la validité du roman réaliste pour raconter la crudité des évènements du génocide.

Dire le génocide force le choix d'une écriture caractérisée par la sobriété. Celle-ci agit de manière symbolique. Elle manifeste une volonté délibérée de dépouillement du récit, le refus des images, des comparaisons et des métaphores. Elle simule le silence et donne au récit sa puissance suggestive et à l'histoire racontée sa vérité. Puisque la situation à décrire est démente, le mot qui la dépeint doit être précis, approprié. Car si dans le roman conventionnel l'écriture se fonde sur une fabulation qui se traduit par le libre jeu des mots, des métaphores par l'intermédiaire desquelles s'engage le dialogue culturel entre le lecteur et l'écrivain, le dire du génocide exige l'invention d'une nouvelle forme. C'est celle qui ressuscite l'univers bestial des massacres, les victoires et les défaites de l'être moral, et en impose la vérité.

Le traitement du sujet oblige le romancier à contourner le génocide pour mieux le cerner. L'horreur a un statut particulier dans le roman: à la fois absente et présente. Si elle apparaît comme un motif secondaire à l'intrigue principale, l'horreur finit par engloutir tout le récit en tant que figure de la mort omniprésente. On sent chez l'auteur le souci d'éviter d'englober l'événement dans un contexte signifiant qui aurait pu lui conférer un sens, un début d'explication. Si l'anéantissement pousse l'événement dans un monde irrationnel et irreprésentable selon les schémas convenus de la raison, seule la fiction, qui libère l'imagination en adoptant les voies complexes de la narration peut trouver une issue pour la mise en place d'une parole sur le génocide. Aussi le tour de force semble résider, chez Monénembo, dans la multiplication des voix des narrateurs, car leurs témoignages, loin d'éclairer la situation, ne font qu'en révéler toujours plus l'obscurité et la complexité. Et la parole de l'enfant-témoin narrateur et orphelin du génocide évalue constamment et cruellement les actions des adultes. Son pouvoir illimité s'étend sur le plan moral et narratif. Tel est le cas notamment des commentaires sur le reportage où, le plus important, sans doute, réside dans le dévoilement progressif de cette obsession de mise en scène des tragédies pour la télévision, lieu commun du journalisme, plutôt que dans une quelconque prise de conscience de la violence génocidaire.

Plus que le sujet du génocide, ce récit montre où en est l'état mental et idéologique du monde au début de ce nouveau millénaire: l'information ne sert plus à éduquer mais à divertir, d'où le motif de mise en scène très développé dans le récit. Ce qui pose également la question de l'humanité de l'humain, si la connaissance de l'existence d'un massacre en direct devant la télévision n'émeut plus le téléspectateur. Comme sur une scène de théâtre, des spectateurs assistent normalement à des spectacles sur des sujets violents sans se poser nécessairement les questions sur la violence réelle. Une manière comme une autre de se demander la valeur et la fonction de la parole sur le génocide si elle n'empêche pas la violence d'une telle ampleur de se reproduire.

La composition du roman est polyphonique. C'est-à-dire que l'unité de l'histoire racontée se saisit à travers une pluralité de points de vue et de voix narratives, laissant percevoir à quel point la réalité du génocide visée par la fiction est instable, incertaine et à quel degré elle ne cesse de se dérober. Ce sentiment est renforcé par le traitement de la temporalité du roman mettant en présence une structure diversifiée où les mêmes épisodes peuvent être pris en charge par plusieurs registres à la fois, où prolifèrent les répétitions, les ellipses, les expansions, les retours en arrière et les anticipations. On est loin du modèle convenu du récit dramatique où un enjeu est disposé dès l'introduction, et où le récit, dans l'enchaînement logique et chronologique de ses épisodes, aboutirait à un nœud de l'action, puis à un dénouement conclusif. Ici, rien de tel. Les répétitions et le retour des séquences explicatives rassurent le lecteur dérouté tout d'abord par cette prolifération de récits en apparence disparate. Ceci témoigne d'une incontestable recherche d'écriture.

Cette crise de la cohérence du récit tient également au fait que le héros, à la première personne, est désigné comme un malade mental (fou) et qu'il a séjourné dans un asile d'aliénés. La folie est celle d'abord de son père, ivrogne de surcroît, et celle du héros lui-même qui continue de jouer au cerf-volant au moment même où les miliciens attaquent son village et que tout le monde se trouve plongé dans l'angoisse de l'horreur à venir. Cette folie métaphorique sert de révélateur à la folie meurtrière des hommes autour de lui et dont les conséquences se manifestent en une peur qui l'envahit souvent sans raison lorsqu'il rôde dans la ville de Kigali.

Un tel délire de persécution ne fait que déplacer une peur motivée par ailleurs sur l'ordre du monde qui subit cette barbarie. Un tel mélange d'accents risibles et tragiques donne au roman de Monénembo une véritable dimension romanesque: dire l'indicible, nommer l'innommable en faisant cohabiter, comme dans la vie de tous les jours, le philosophique au trivial, le sérieux au banal et l'absurde au rationnel. Par la relativité des points de vue, par le doute et l'interrogation constante sur l'essence des êtres et des choses, *L'aîné* incarne l'esprit du roman en général, qui est un mélange de description d'un univers social fictif par la médiation du narrateur analyste et critique du grotesque de la vie et de ses styles, même à travers un thème aussi horrible que le génocide. Ce dire *à côté* de l'*événement* rend celui-ci plus saisissable pour le lecteur comme si le romancier se trouvait investi, peut-être malgré lui, d'une pesante responsabilité de transmettre la mémoire de ce douloureux événement. En s'émancipant de la voie réaliste, le roman arrive à transmettre une connaissance sur le génocide que les historiens n'ont pu jusqu'à maintenant transmettre sans tomber dans le pathos.

Ce refus du pathos apparaît comme une stratégie de contournement de l'indicible du génocide pour élargir le débat à la cruauté humaine de façon générale; d'où le refus du jugement moral avec ses lieux communs établissant les oppositions entre le bien et le mal, la victime et le bourreau, etc. C'est que l'enjeu de ce roman est plus esthétique que moral ou politique. Il est presque métaphysique par son interrogation de la face sombre de l'humain, broyant son semblable au-delà des motifs stéréotypés de la vengeance et du mobile quelconque. *L'aîné* n'évite pas l'*événement*, mais le soumet à une vision oblique et distanciée de façon à rendre *étrange* la représentation et à la soustraire aux codes convenus de perception "bassement soumis à la raison, à côté de l'innommable" selon le regard de Piotr Rawicz (1961: 139). Ce faisant, ce roman tente de révéler par les procédés spécifiques à sa narration, les aspects humains de cette tragédie qu'aucun autre discours ne saurait dire sans tomber dans le pathétique soumis trivialement aux lieux communs de l'explication rationnelle.

Il est à noter également l'importance de l'*incipit* dans l'écriture du récit. On sait que, selon le choix de l'écrivain, un roman peut s'ouvrir sur n'importe quel moment de l'intrigue. Dans *L'aîné*, le début, assez original, correspond à la fin de l'histoire, moment où le héros est au plus bas, point de chute de son ascension. La narration est alors une série d'*analepses* externes concernant son passé et permettant au lecteur de savoir comment le héros est arrivé en prison. Aussi, l'ordre logiquement perturbé simule la brisure d'une *histoire de vie*. Plus intéressant est encore de s'interroger sur la valeur de ce choix avec d'autres lieux stratégiques du récit, comme la clausule et l'intertextualité et la valeur testimoniale du génocide. En commençant par l'épisode de la prison qui constitue la fin dans l'histoire du personnage, Monénembo ouvre le débat sur la valeur du témoignage et du jugement des bourreaux en évoquant en écho Camus de *L'étranger* (Camus 1942) et de *La chute* (Camus 1956). Un tel début rappelle en effet Meursault devant les juges. La mésaventure de Faustin, sa révolte, le malentendu qui l'envoie à la condamnation à mort évoquent les réactions de Meursault caractérisées par une certaine attitude face au monde: indifférence, sentiment de l'absurde, célébration des plaisirs simples du corps avant la prise de conscience et la révolte. Comme Meursault, Faustin est condamné parce qu'il ne joue pas le jeu de la justice et non pour le crime commis. Sur la même lancée, l'incertitude du jugement dans la posture énonciative du narrateur de *L'aîné* évoque, toutes proportions gardées, celui de Clamence dans *La chute*. Comme Camus, Monénembo ne cherche pas à convaincre le lecteur que Faustin a tort ou a raison, qu'il est bon ou mauvais, coupable ou victime, moral ou immoral. Il cherche plutôt à décrire les stratégies inhérentes au système du jugement.

De même Faustin jouit du pouvoir de juger de l'orientation des événements du récit en tant que narrateur, de même l'auteur a choisi de porter le jugement sur les institutions sociales comme la critique littéraire qui dicte les règles de l'art et la justice qui prescrit les lois. Le roman se lit d'ailleurs comme une longue mise en abyme de la question du jugement dont l'éthos est la parodie généralisée du discours prescriptif par le jeu de l'enfant-narrateur qui se joue de l'hypocrisie des adultes. On touche ici à la dynamique intertextuelle par laquelle le roman s'ouvre à d'autres textes et se rattache aussi à l'histoire de la littérature, avec ses aléas de jugement, de condamnation mais aussi de jeux de création d'un monde équivoque par lequel ce roman se caractérise par des personnages tragiques et absurdes qui, inexplicablement, n'entrent pas dans les cadres prévus par la *doxa* sur la fiction du génocide. La littérature est au-delà du savoir. Elle est une quête toujours tendue de la réalisation d'une parole sur le monde. Un exercice continu pour un style de vie. C'est le rêve du retour à l'innocence du monde, à l'état primordial des commencements. À la fois quête du paradis perdu ou du bonheur à venir, la littérature est une quête sur le temps présent chargé de songes et d'angoisses. Elle est ici le temps de la vie consciente de son passé et de son avenir, c'est-à-dire une mise entre parenthèse du chaos d'un génocide. Aussi la figure de l'enfant agit-elle comme une métaphore anthropologique la plus lourde de sens: elle témoigne des failles de ces temps de génocides et ses langues de bois. Car l'enfance n'est pas dans *L'aîné* le temps primordial de l'innocence et de la liberté, figure que la doxa oppose volontiers et paresseusement à la violence et au despotisme de l'adulte. Et là se trouve le pouvoir de l'imagination, de la littérature et du jeu de l'enfant, pouvoir qui situe le propos de l'enfant de la rue au-delà du bien et du mal.

Références bibliographiques

Camus, Albert (1942), *L'étranger*. Paris: Gallimard.
Camus, Albert (1956), *La chute*. Paris: Gallimard.
Lévi, Primo (1989), *Les naufragés et les rescapés*. Paris: Gallimard.
Monénembo, Tierno (1986), *Les écailles du ciel*. Paris: Seuil.
Monénembo, Tierno (1995), *Pelourinho*. Paris: Seuil.
Monénembo, Tierno (1997), *Cinéma*. Paris: Seuil.
Monénembo, Tierno (2005), *L'aîné des orphelins*. Paris: Seuil.
Rawicz, Piotr (1961), *Le sang du ciel*. Paris: Gallimard.
Semprun, Jorge (1994), *L'écriture ou la vie*. Paris: Gallimard.
Semujanga, Josias (2008), *Le génocide, sujet de fiction? Analyse des récits du massacre des Tutsi dans la littérature africaine*. Québec: Nota Bene.

Représentations et Médiatisations

Representaciones mediáticas

Entre réalité et métaphore: *L'enfant endormi* de Yasmina Kassari

Mechtild Gilzmer

Introduction

Ce premier long métrage de la jeune cinéaste Yasmina Kassari traite d'un aspect jusqu'à présent oublié dans la problématique de la migration: la réalisatrice porte son regard sur la vie et le destin des femmes marocaines originaires de régions isolées et pauvres du Maroc et dont les maris émigrent en Europe à la recherche d'un travail. Le film nous montre ces femmes dans l'attente de leurs maris partis à l'étranger et ne revenant qu'une fois par an. Leur longue absence fait qu'elles sont obligées de mener de front une vie de "chef de famille"; ce sont elles qui élèvent seules les enfants conçus lors des rares visites de leurs maris. Les hommes font défaut à plusieurs titres: comme père et comme amant. Et par conséquent "L'enfant endormi" du titre du film évoque non seulement le foetus dans le corps de sa mère mais également, de manière métaphorique, la sexualité "endormie", refoulée, non vécue des femmes qui restent au pays. En abordant cet aspect de la migration des hommes, Kassari brise un tabou; elle évoque la solitude et la frustration sexuelle de toutes ces femmes dont les maris ont immigrés en Europe. Pour mesurer l'envergure du problème, il faut se rappeler que 10% des Marocains vivent dans l'immigration, et un bon nombre d'entre eux sont des hommes mariés. Jusqu'à une date récente, le fait que l'immigration touche les femmes et les hommes de manière différente n'a pas été pris en considération. Force est pourtant de constater que la migration se passe différemment pour les hommes et pour les femmes. Dans un premier temps c'étaient majoritairement des hommes qui partaient travailler en France. Ce n'est qu'à partir de 1973, lors du regroupement familial, que leurs femmes les ont rejoints. Mais: "Dans un premier temps, les femmes immigrées sont invisibles, dans l'opinion publique comme dans la recherche: la migration est perçue comme exclusivement masculine, même si la présence d'une population féminine étrangère est attestée [...]" (Maas/Mehlem/Zinify/Dejean 2001: 7). Les femmes maghrébines sont particulièrement restées dans l'ombre, du fait (essentiellement) de leur faible participation à la vie active comparativement à d'autres femmes étrangères [...] (Maas/Mehlem/Zinify/Dejean 2001: 8). "La présence des filles issues de l'immigration dans l'espace public (à l'école) a notamment généré une visibilité indirecte des mères." (Maas/Mehlem/Zinify/Dejean 2001: 9).

Cette récente prise en compte des femmes immigrées s'est traduite non seulement par des recherches à leur sujet mais aussi par des créations cinématographiques tel le film documentaire *Mémoires d'immigrés* de Yasmina Benguigui, dont un des trois volets est consacré aux femmes et/ou mères. Leur vécu dans le double ghetto (étrangère au pays d'une part et réduite à l'intérieur de la maison par son mari de l'autre) a fait par ailleurs l'objet de deux longs-métrages: *Vivre au paradis* de Bourlem Guerdjou (1998) et *Inch'Allah Dimanche* d'Yasmina Benguigui (2001).

Plus récemment on a pris conscience également du fait qu'un certain nombre de femmes émigrent seules pour trouver du travail en Europe. Le fait que ces femmes prennent le chemin de l'exil pour fuir la pauvreté dans leur propre pays et pour subvenir ainsi aux besoins de leurs familles et de leurs enfants est assez récent. Parmi les images de migrants illégaux échoués, noyés ou arrêtés à la frontière, on retient souvent les visages de jeunes gens. Ce sont eux qui dominent la vision du migrant africain vers l'Europe alors que parmi eux, il y a de plus en plus de femmes. Comme l'a montré Rita el Khayat (2004) pour l'immigration marocaine en Italie, cette migration exporte le phénomène de l'exploitation sexuelle des femmes en Europe.

Alors que ces femmes commencent à devenir objets de recherches – même si celles-ci restent encore très minoritaires – les femmes restées seules au pays et dont les hommes ont immigré n'ont pas de voix. Exception faite de la cinéaste tunisienne Moufida Tlatli qui traite ce problème dans son film *La saison des hommes*, une coproduction franco-tunisienne, sortie en 2000, les cinéastes maghrébins n'abordent pas ce sujet.

"L'enfant endormi" (2004), le titre du film de Yasmina Kassari fait référence au roman de l'écrivaine marocaine Noufissa Sbaï, *L'enfant endormi* (1987), sans pour autant reprendre son sujet. Il ne s'agit donc pas - comme on pourrait le supposer - d'une adaptation cinématographique du roman, qui lui est une réflexions critique de l'hypocrisie générale et la double morale face aux mères-célibataires. Même si l'émancipation des femmes a enregistré un progrès considérable au Maroc avec la réforme du code de la famille, il n'en reste pas moins que la moudawana de 2003 connaît des limites. Vu que la sexualité hors mariage est interdite par la loi au Maroc et passible de peines de prison, il n'y a pas de juridiction en faveur des mères célibataires. Ce sont elles qui portent dans leur corps les traces de la transgression de la loi et ce sont elles qui en payent les frais. La double morale de la société patriarcale en matière de sexualité qui permet aux hommes ce qu'elle refuse aux femmes en fait le corps expiatoire. Leur destin particulièrement dramatique est au cœur de bon nombre de récits et de romans de femmes écrivains contemporains tel *L'enfant endormi* de Noufissa Sbaï. Mais ce n'est pas de cette problématique que traite le film de Yasmine Kassari. Comme je l'ai dit plus haut, l'enfant endormi dans son film a une dimension plus métaphorique et parle des conséquences de la migration des hommes sur la vie des femmes restées au pays.

La cinéaste Yasmina Kassari

L'expérience de la migration ne lui est par ailleurs pas étrangère. Née en 1968 dans le Nord-Est du Maroc, elle rejoignit son père, travailleur immigré, en bas âge, pour être scolarisée en France. Elle passa son bac, commença des études de médecine qu'elle abandonna au bout de deux ans pour s'intéresser à la création cinématographique. Diplômée de l'INSAS (Institut National Supérieur des Arts du Spectacle et Techniques de Diffusion) en Belgique à Bruxelles en 1994, puis assistante du réalisateur belge Jean-Jacques Andrien, Yasmina Kassari a signé trois courts-métrages de fiction et un long-métrage documentaire *Quand les hommes pleurent* (2001) avant de réaliser *L'enfant endormi* en 2004. On peut considérer ces deux films comme les deux volets d'un même problème - l'effet de la migration sur les hommes et sur les femmes. Avec *Quand les hommes pleurent* Kassari retrace la migration des hommes qui s'exilent en Espagne dans une approche documentaire. Elle filme la désillusion et la souffrance de ces hommes, montre leur situation précaire et humiliante. Son film *L'enfant endormi* met l'accent sur le vécu des femmes dans une approche cette fois-ci fictionnelle et poétique. Depuis sa sortie en 2004/5 le film *L'enfant endormi* a reçu un nombre considérable de prix et de distinctions lors de sa projection dans des festivals nationaux et internationaux. Il a reçu le Grand prix du Festival de Tanger en 2005 (festival national du film), le prix spécial du Jury du Festival du Film Maghrébin à Oujda (Maroc) et des prix à Montréal, Namur, Bruxelles et Venise pour ne nommer que ceux-ci. Après avoir fait le tour du monde, le film est sorti depuis peu au Maroc où il a reçu un accueil plutôt positif.

Le film *L'enfant endormi*

A travers une esthétique sobre, de longues prises de vues du paysage et des gestes répétés des femmes au quotidien, le film traduit parfaitement la monotonie de l'attente, la pauvreté, la détresse et la solitude des femmes qui loin de toute civilisation soumises à des rites et des traditions millénaires cherchent une voie de survie entre soumission et rébellion. Face à leur destin, Zeinab et Halima, les deux protagonistes, vont chacune traverser une crise qui les amène à prendre une décision par rapport à leur vie et leur avenir.

Zeinab, mariée à un des candidats à l'émigration, se trouve enceinte quelques semaines après le départ de son mari. Sa belle-mère l'accompagne chez un guérisseur pour "endormir" l'enfant. Selon un vieux mythe maghrébin une femme peut endormir son enfant et le réveiller après la durée normale de la grossesse de neuf mois. Ce mythe, qui est accepté par la loi islamique, permet d'expliquer des grossesses et des naissances hors mariage. Dans des interviews, la cinéaste insiste sur le côté métaphorique de l'image de l'enfant endormi. Elle dit à ce propos: "En fait, j'ai emprunté un mythe qui existe depuis la nuit des temps, notamment au Maghreb. Ce mythe m'intéressait dans la mesure où il est porteur de sens par rapport à ce que je voulais raconter. Ce qui m'intéresse ce n'est pas du tout une lecture sociologique ou anthropologique de ce mythe, mais son contenu métaphorique." (Duculot 2004).

L'enfant endormi sert de métaphore sur plusieurs plans. Par cette image de l'enfant que l'on empêche de naître, Yasmina Kassari traduit l'attente interminable des femmes, mais aussi leur sexualité refoulée et opprimée. Elles n'ont pas le droit de disposer de leur corps, elles doivent accepter leur sort, attendre le retour de leurs maris et rester seule à gérer la misère et à élever les enfants. *L'enfant endormi* c'est la femme en elle-même, prise au piège de son corps et de la société patriarcale. Ce n'est que la génération suivante, les enfants telle la fille Sihame, qui pourra briser cet enfermement. Les enfants et en particulier les filles, sont porteurs de sens et garants d'un avenir transformé. A l'intérieur du gynécée que nous présente Yasmine Kassari, un espace clos à la campagne où vivent seules quatre générations de femmes qui partagent un même sort: l'absence des hommes.

Dans leur vie quotidienne se pratique une transmission généalogique féminine qui comprend aussi bien des éléments traditionnels qu'innovateurs qui, eux, peuvent déclencher une prise de conscience, des actes de solidarité (telle l'amitié entre Halima et Zeinab, le partage dans la détresse, leur encouragement mutuel). Que les femmes transmettent en partie elles-mêmes ces contradictions et les lois de leur soumission n'est pas occulté – au contraire. Et c'est ce qui fait la force du film.

Je me propose d'analyser par la suite plus particulièrement quatre séquences du film pour illustrer cette interaction et l'évolution des personnages ainsi que le rôle et la signification de la fille, tout comme les moyens cinématographiques utilisés.

1. Perspectives de femmes

Le film commence avec la scène du mariage. Zeinab, la mariée, est assise dans une pièce où d'autres femmes attendent avec elle. La caméra, qui adopte la perspective de Zeinab, se dirige vers trois filles qui scrutent la jeune mariée cachée derrière un voile (cf. fig. 1).

Fig. 1

En épousant la perspective de Zeinab, la caméra nous met littéralement dans la peau de la jeune femme provoquant ainsi l'identification avec elle, sa situation et son champ de vision subjectif. Comme elle, nous percevons le monde et les autres à travers son voile. C'est alors qu'arrive Halima, la cousine qui interrompt ce spectacle et apporte à boire.

Elle lève le voile et c'est à ce moment-là que la perspective change: nous quittons l'introspection pour devenir des spectateurs comme les autres.

> "[...] ce n'est que dans le contre champ que Yasmina Kassari dévoile l'énigme de notre perception et nous comprenons que sous le voile, il y en avait une autre, la mariée."[121]

Et puis arrive la fille de Halima. Elle lui chuchote dans l'oreille que son père Ahmed l'attend. Et Halima repart après nous avoir à nouveau remis derrière le voile. Le point de vue change à nouveau: la caméra reprend la position du début et nous subissons comme Zeinab la mise à l'écart, la séparation des autres par le voile.

---

[121] "Leuchtend rot gekleidet nähert sich uns Halima und hebt den Schleier vor unseren Augen – erst im Gegenschuss löst Yasmine Kassari das Rätsel der Situation auf, wird erkennbar, dass unter dem Schleier eine andere sitzt, die Braut eben. [...]". (Ruggle 2005: 10); [traduction de l'auteur].

> "Le voile cache à nouveau le visage de Zeinab et notre visage: nous sommes à l'intérieur et à l'extérieur de l'histoire et cela restera ainsi jusqu'à la fin du film."[122]

L'importance de la fille Sihame est signalée et soulignée par sa présence dès le début du film. C'est elle qui sert de lien entre les différents groupes et personnes rassemblées: elle sert d'intermédiaire entre ses parents, elle va vers la mariée et se cache avec elle sous le voile. Elle s'amuse avec les invités hommes assis dans la tente pendant que les femmes préparent les repas. Non seulement elle fait ainsi le lien entre les deux mondes – le monde masculin et le monde féminin – mais elle symbolise aussi l'espoir du changement, de la transformation de la situation des femmes. Avec son regard naïf sur le monde qui ne connaît pas encore les règles du monde des adultes, elle interroge les femmes. Elle rejoint Zeinab sous son voile pour lui poser des questions concernant le rituel du mariage. Elle seule a la possibilité et le droit d'accéder aussi facilement aux lieux réservés à un sexe ou à un autre. La scène qui montre Sihame sous le voile avec Zeinab qui lui explique les gestes et rituels du mariage, le fait qu'elle doit attendre immobilisée toute la journée sous le voile dégage une grande force émotive et symbolique: c'est l'image d'une réunion dans le destin d'être femme. Mais puisque Sihame pourra facilement se libérer de ce voile et quitter ce cocon, cette image nous livre aussi le message d'une libération possible, d'un autre avenir.

2. Entre image et réalité

Le lendemain du mariage s'annonce triste. Là où les femmes préparaient à manger, il ne reste que quelques cendres. Les hommes quittent la ferme en disant adieu chacun à leurs mères. Selon la tradition, les épouses ne comptent pas, elles passent au second plan. A ce moment-là, Sihame apparaît brusquement en courant, elle n'accepte pas que son père, Ahmed parte. Elle arrive en pleurant, se jette sur lui et ne veut plus le lâcher. Contrairement aux femmes adultes qui font preuve de discipline et acceptent les contraintes de la réalité Sihame exprime ses émotions face à ce mur de silence et de soumission.

Par la suite, le film met en scène la monotonie de l'attente des femmes. Zeinab est enceinte et sa belle-mère la convainc de faire "endormir l'enfant" dans le but de faire revenir Hassan, le père de l'enfant. Elles vont chez le

[122] "Der Schleier senkt sich wieder über Zeinabs und auch über unser Gesichtsfeld: Wir sind innen und außen in dieser Geschichte, das wird auch für den Rest des Filmes so bleiben, innen und aussen und mittendrin." (Ruggle 2005: 10); [traduction de l'auteur].

guérisseur en ville qui explique à Zeinab le fonctionnement de son intervention: il lui donne un papier sur lequel il a écrit une formule magique. Si elle ouvre ou perd ce papier sans respecter un rituel bien déterminé, l'enfant sera perdu.

Après quelques mois d'attente, les hommes qui sont enfin arrivés en Espagne envoient des messages à leurs familles par cassette vidéo. L'utilisation de ces images vidéo à l'intérieur du film constitue un élément esthétique très particulier du film. Cette mise en abîme traduit parfaitement l'écart entre les deux mondes: le Maroc et l'Europe, entre ceux qui partent et celles qui restent. Les hommes sont présents par la seule intermédiaire de l'image. Leur présence dans l'image renvoie à leur absence dans la réalité. L'écran de télévision qui fait apparaître les hommes est le symbole même de cette séparation. Ils sont physiquement absents et symboliquement présents. Par ailleurs, ces messages vidéo accentuent l'impression de solitude, de distance et de manque de communication réelle et authentique entre les hommes et les femmes. Et puis le contraste entre la sobriété des lieux et la modernité des moyens techniques utilisés souligne la pauvreté et la simplicité du mode de vie des paysans dans cette région du Maroc.

Le fait de doubler ainsi la perspective, d'emboîter les niveaux d'images comme des poupées russes, peut être interprété également comme commentaire poétique de la cinéaste. Elle se sert de l'intermédialité pour montrer le processus de la production de l'image, sa construction. C'est très flagrant dans la scène où Halima et Zeinab produisent une cassette vidéo pour leurs maris. Elles se présentent à l'œil de la caméra - et donc à leur maris imaginés - en mettant en avant les signes de leur féminité: les cheveux parfaitement arrangés, un joli vêtement, un sourire. Le déroulement de l'enregistrement souligne le caractère de la mise en scène du personnage qui se fait enregistrer. Ce procédé artistique rappelle les commentaires indirects de l'écrivain, le procédé de la "poétique immanente" qui dévoile au lecteur la nature fictionnelle de la littérature, son caractère construit pour l'aviser de l'abîme entre réalité et fiction, provoquer chez lui une attitude critique de lecture. La cinéaste semble ainsi nous dire: Méfiez-vous! Et faites vous vous-mêmes votre propre image. Derrière les images se cache une autre réalité qui dépend de chacun de nous. La représentation perd ainsi son caractère de vérité absolue, la réalité est ce que le lecteur/spectateur découvre en lui-même.

3. Une école pour les filles

La monotonie de l'attente des femmes est interrompue par un événement important: la scolarisation de la fille Sihame. Le jour de sa scolarisation représente une étape décisive et il est marqué par un rituel spécifique. Sihame va chez la grand-mère le matin avant son départ pour l'école. Ensuite nous la voyons en classe avec les autres élèves, filles et garçons. La sobriété du lieu et le manque de moyens saute aux yeux. Un jeune instituteur demande aux élèves une définition du mot "démocratie". La réponse "el chubs" (le pain) donnée par une élève nous ramène à la réalité du pays ou des manifestations réclamant du pain pour tous ont secoué le régime et provoqué la répression dans le passé. Ce n'est pas un hasard, si c'est un enfant - et qui plus est une fille - qui prononce cette vérité. De même qu'il est significatif que l'instituteur évoque la démocratie. Par ces quelques mots et cette scène très simple la cinéaste traduit de manière saisissante le rôle et l'importance de l'éducation pour l'avenir et le progrès du pays où plus de la moitié des habitants sont encore analphabètes. En même temps la cinéaste montre aussi que ce chemin vers l'avenir est long et difficile et se heurte aux traditions qui ont la vie dure. L'instituteur est interrompu par l'arrivée de la grand-mère qui demande un jour de congé pour les enfants afin de fêter la fin de la récolte des olives. A travers la confrontation entre le jeune instituteur et la grand-mère, le film montre le clivage entre tradition et modernité au Maroc et le rôle imminent que joue l'éducation (pour et à travers les enfants comme porteurs d'avenir) dans la transformation de la société. D'un autre côté la grand-mère fait aussi figure de vrai sage, elle rappelle la valeur de la tradition qui doit s'ajouter au savoir des livres. Halima, n'ayant jamais appris à lire et à écrire mais consciente de l'importance primordiale de l'éducation insiste pour que sa fille aille à l'école.

4. Le temps de la révolte

Un jour Zeinab reçoit une cassette vidéo avec un message de son mari. Elle la regarde seule dans une pièce nue. Le cadrage de la scène est renfermé, elle traduit une atmosphère d'étouffement et d'angoisse. Une mélodie mélancolique avec un chant arabe de femme renforce cette sensation. Puis apparaît l'image de son mari Hassan sur l'écran (cf. fig. 2).

Nous le regardons dans la même perspective que Zeinab.

Fig. 2

> Hassan s'adresse seulement à sa mère et n'a pas un mot pour sa femme. La caméra change de position et zoome sur le visage de Zeinab désemparée: "Zeinab est assise seul devant un écran vide d'ou vient de disparaître l'image de son mari en Espagne. La caméra s'approche de son visage, la musique démarre et nous voyons l'écran en contre champ, écran d'où l'homme a disparu et avec lui toute illusion d'un prochain retour."[123]

Par la suite, le film montre une évolution chez les femmes. Zeinab prend des initiatives qui sont l'expression d'un début d'autonomie. Elle enregistre une cassette vidéo qu'elle envoie à son mari. Elle lui fait savoir qu'elle est enceinte d'un enfant endormi, que sa mère est morte et que les choses se passent mal depuis le départ des hommes. Halima de son côté prend sa vie en main. Elle n'est pas prête à attendre un mari qui peut-être ne reviendra jamais. A la fin du film elle décide de demander le divorce et de quitter la ferme avec un de ces deux enfants, son fils. Sihame restera avec Zeinab et les grands-parents.

Après le départ de Halima, Zeinab décide d'aller en ville, de se faire photographier avec la grand-mère et Sihame (cf. fig. 3) et d'envoyer la photo à son mari.

---

[123] "Zeinab sitzt allein da vor dem nun leer flimmernden Bildschirm, auf dem eben noch der abwesende Mann in einem Videobrief aus Spanien war. Die Kamera fährt auf ihr Gesicht zu, Musik setzt ein und in einem Gegenschuss sehen wir das Fernsehbild, auf dem sich der Mann gleichsam aufgelöst hat und mit ihm die Illusion der Rückkehr." (Ruggle 2005: 10); [traduction de l'auteur].

Fig. 3

Ici comme ailleurs dans le film, l'image semble le seul moyen possible de communication entre les hommes et les femmes, le dernier recours face au silence et au mutisme général. Par la photo, Zeinab rappelle son existence à son mari. Celui-ci n'apprécie guère cette initiative. Il lui renvoie la photo avec comme seul commentaire laconique: "Zeinab, réveille l'enfant endormi et ne mets plus jamais les pieds à Traourit sans ma permission.". Mais Zeinab décide à la fin de ne plus garder "l'enfant endormi". Elle ouvre l'étui avec le papier magique du guérisseur et elle le jette dans le fleuve, exprimant ainsi sa révolte. Sihame est là, près d'elle. Le dernier geste de Zeinab est symbolique: elle prend Sihame sur son dos et se met en route (cf. fig. 4).

Fig. 4

Zeinab se "charge" de Sihame, elle la prend en charge, remplace la mère. Leur destin est étroitement lié. Mais ce geste traduit aussi une grande complicité entre la jeune femme et la fille, qui représente la transition et l'avenir.

Même si à première vue, l'enfance ne semble pas être le sujet principal du film de Yasmina Kassari, l'enfantement et les conditions de l'enfance au Maroc se trouvent dans une certaine mesure au cœur du film. L'idée de transmission est renforcée par la mise en image de quatre générations de femmes qui vivent seules dans une cohabitation proche et intime. Alors que les aînées ont accepté et transmis la dépendance et la soumission, Halima et Zeynab rompent avec cette filiation, montrant à la fille par leur exemple qu'une autre vie sera possible.

Références bibliographiques

Duculot, Pierre (2004), Interview avec Yasmine Kassari, dans: *Cinergie*. N° 89.

El Khayat, Rita (2004), *Les "Bonnes" de Paris. Essai sur l'émigration des femmes maghrébines*. Casablanca: Éditions Aïni Bennaï.

Maas, Ulrich/Mehlem, Mina/Zinify, Carine/Dejean, Carine (2001), "Femmes marocaines immigrées (ou issues de l'immigration) en Europe. Les femmes d'origine marocaine en Allemagne (région de la Ruhr): séances d'apprentissage du Coran et identité religieuse". http://www.imageuro.net/mediaterraneo/archivio/mediter/pdf/donmar.pdf (13.01.2010).

Ruggle, Walter (2005), *L'enfant endormi* (Yasmine Kassari), dans: Trigon-Film (Hg.): *Trigon-Film-Magazin*. N° 30, 10.

Sbaï, Noufissa (1987), *L'enfant endormi*. Rabat: Edino.

Schwartz, Helmut (2008), "Zwischen den Welten: Yasmine Kassaris *L'enfant endormi* im Kontext maghrebinischer und franko-maghrebinischer Filme über Frauen und Migration", dans: Susanne Gehrmann/Mechtild Gilzmer (éds.): *Geschlechterordnungen in Nordafrika – Umbrüche und Perspektiven in Literatur, Film und Gesellschaft*. Mainz: Kinzelbach, 217-226.

Trigon-Film (Hg.) (2005), *Trigon-Film-Magazin*, différents articles sur le film de Yasmine Kassari. N° 30.

Filmographie

L'enfant endormi (2004), Belgique/Maroc. Réalisatrice: Yasmina Kassari. Fiction, 95 mns.

Inch'Allah Dimanche (2001), France/Algérie. Réalisatrice: Yasmina Benguigui. Fiction, 98 mns.

Mémoires d'immigrés (1997), France. Réalisatrice: Yasmina Benguigui. Documentaire, 160 mns.

La saison des hommes (2000), Tunisie. Réalisateur: Moufida Tlatli. Fiction, 122 mns.

Quand les hommes pleurent (2001), Belgique. Réalisatrice: Yasmine Kassari. Documentaire, 57 mns.

Vivre au paradis (1998), France. Réalisateur: Bourlem Guerdjou. Fiction, 105 mns.

Nouvelles icônes: enfants-soldats et jeunes guerriers

Ute Fendler

Le "discours visuel" utilise des images qui ont été transmises grâce à la mémoire communicative, qui reconstruit la mémoire en commentant les images pour la génération suivante. L'imaginaire qui se crée ainsi véhicule des valeurs morales qui illustrent tous les changements et ruptures que cet imaginaire subit le long des décennies. Ce qui est frappant depuis les années 1990, c'est la forte présence d'images qui illustrent le phénomène des "enfants-soldats". Ces images montrent souvent un jeune homme, dont l'âge peut varier entre approximativement huit et vingt ans, une arme automatique dans les mains, le visage face à la caméra, le regard chargé de défi et de rage, mais parfois aussi de tristesse, de résignation ou de fatigue. Son habit est rarement un uniforme, mais plutôt un patchwork de vêtements: un pantalon d'uniforme, un t-shirt, une chemise, souvent déchirée, un foulard ou un bandeau noué autour de la tête, des cauris et/ou des "gris-gris" sous la forme de petits sacs en cuir autour du cou ou attachés à la ceinture, parfois des ceintures de cartouches sur l'épaule. On retrouve des images similaires dans la représentation des jeunes des banlieues des grands centres urbains africains et sud-américains, évoluant dans un univers plein de promesses – surtout matérielles - des sociétés modernes, mais sans y avoir accès.

Cette représentation renvoie aussi aux modèles des musiciens des mouvements Rap et Hip-Hop dès les années 1980 aux Etats-Unis. Les enfants soldats – comme les adolescents des banlieues d'ailleurs - semblent reprendre des éléments de ces styles vestimentaires qui mêlent des éléments des arts martiaux et des attributs censés représentés une certaine adhésion à l'Afrique, des symboles de la richesse matérielle et du pouvoir et des habits traditionnels africains. La manière dont les jeunes hommes créent une mise-en-scène d'eux-mêmes en adaptant des modèles de films surtout américains fut illustrée dans des films comme *Bronx-Barbès* (2000) de l'anthropologue française Eliane de Latour dans lequel on voit p. ex. un jeune qui passe le rite d'initiation pour devenir membre d'un groupe de la rue à Abidjan. Il choisit son style, et avec le style une identité: ses références sont un cowboy, un héros de film de Kung Fu ou dans le style "Rambo" (voir Fendler 2011). Ainsi se crée un champ d'images dans lequel les limites entre guerriers, enfants-soldats, rebelles, gangsters, sont fluides. Ce qui est frappant d'ailleurs dans la représentation, c'est la combinaison d'éléments divers signifiant l'enfance ou la jeunesse et d'autres signifiant la virilité, la force, donc un homme adulte, recruté et formé au combat par et pour une institution comme l'armée d'un pays. Les images mettent l'accent sur la jeunesse des personnages, une jeunesse qui mêle force et fragilité. La conséquence de cette ambigüité de l'aspect physique des jeunes est que l'image peut être interprétée selon l'appréciation du spectateur et ou selon le contexte dans lequel l'image est présentée et reçue.

Laurent Gervereau montre dans son *Histoire du visuel au XXe siècle* (2003) que la signification d'une image dépend toujours de son contexte, de la personne qui l'a prise, de l'endroit, du destinataire etc. L'image peut être interprétée selon la perspective du spectateur, si la légende accompagnant l'image n'oriente pas déjà le spectateur dans une certaine direction. Gervereau développe ses réflexions à partir des photographies sur la guerre du Vietnam. Il argumente que les images sont des narrations qui invitent à s'imaginer un événement. Sans la représentation, l'événement n'existerait pas. Le pouvoir de la visualisation, en quelque sorte aussi la création de l'événement, sont aussi dus à ce double-sens, à la pluri-focalisation qui permet de narrer l'événement chaque fois différemment, jusqu'à ce que l'image devienne une icône qui renvoie toujours à une signification symbolique qui se trouve ailleurs et est déterminée par un autre discours (Gervereau 2003: 162-170). En outre, Gervereau propose une approche comparatiste pour pouvoir cerner cette construction d'une signification symbolique: "L'iconologie ne peut trouver de définition que comme *science interprétative comparatiste*."(Gervereau 2003: 491).

Le comparatiste Daniel-Henri Pageaux, dans ses lectures, s'inspire entre autres des écrits d'anthropologues comme Michel Leiris ou Françoise Héritier. Il voit certains parallèles entre les démarches comparatistes et anthropologiques qui tentent de penser l'altérité en comparant des données culturelles, historiques et sociales. La littérature et les médias sont des formes culturelles qui permettent à une communauté de "se voir, de se dire, se rêver" (Pageaux 2007: 324). L'anthropologue cherche, selon Pageaux, "l'invariant qui ne renvoie pas à un contenu ou à un thème, mais qu'il situe au niveau du fonctionnement des structures, des rapports entre éléments discernés" (Pageaux 2007: 321). C'est une démarche qui vaut aussi pour le comparatiste. Les différentes tentatives de "symboliser", de donner un sens à des phénomènes rencontrés en combinaison avec la recherche de structures permettent de mieux comprendre comment l'homme entreprend de donner un sens aux étapes de l'enfance et de la jeunesse d'un côté, et comment, de l'autre il tente de symboliser, d'expliquer des phénomènes divergents de la norme véhiculée implicitement. La tentative de "symboliser" dont parle Pageaux nous aidera à aborder l'aspect de la médiatisation des images sur (ou de) l'enfance et de la jeunesse. Ces notions, "enfance" et "jeunesse", véhiculent des connotations culturelles et symboliques qui se retrouvent dans des visualisations sous des formes multiples selon des supports différents comme la photographie et le film dans des contextes esthétiques et institutionnels variant.

Dans la comparaison d'images, le réseau de reprises, de citations, de variations laisse entrevoir des lignes de lectures et d'interprétation qui se croisent et forment des nœuds susceptibles de révéler une signification symbolique. Je propose d'analyser des films d'horizons africains et sud-américains qui abordent les mêmes sujets, notamment des conflits armés et la violence dans des contextes géographiques différents. Une telle comparaison de films de provenances différentes mais autour d'une même thématique nous permettra de discerner des parallèles dans la construction d'images, peut-être d'"icônes".

Une approche comparatiste a été réalisée d'une manière implicite dans deux publications importantes sur les enfants-soldats, notamment *Innocents lost* (2005) de Jimmy Briggs et *Vanguard and Vandals* (2005) de Jon Abbink et Ineke Van Kessel. Briggs parle des enfants-soldats dans des régions aussi diverses que le Rwanda, le Sri Lanka, l'Afghanistan et l'Ouganda. Il y cherche des parallèles entre les histoires locales qui pourraient dévoiler les mécanismes de systèmes économiques et politiques et leurs impacts respectifs sur les jeunes hommes devenus soldats.

Les témoignages recueillis par Jimmy Briggs donnent la parole aux enfants et aux jeunes qui vivent une vie d'adulte avec de lourdes responsabilités dont celle du pouvoir de décision sur la vie ou la mort. Ce sont des variations sur le même thème: la perte de l'innocence. L'innocence comme caractéristique inhérente à la jeunesse symbolise la possibilité de recommencer la vie à zéro, une nouvelle chance qui donnerait aussi une nouvelle vie. La sauvegarde de cet espoir pour un renouveau de la société, de la vie ne peut être garantie que par la protection de l'enfance et de la jeunesse la. L'enfance et la jeunesse représentent des valeurs au-delà de la première signification de l'âge, notamment cette jeunesse représente un bien qui mériterait d'être gardé et protégé dans l'intérêt et au profit de toute la communauté, ce qui semble valable au-delà des frontières culturelles, spatiales et temporelles.

Le titre du deuxième exemple, *Vanguards and Vandals*, capte parfaitement cette ambigüité de l'attribution de valeurs à la jeunesse: les enfants et les jeunes représentent l'avenir de chaque communauté; ils symbolisent aussi le renouvellement de celle-ci par de nouvelles idées. Cette idée d'évolution nécessite aussi celle d'un changement, ou même d'un acte révolutionnaire, qui implique l'usage de la force – et parfois de la violence – pour briser des frontières et surmonter des figements. Même s'ils ne font pas une comparaison explicite entre les pays dans lesquels les auteurs ont décrit le phénomène des enfants-soldats, ces deux recueils peuvent être la base d'une approche comparatiste. Les analyses des films africains et sud-américains révèlent la manière de voir et de rêver le monde et dans le cas des films qui nous intéressent, de voir et de rêver l'enfance et la jeunesse tout en créant des icônes de guerriers. Ces parallèles nous permettent ainsi de comparer les démarches esthétiques qui sont mises en place pour créer des icônes.

Les enfants-soldats

Le thème des enfants-soldats permet de lier les réflexions de Gervereau sur les images en temps de guerre à la représentation des enfants et des jeunes comme soldats. Deux films nous serviront d'exemples: *Ezra* (2007) du Nigérian Newton Aduaka, couronné par le grand prix du Fespaco en 2007 et *Paloma de papel* (2003) du Péruvien Fabrizio Aguilar. Dans les deux films, la narration, à partir de constellations historiques, déroule un destin individuel dans le contexte d'un conflit entre une armée qui défend le gouvernement en place contre des rebelles qui réclament une meilleure répartition des biens, une plus grande égalité et plus de justice sociales.

Le film *Ezra* place un jeune homme, ancien enfant-soldat, au centre de la narration. La séquence d'ouverture montre d'abord Ezra âgé d'une vingtaine d'années en train de fabriquer un objet en bois. Il laisse brusquement tout tomber, sort de l'atelier avec un air égaré, douloureux même. Un fondu au noir interrompt la narration pour présenter le titre "Ezra" et continuer avec une séquence qui a lieu dans une école en brousse. Un garçon entre en classe en retard, une fille regarde par la fenêtre et semble attendre l'arrivée de ce garçon. Rapidement l'atmosphère change: dans le cadre du portail qui donne sur la cour de l'école, apparaissent fugitivement des figures. L'atmosphère paisible et l'attention des élèves sont interrompues brutalement par des tirs de mitraillettes. Le mouvement de la caméra change avec l'irruption du danger et du chaos dans la cour: c'est une caméra instable, rapide, qui tente de suivre les divers mouvements dans un changement fréquent de perspectives et de directions. Cette séquence se termine sur le portail par lequel se retire le dernier soldat qui porte un lance-flammes. Le portail devient ainsi le point de transition entre d'un côté un monde ordonné, protégé, dans lequel les enfants grandissent avec le seul souci d'apprendre pour mieux affronter le monde des adultes, et de l'autre côté un monde dangereux, menaçant, qui impose par la violence un autre ordre. Suit une partie consacrée à la formation idéologique et pratique des enfants enlevés: par le canal d'une école politique et militaire, ils apprennent l'art de la guerre des rebelles et s'intègrent à une communauté parallèle avec ses propres lois, règles, et hiérarchies. Cette longue partie sert à présenter les deux mondes auxquels les enfants sont confrontés, et illustre le processus par lequel les enfants deviennent des membres d'une communauté à travers l'éducation et la formation qu'ils reçoivent. Ce montage parallèle des deux mondes met l'accent sur la responsabilité des adultes qui déterminent le fonctionnement et les codes des communautés dont l'individu devient membre à la naissance.

Après cette partie introductrice, la narration d'*Ezra* propose une alternance entre les moments où le jeune homme comparaît devant la commission de réconciliation et des flashbacks qui illustrent ce que les témoins et Ezra racontent. Le film s'inscrit donc dans une recherche de la vérité, de l'attestation sur ce qui s'est passé lors des attaques des rebelles pendant lesquelles les parents d'Ezra ont trouvé la mort. Il articule aussi un travail de mémoire, la mémoire qu'Ezra a perdue suite à la consommation de drogues qui étaient administrées aux soldats lors descombats. Ses souvenirs ne que sont des bribes qu'il tente de remettre en ordre. A la fin, l'oncle d'Ezra et le président de la commission, ex-général américain, font porter la responsabilité sur les adultes qui élèvent, forment et guident les jeunes et auraient ce faisant exploité la dépendance des jeunes pour réaliser leurs propres intérêts.

Au début du film, le spectateur peut suivre le processus par lequel ce garçon se transforme en soldat: il endosse un uniforme vert et semble ainsi intégrer une unité de combat régulière. Adulte, son apparence change: il est habillé d'un pantalon kaki, vestige de l'uniforme, porte un débardeur, un bandeau qui retient ses cheveux non peignés, d'où pend un cauri sur son front. Le récit du film met en avant la transformation de l'enfant en enfant-soldat comme un jeune dérangé, mal contrôlé, sauvage même, qui tente de réapprendre à être un membre de la communauté. L'apparence d'Ezra s'est rapprochée de l'image stéréotypée de l'enfant-soldat dans les médias en général. La forte présence de l'aspect visuel de ce type dans les médias renforce des connotations qui font penser à un guerrier, qui peut être sauvage, cruel, mais aussi brave et entreprenant. Cette procédure de visualisation qui définit un phénomène par un nombre réduit de caractéristiques, est à la base de la création d'une icône: la reconnaissance d'une signification symbolique à partir d'un complexe de caractéristiques qui incarne aussi les valeurs prônées par la communauté concernée, comme le dynamisme, le courage, la force juvénile et virile.

Le film *Ezra* reprend cette icône et tente de la déconstruire: en montrant le garçon innocent au début et le jeune homme vulnérable et souffrant à la fin de ce récit de vie d'un enfant-soldat. Il démonte la fascination que pourrait éventuellement exercer cette icône sur le spectateur en terminant avec une caméra qui tourne sur elle-même en captant des images floues des arbres sur fond d'un ciel nuageux. Ainsi Aduaka illustre la perte d'orientation, la perte de soi d'un être humain forcé à tuer ses proches sous le prétexte de garder des valeurs morales comme l'honneur, la justice et la liberté.

Pour appuyer notre thèse de l'illustration de l'enfant-soldat sous forme typifiée transformée en icône, nous voudrions citer deux autres exemples.

L'adaptation filmique du roman *Johnny Chien Méchant* (2002) d'Emmanuel Dongala par le directeur Jean-Stéphane Sauvaire (2008) raconte également l'histoire d'un enfant-soldat qui mène sa propre petite troupe tout en pillant et en tuant. Au centre se trouve encore une fois l'icône de l'enfant-soldat. Sur l'affiche officielle du film, on voit le soldat, poitrine nue, tout juste couverte d'un gilet et d'une douzaine de chaînes et de chapelets. Dans ce cas, l'aspect religieux-iconique est visualisé de manière explicite par l'utilisation des chapelets qui dans un premier temps auraient dû signifier la protection céleste pour le soldat, mais qui tourne à la dérision avec la perte des valeurs morales.

Avec sa main droite, le soldat soulève une arme pointée vers le ciel. Cette posture est exactement la même que la figure Ezra sur une des affiches officielles du film, comme si ces jeunes rappelaient aux spectateurs l'ancienne signification du guerrier qui est modifiée dans ces nouveaux contextes.

La standardisation d'une image qui représente l'enfant-soldat comme un jeune guerrier, d'allure brave, mais aussi sauvage, menaçant, semble attirer l'attention du spectateur vers cette ambigüité de la signification selon les attentes et les contextes du public.

Fig. 1 (Cinefacto 2007)

Le moyen métrage du franco-algérien Mehdi Charef *Tanza* qui figure parmi six films sous le titre *All the invisible children* (2005) présentés par l'UNICEF pour illustrer ce qui signifie être enfant dans divers contextes culturels, sociaux et historiques, montre un garçon d'une douzaine d'années qui est soldat et pose des questions sur la signification de l'acte de tuer. Ce film se termine sur une séquence où Tanza devrait placer une bombe dans une salle de classe pour éliminer les soi-disant ennemis. Par des indices discrets, le spectateur réalise que la classe est située dans le village natal de Tanza, qui, au moment où son regard découvre l'écriture d'élèves au tableau dans la pénombre de la salle se rappelle son enfance, le temps heureux et léger passé à l'école. Un gros plan suit, montrant les larmes aux yeux de l'enfant qui, face au souvenir de son enfance perdue, de son souvenir de l'école et des jeux, arrête la bombe. Tanza semble retrouver son enfance dans ce moment perdu et refuse de faire éclater la bombe.

Il est intéressant de voir que la représentation de Tanza est moins typifiée. Il est habillé en loques, porte une arme qui semble être trop grande et trop lourde pour lui. Ce sont les bottes, trop grandes, qui lui donnent un aspect d'adulte et de soldat. Au moment où ses souvenirs d'enfance reviennent, il les enlève et redevient enfant. C'est peut-être aussi la courte durée du film qui fait que Tanza ressemble moins à l'icône de l'enfant-soldat. Il est moins typifié, ce qui permet au personnage de se transformer plus rapidement, de redevenir le garçon qu'il avait été avant la guerre.

Les trois films reprennent la représentation visuelle de l'enfant-soldat pour illustrer la tension entre les deux pôles de cette figure: l'enfant qui véhicule l'espoir de la communauté en tant que gage d'avenir et le soldat qui peut être l'homme brave ou sauvage selon les circonstances. Ainsi, l'enfant-soldat semble être un phénomène presque monstrueux, car il réunit deux significations opposées qui, selon les valeurs morales, ne devraient pas se rencontrer, qui représente donc l'inimaginable.

Dans le contexte du Pérou, le phénomène de l'enfant-soldat comme rebelle est également présent, mais sa visualisation est moins typifiée. On n'y retrouve pas ce guerrier contradictoire qui semble menacer la communauté. Par contre, la contradiction entre la signification positive de l'enfant ou du jeune comme porteur d'avenir d'un côté et comme combattant qui détruit la communauté y est aussi présente.

Le film *Paloma de Papel* ne met pas en avant le personnage principal comme "héros solitaire", comme dans les films africains cités ci-dessus, mais plutôt le jeune homme comme membre d'un groupe, ce qui est symbolisé par un jeu qu'on voit au début du film: José, un jeune homme d'une vingtaine d'années, quitte la prison et rentre au village où lui viennent à l'esprit des souvenirs d'enfance qui sont présentés dans le film comme un long flash-back. Enfant, José est enlevé par des rebelles. Le commandant veut être une sorte de père pour lui, pour l'intégrer dans sa nouvelle "famille", la troupe de rebelles enfants, mais pour prouver sa loyauté et marquer son appartenance, il doit faire montre de courage: il doit tuer un prisonnier.

José essaie plusieurs fois de s'enfuir et réussit une fois à rentrer au village, mais sa fuite provoque une répression violenteà l'encontre des membres de sa famille et des villageois. Sa vie d'enfant-soldat prend fin quand il est arrêté lors d'une embuscade et interné. Les "palomas de papel" ("colombes en papier") qu'il fabrique en prison pour faire passer le temps renvoient à la signification symbolique de la colombe – la paix –, et aux jeux d'enfants, à la témérité innocente, à la vulnérabilité. Ce film met l'accent davantage sur la socialisation forcée de l'enfant et la resocialisation de l'ancien rebelle par la punition.

Les démarches, dans les deux contextes, sont les mêmes: les enfants sont enlevés et intégrés dans une nouvelle communauté où on leur transmet des valeurs sociales et politiques qui projettent un modèle idéologique et, souvent prétendent combler le vide existant au sein de la société civile. Leur dépendance morale et affective est renforcée par la menace de répressions et de mort. Mimant les étapes du passage de l'enfance à l'adolescence dans la vie d'un jeune, ce monde parallèle instaure aussi des rites d'initiation et aussi en même temps oblige les enfants à franchir un point de non-retour qui permet de s'enfoncer dans la violence: tuer un adversaire fait partie des épreuves imposées pour être accepté et respecté au sein de la communauté rebelle.

Les parallèles entre les deux mondes sont frappants, le besoin d'autorité, d'orientation et d'encadrement pour les jeunes est utilisé pour bâtir une société selon les idéologies respectives. Pour les jeunes, cela signifie qu'ils tentent de s'intégrer à une communauté en suivant les règles données par les adultes. Ce parallélisme montre aux spectateurs à quel point les enfants et les adolescents sont vulnérables dans leur évolution qui dépend principalement de leur encadrement social et émotionnel.

La représentation des enfants-soldats dans ces films souligne l'éloignement moral, émotionnel et spatial des enfants de leurs familles et le remplacement d'un cadre familial par une communauté soldatesque. L'école joue toujours un grand rôle, car elle représente le monde enfantin où règne une alternance d'apprentissage et de jeux, permettant aux enfants de s'épanouir et de nouer des amitiés.

Les trois films soulignent donc toujours l'aspect de l'enfance perdue – représentée par l'école –, et les relations émotionnelles avec la mère, la famille ou d'autres enfants. Implicitement, ces films montrent ce que l'enfance devrait être ou signifier: la sécurité, l'amour, le jeu, l'apprentissage, la croissance.

La mise en parallèle du monde plus ou moins réel en crise et de cet imaginaire d'une enfance qui représente un idéal de la société comme référence à travers la représentation de l'école ou les jeux d'enfants, accuse surtout les défaillances de la politique qui est censée fixer les règles et le cadre pour assurer la sécurité pour tous les membres d'une société. Il est intéressant de voir que ces films – indépendamment de leur provenance - donnent la parole aux enfants et semblent accuser les adultes, qui ont la charge de la protection et de l'encadrement des enfants.

Notre approche comparatiste a fait ressortir les parallèles entre les deux sphères géographiques et culturelles. Ce qui est frappant, c'est la grande différence dans l'illustration du phénomène. L'icône de l'enfant-soldat dans le contexte africain trouve pourtant son pendant en Amérique Latine, mais dans la représentation des jeunes des banlieues des mégapoles.

La jeunesse dans les banlieues

La jeunesse dans les banlieues de grandes agglomérations – en Afrique et en Amérique du Sud - est un sujet qui est souvent à la une des médias suite à des manifestations – souvent violentes - à travers lesquelles les jeunes expriment leur désespoir, leurs espoirs perdus, et leurs attentes vis-à-vis de la société à laquelle ils demandent la réalisation des promesses qui leur sont faites. Ainsi les banlieues deviennent des espaces urbains où des affrontements violents se produisent qu'on peut rapprocher des conflits armés dans des guerres présentées comme desoi-disants conflits ethniques. Dans la représentation des jeunes habitants de la banlieue, on retrouve les mêmes attributs de l'icône du jeune soldat-rebelle, notamment le style vestimentaire, les attributs qui renvoient à une culture subversive des groupes marginalisés des mouvements Rap et Hip-Hop en combinaison avec des références à une culture "africaine" et sud-américaine. Ce parallèle entre la représentation de l'enfant-soldat et le jeune rebelle ou bandit des grandes villes illustre l'arrivée du conflit, souvent armé, au sein de la société.

C'est par exemple le cas dans un film comme *Cidade de Deus* (2002) du cinéaste brésilien Fernando Meirelles. La dégradation d'une banlieue avec ses logements sociaux en ghetto où règne la violence est présentée par une narration à la première personne. Par un va-et-vient entre le passé et le présent, on peut mesurer l'impact de ce changement fondamental sur la communauté. Le narrateur Buskapé arrive à échapper à la loi de "guerre" du ghetto grâce à son enthousiasme pour la photographie qui lui permet de gagner sa vie en dehors du ghetto. Ce qui nous intéresse ici, c'est le motif de la photographie dans ce film. Buskapé prend des photos des membres des gangs. Le leader du groupe dominant apprécie la reconnaissance élargie en tant que chef du groupe que lui procure la publication des photos dans des journaux. Après les premières photos que Buskapé a prises en cachette, presque volées, le chef ordonne une mise en scène de son groupe, une auto-représentation pour le regard extérieur. Face à la caméra, les membres du gang s'arrangent pour donner d'eux-mêmes une image qui correspond à l'enfant-soldat: de jeunes guerriers, levant ou montrant leur arme, habillés négligemment, créant leur propre style qui combine des éléments de la mode de l'époque, de la tenue d'un soldat de la rue, et des loques d'un clochard.

La narration du film rend visible le monde parallèle des jeunes criminels vivant dans les quartiers populaires auxquels la majorité de la population n'a pas accès. Un reportage sur la vie dans la banlieue fait souvent ressortir l'aspect d'un monde clos, d'un univers parallèle où règnent d'autres lois, d'autres règles. Ainsi, les photographies de Buskapé ont la fonction de montrer ce monde interdit et effrayant; en même temps, la représentation des jeunes dans le film fait penser à celle des jeunes rappeurs, et des jeunes guerriers: ainsi, le processus de la création des icônes à partir des images fonctionne à partir de la reprise d'un complexe réduit de caractéristiques qui est mis en scène. Les affiches du film montrent souvent un groupe de trois jeunes hommes en contre-plongée, portant des jeans, un gilet et un foulard noué négligemment autour du cou, un style qui rappelle les Westerns. Tous les trois braquent leurs revolvers sur une cible invisible, mais qui pourrait être le spectateur. Un autre exemple: Un groupe d'une vingtaine de jeunes entre douze et vingt ans semblent monter la garde à l'entrée de leur monde. Ils regardent le "spectateur imaginaire" droit dans les yeux et le visent avec leurs armes. Ce qui est surprenant dans cet arrangement, c'est l'aspect vestimentaire: tous ces jeunes, habillés en jeans ou en short, avec un t-shirt, ou poitrine nue, présentent un aspect vulnérable, négligé, qui illustre leur côté jeune, innocent. Ils ne font pas partie d'une armée ou d'une institution, si bien que le fait d'être armé semble surprenant, inapproprié pour la situation.

L'illustration visualise la contradiction à l'intérieur de la communauté: les loisirs et le sport, activités propres à une enfance sereine, se transforment en préparatifs pour la guerre, et les jeunes en soldats ou en guerriers qui menacent la communauté de l'intérieur dans la mesure où ils remettent en question les règles morales qui leur semblent ne pas cadrer avec leurs nouvelles réalités. Ce phénomène est repris comme sujet principal dans des films de diverses provenances, comme dans *Nèg' Mawon* (2005) du Guadeloupéen Jean-Claude Barny qui décrit leur situation comme suit:

> Ils sont les laissés pour compte. Ils développent des microsociétés d'une façon intelligente, localement, y compris dans les ghettos. Ils créent une économie en créant leurs labels, leurs structures. Ils vivent en rupture avec le système économique et politique, conscients que l'exclusion reste la même, alors que les dirigeants sont toujours avides de pouvoir. (RFO Guadeloupe)

Ces jeunes, on les retrouve aussi dans *Bronx-Barbès* (2000) de l'anthropologue française Eliane de Latour qui traite de la banlieue d'Abidjan, dans *La haine* (1995) de Mathieu Kassovitz ou dans *Banlieue 13* de Pierre Morel (2004) en France.

Si nous nous rappelons encore une fois les règles de lecture des images que Laurent Gervereau a présentées, on peut dire maintenant que ces images ne sont jamais réduites à une fonction illustrative. Il s'agit presque toujours d'un codage à double sens ou même à sens multiples, car il s'agit des reflets d'un réel pluri-focalisé. Dans ce sens, l'enfant-soldat qui – sous la forme décrite ci-dessus – semble être un phénomène des conflits armés des vingt dernières années, ne surgissait que sporadiquement dans les villes, et par conséquent dans la vie quotidienne des sociétés. Mais sous d'autres formes, l'enfant-soldat fait de plus en plus irruption dans les grandes villes et se rapproche davantage de la vie quotidienne, soit par l'irruption de la guerre dans les régions urbaines, soit par un rapprochement de la vie des jeunes vivant en banlieues avec des situations de conflits aigus et souvent armés. Le manque d'orientation semble être à l'origine de la combinaison d'éléments culturels divers permettant au jeune homme de se forger une nouvelle identité: de guerrier, de soldat, qui peut démontrer à la communauté sa valeur sociale en bravant les dangers, soit en conflit armé dans des guerres civiles, soit en guerrilla urbaine. L'oxymore que forme la désignation de "l'enfant-soldat" se reflète dans cette représentation qui combine des aspects de l'enfance et de son monde avec ceux de soldat et de guerrier, donc une image pluri-focalisée.

Tous ces films sur les jeunes montrent leurs tentatives, souvent désespérées, de donner un sens à leur vie. Une entreprise quasi impossible parce que suite à la marginalisation et l'exclusion, ils n'ont pas accès aux modèles proposés par la société, comme le modèle de l'homme respecté pour son succès économique. Ils tentent donc de réinventer une sorte de société qui règlemente la vie communautaire. Une économie parallèle, criminelle s'établit certes, mais elle est souvent la seule qui permet aux jeunes de survivre, puisque l'accès à la vie civile leur est interdit.

Quand on observe ces représentations d'enfance et de jeunesse dans des contextes précaires et extrêmes dus aux conditions pourtant déjà existantes auxquelles ils doivent faire face, la différence dans le jugement implicite est frappante, à travers la manière dont ces histoires de vies d'enfants et de jeunes sont présentées aux spectateurs: l'enfant est toujours vu comme un être humain innocent qui a besoin de protection et de soins, car il est aussi le garant de l'avenir de toute la société. Avec le passage de l'enfance à l'adolescence, l'appréciation change considérablement, comme les auteurs Jon Abbink et Ineke Van Kessel l'ont très bien capté dans leur titre *Vanguard and Vandals* (2004). Ils sont toujours les porteurs d'un avenir potentiel de la communauté, mais en même temps, ils représentent un danger, car ils réclament l'accès à la société, la réalisation des projets que celle-ci a esquissés pour elle-même. Le passage est donc interrompu par incapacité des responsables, des détenteurs des lois, des valeurs et des richesses de la communauté, à tenir les promesses et obligations qui servent pourtant de bases sociétales. La marginalisation des jeunes remet en question toute la structure et le développement même de la communauté, si bien que le fonctionnement interne d'une telle société est ébranlé et que la nécessité de changements fondamentaux est mise au jour.

Conclusion

La présence d'images et de motifs semblables dans des films de provenances très diverses peut être l'indice d'une crise qui, du fait de ces parallèles, gagne en importance. La reprise de l'image stéréotypée de l'enfant-soldat et du guerrier incite à une remise en question de la circulation d'une image qui peut se transformer en icône et de la valorisation des codes moraux qui englobent les notions d'honneur, de courage dans un contexte pourtant en perte de valeurs. L'oxymore illustre cette ambigüité croissante de la signification de ce phénomène entre les pôles extrêmes, dans la mesure où il y a une première polarisation entre enfant et guerrier brave et dans un second mouvement entre adolescent, jeune homme et brigand ou terroriste.

Il s'y ajoute le fait que dans tous ces films, les acteurs sont des non-professionnels, ce qui donne aux représentations une qualité plutôt documentaire, plus proche de la réalité, plus "pris sur le vif". Un contrat narratif, qui est basé sur le documentaire, l'authentique, ne laisserait donc pas de possibilité d'échapper à une confrontation avec le problème par le biais de la fiction. La fictionnalisation de ces aspects sert plutôt à concentrer divers aspects dans une seule histoire rendue plus dense, plus offensive peut-être, qui exige une prise de position face à des représentations troublant l'image de la société civile.

Références bibliographiques

Abbink, Jon/Kessel, Ineke van (2005), *Vanguard or Vandals: Youth, Politics and Conflict in Africa.* Leiden [u.a.]: Rijksuniversiteit de Leiden.

Briggs, Jimmie (2005), *Innocents lost: When Child Soldiers Go To War.* New York: Basic Books.

Dongala, Emmanuel Boundzéki (2002), *Johnny chien méchant.* Paris: Le Serpent à Plumes.
Fendler, Ute (2011), "L'imaginaire télécommandé", dans: Michèle Garneau/Hans-Jürgen Lüsebrink/Walter Moser (éds): *Enjeux interculturels des medias: altérités, transferts et violences.* Ottawa: Presses de l'Université d'Ottawa, 271-290.
Gervereau, Laurent (2003), *Histoire du visuel au XXe siècle.* Paris: Seuil.
Pageaux, Daniel-Henri (2007), *Littératures et cultures en dialogue.* Essais réunis, annotés et préfacés par Sobhi Habchi. Paris: L'Harmattan.
RFO Guadeloupe (s.d.), Interview avec Jean-Claude Barny, http://guadeloupe.rfo.fr/imprimer. php3?id_article=126 (22.02.2008).

Filmographie

Banlieue 13 (2004), France. Réalisateur: Pierre Morel. Fiction, 84 mns.
Bronx-Barbès (2000), France. Réalisatrice: Eliane de Latour. Fiction, 110 mns.
Cidade de Deus (2002), Brésil/France. Réalisateur: Fernando Meirelles. Fiction: 130 mns.
Cinefacto (2007), "Ezra: Photo Newton I. Aduaka", http://www.allocine.fr/film/fichefilm-128367/photos/detail/?cmediafile=18775591 (21.11.2013).
Ezra (2007), France/Nigeria/États-Unis/RU/Autriche. Réalisateur: Newton Aduaka. Fiction, 110 mns.
La haine (1995), France. Réalisateur: Mathieu Kassovitz. Fiction, 98 mns.
Johnny Mad Dog (2008), France. Réalisateur: Jean-Stéphane Sauvaire. Fiction: 98 mns.
Nèg' Mawon (2005), France. Réalisateur: Jean-Claude Barny. Fiction, 95 mns.
Paloma de papel (2003), Péru. Réalisateur: Fabrizio Aguilar. Fiction, 90 mns.
Tanza / All the invisible children (2005), France/Italie. Réalisateur: Mehdi Charef et al. Fiction, 116 mns.

Los jóvenes y las Maras en Centroamérica: del olvido al terror

Joachim Michael

El olvido del futuro

El Jaibo huyó de un correccional para jóvenes. Luego se reúne con sus amigos que son casi todos niños. El Jaibo les cuenta sobre cómo se impone uno en la prisión. El adolescente delincuente es admirado por los niños. Su autoridad sobre ellos se ve como lo más natural. "Pero ahora van a ver – les dice - he aprendido mucho allá. Y si hacen lo que yo les digo, a ninguno le faltarán sus centavos." Les promete ganancias pero exige obediencia. Todos están de acuerdo.

Luis Buñuel empieza su célebre película *Los olvidados* (1950) con la fundación de una pandilla de jóvenes en la ciudad de México. Como *cine de la crueldad*, la película confronta a los espectadores con la crueldad de la miseria. André Bazin observa que la *crueldad* no es de Buñuel sino que se trata de la crueldad del mundo social y el director sólo la devela.[124] Si el cineasta opta por lo más atroz, no es para recordar que al lado de la felicidad también existe la violencia sino para rastrear los caminos de la desgracia y sondar la "crueldad de la creación" (Bazin 1975: 74). Y aquí surge la cuestión: ¿Por qué es necesario revelar la violencia? Lo que esta pregunta pone de manifiesto es el entrelazamiento entre ética y estética. No toda representación de la violenica es necesariamente cruel. Bazin esboza la crueldad de la película de Buñuel: la obra se abstiene de moralejas que instrumentalizan el desastre para reafirmar la existencia del bien y de la justicia, aunque fuera para denunciar su ausencia. Una representación, por consiguiente, es cruel si niega al receptor tales certezas. Antes que nada, *Los olvidados* es cruel *con los espectadores* porque no les ahorra la violencia implacable que la miseria y la marginación producen. Los deseos de identificación con los personajes que el acto de narrar despierta se ven consecuentemente frustrados: nadie se salva y nadie es sólo víctima. No se escapa a la violencia – ni los personajes quienes todos simultáneamente la sufren y la ejercen, ni los espectadores que la ven. Hay crueldad y nada más (que su representación).

---

[124] La película, al insistir en que su historia no es ningún invento sino un mero reflejo de la realidad, subraya la crueldad de la sociedad. Al inicio de la narración se encuentra la siguiente advertencia textual: "Esta película está basada íntegramente en hechos de la vida real y todos sus personajes son auténticos" (Buñuel: *Los olvidados* 1950: 01'14").

Un buen ejemplo es la primera hazaña de la pandilla. Deciden asaltar a un ciego cantante de mercado. La violencia de la miseria irrumpe precisamente entre los más débiles. Los olvidados no dirigen su furia contra quienes los olvidan. Para que no cambien de idea está el Estado que parece restringir su monopolio de la fuerza a suprimir la violencia que viene de abajo. Los olvidados lanzan su cólera contra los que son todavía más indefensos que ellos. Los niños asaltan a un ciego y después a un discapacitado que perdió sus piernas. A éste último le roban sus haberes, e incluso le arrancan el carrito con el que se mueve. Se lo quitan y lo avientan. Emblemático también es el caso de la violencia de Pedro contra las gallinas. Pedro es un niño del grupo a quien el Jaibo constantemente pone en problemas. Rechazado por su mamá, es internado en una escuela de agricultura. En el internado es bien tratado, pero aun así luego se envuelve en una pelea con los otros niños. Como ve que no puede contra todos ellos (primera imagen), su frustración se abre camino contra dos gallinas que mata a golpes con un palo (las restantes imágenes):

Fig. 1: *Los olvidados* (1950): 59'15" – 59'35"

Esa violencia duele porque afecta a los seres más inocentes y débiles. Y, todavía peor, recae, en realidad, sobre Pedro mismo porque a él le encantan las gallinas. En escenas anteriores aparece varias veces acariciando a gallinas en la casa de su mamá. ¿De dónde viene la violencia juvenil?. Es el olvido de los más débiles, el abandono y su entrega al abuso por los más fuertes. Los adultos son implacables con los niños: el padre que abandona a su hijo Ojitos, la madre que expulsa a Pedro, la orfandad de Jaibo, hasta el ciego se aprovecha de la niña Meche. Pero los adultos a su vez son víctimas de otras violencias. En fin, el film también es analítico, pero su rasgo más fuerte es su manera de expresar la violencia que reina en la miseria.

Los olvidados des-dulcifica el mito de la pobreza honrada propagado en películas como *Nosotros los pobres* (1948) de Ismael Rodriguez. Ese melodrama se estrenó tres años antes de *Los olvidados* y hasta hoy día es una de las películas mexicanas más populares. *Nosotros los pobres* consuela la pobreza con la integridad moral que, al final, resulta triunfante contra todos los males, incluso contra la riqueza. La cinta de Buñuel en cambio, no le concede al espectador el alivio del final feliz que lo redime ante las maldades e injusticias atestiguadas a lo largo de la película. *Los olvidados* es cruel en el sentido que no permite que el espectador se olvide de la violencia que literalmente destruye la vida de los jóvenes. El film asalta al espectador y ataca su creencia en la justicia y la moral. Avienta la violencia en los ojos del público como el huevo que Pedro lanza a la cámara. La película es cruel, no porque muestra crueldades sino porque muestra que la violencia contra los niños produce víctimas inocentes que a su vez producen más violencia, entre los propios niños. El resultado del olvido es que los jóvenes se matan entre ellos – Jaibo acaba por matar a Pedro. Para los niños no hay salida porque la violencia es más fuerte que ellos. De manera análoga, para el espectador tampoco hay salida porque no ve personajes que salven la moralidad del mundo.

La obsesión por las maras

El narrador en *off* que acompaña la primera secuencia de imágenes de *Los olvidados* destaca que la delincuencia juvenil es consecuencia de la miseria urbana de las grandes urbes modernas. El descuido de los jóvenes pobres por parte de la sociedad que no les da ni comida, ni salud, ni educación es, en otras palabras, un problema global (como se diría hoy día) y no sólo de la Ciudad de México. Como la sociedad todavía no logra garantizar los derechos de los niños y de los adolescentes, la película tampoco ofrece soluciones al problema de la violencia juvenil. La película, según el narrador, "no es optimista" lo que quiere decir que expone la realidad sin atenuarla. Al mismo tiempo exhorta a la sociedad a respetar los derechos de los niños y jóvenes en el "futuro próximo" (Buñuel: *Los olvidados* 1950: 01'32" – 02'15").

No obstante, ya pasó más de medio siglo y el presente muestra que la sociedad no se acordó de los jóvenes. Al mismo tiempo sale a la luz qué tan terribles son las consecuencias de ese olvido. La violencia juvenil expuesta en la película de Buñuel parece inofensiva comparada con la brutalidad juvenil algunas décadas más tarde. En ningún caso ese fracaso se destaca más que en el fenómeno de las maras en Centroamérica, México y Estados Unidos.

¿Qué son las maras? El problema de las maras está antes que nada en el exceso de definiciones y atribuciones que suscitan. Las maras, ésta es la hipótesis de este artículo, son una obsesión social. Claro está, la delincuencia y la violencia que las pandillas envuelven son un problema muy serio. Pero el fenómeno de las maras en la esfera pública tiene que ver con otra cosa que se podría describir como fijación convulsiva incitada por un profundo miedo social. Esa manía es evidentemente mediática y periodística ya que las pandillas constituyen uno de los temas predilectos de la prensa. La obcecación por las pandillas juveniles también es política puesto que los gobiernos consideran a las mismas como una amenaza a la seguridad nacional que exige la represión policial y militar, así como la aprobación de leyes anti-maras que restringen las libertades civiles. Las maras también son un tema para las artes e inspiran trabajos cinematográficos (documentales), fotográficos y literarios. Y, *last but not least*, la obsesión por las pandillas también es académica. Ya existe una vasta bibliografía científica dedicada a las mismas.

Ante este cuadro se concluye que el fenómeno de las maras no se reduce a las pandillas de jóvenes, su organización, sus actos delictivos o sus subculturas. Se trata más bien de una percepción social. Una serie de estudios se dedica desde una mirada metalingüística a las diversas construcciones de las maras en la prensa, en la política y en las propias investigaciones académicas. Amparo Marroquín Parducci, por ejemplo, muestra que en El Salvador la prensa desde el fin de la guerra civil (1992) describe a las pandillas como una amenaza a la seguridad pública. La investigadora entiende la alarma periodística concerniente a las maras como una profecía que se auto-cumplió recién una década más tarde, ya que fue sólo después de las campañas mediáticas que las pandillas dejaron de restringirse a barrios marginalizados (recurriendo o no a rituales violentos) y alcanzando un nivel muy elevado de violencia que ya afecta a sectores mucho más amplios de la sociedad. En 1995, por ejemplo, los principales periódicos salvadoreños publicaron la declaración de un funcionario público que decía que "los antisociales deportados de Estados Unidos representan una bomba de tiempo que debe ser desactivada con una ley que proteja a la ciudadanía honrada" (cit. en Marroquín Parducci 2007a: 79). Se hace referencia, en esa declaración, al hecho de que el origen de las maras está en Los Angeles, Estados Unidos, donde en los años '80 se formaron las *street gangs* "Mara Salvatrucha" y "Mara 18" compuestas por inmigrantes que huían de las guerras de Centroamérica o por sus hijos. A mediados de los años '90, el gobierno estadounidense empezó a deportar sistemáticamente a estos jóvenes delincuentes a Centroamérica. Desde entonces las maras se multiplicaron en países como El Salvador, Honduras y Guatemala, y pasaron a ser consideradas como amenazas a la seguridad no sólo pública sino también nacional. Como escribe Marroquín Parducci, es sobre todo la prensa escrita (que en un país como El Salvador está representada básicamente por seis diarios) la que va construyendo una imagen de un nuevo enemigo de la nación. En ese proceso, el 11 de septiembre de 2001 es un marco importante. La información periodística sobre la violencia pandillera se multiplica y se alía a las políticas de Mano Dura y Supermano Dura contra los delincuentes. La prensa pasa a publicar series de notas policiales sobre víctimas de la violencia de mareros sin que haya pruebas sobre las autorías de los crímenes. En sus noticias, los periódicos tienden a no diferenciar entre sospechosos y culpables, y condenan a los pandilleros de antemano por crímenes que ni siquiera fueron investigados.

Según el análisis de la investigadora, se fabrica de este modo una nueva otredad amenazadora para la identidad nacional. A los mareros, por consiguiente, se les adscribe el rol de enemigos de la patria – un rol que antes se atribuía a los comunistas, a los guerrilleros y a los indígenas. Con base a estudios anteriores, Marroquín Parducci identifica una serie de estereotipos en la configuración periodística de la imagen de los mareros. El repertorio de las características "del pandillero" empieza por la apariencia física, la espectacularización del "aspecto de pandillero": el torso desnudo lleno de tatuajes que se extienden por el cuello, por la cabeza y por los brazos, el pelo rapado, el pantalón ancho, los gestos y las miradas amenazantes. Además, se identifica a los deportados con mareros sin cuestionar la práctica de extradición estadounidense y estableciendo así la imagen de las maras como un mal que viene del extranjero. La marca dominante, sin embargo, es la violencia excesiva de los mareros. Por un lado, la violencia vincula las maras con el crimen organizado (crímenes adscritos a extorsiones, al narcotráfico, etc.). Por el otro, ella aparece como consecuencia de la rivalidad entre grupos enemigos. En parte, se retrata como una violencia sin motivos que se ejerce por pura diversión. Los periódicos, en suma, relacionan las maras con dos tópicos inquietantes: la guerra y la enfermedad. Donde hay maras hay guerra (entre ellas mismas y en toda la sociedad) y las maras son una enfermedad social (cáncer) que exige tratamientos drásticos (Marroquín Parducci 2007a: 79-88).[125]

Los resultados de Marroquín Parducci se comprueban aún más recientemente. En su estudio de la cobertura de las maras por los grandes periódicos de El Salvador, Guatemala y Honduras en 2008, Marjana Barbaric llega a conclusiones muy parecidas. En primer lugar, la autora llama la atención sobre la abundancia de noticias sobre la violencia que dominan las secciones de la actualidad y lo nacional en los diversos diarios. Entre estas, se destacan las que tienen las pandillas como tema. Barbaric también subraya que éstas prácticamente sólo son objeto de información periodística en el contexto de la violencia. Los crímenes atribuidos a las maras son en la mayoría graves, desde agrupación ilícita y tenencia de armas a tráfico de drogas, extorsiones, violaciones y asesinatos. La autora observa en los tres países que las noticias son generalmente muy breves, no investigan los casos a fondo y reproducen las notas policiales. No se toma en consideración el hecho de que muchos miembros de estos grupos son adolescentes y niños. Como ya había destacado Marroquín Parducci, en la gran mayoría de los casos los autores y motivos del crimen son efectivamente desconocidos y no obstante las noticias tienden a insinuar que fue un pandillero aunque no se presenten pruebas en el texto y se evidencia que se trata de una suposición. O sea, la imagen dominante que la prensa escrita transmite es de violencia extrema, diaria y sin motivo (Barbaric 2008: 70-78).

Sebastian Huhn, Anika Oettler y Peter Peetz analizan la obsesión política por las maras. Estas constituyen el foco de la política de seguridad de El Salvador, Guatemala y Honduras, mientras que México y Estados Unidos intensifican el combate a las pandillas. Según los investigadores hay un consenso cada vez más amplio de que estos grupos forman redes transnacionales integradas al crimen organizado. La política los describe como amenaza que destruye toda la sociedad lo que – en la perspectiva de los autores– intensifica el clima del miedo y sirve de pretexto para dar preferencia a medidas de represión policial y militar para solucionar el problema. Como

[125] Marroquín Parducci, sin embargo, no deja de mencionar los intentos auto-reflexivos de la prensa salvadoreña de someter su cobertura de las maras a criterios más diferenciados (Marroquín Parducci 2007a: 88-91). Véase, también, el estudio más detallado de la misma autora sobre las representaciones periodísticas de la mara en Guatemala, El Salvador y Honduras (Marroquín Parducci 2007b). No obstante llama la atención la persistencia del imaginario autoritario que concibe la sociedad como organismo y cuya salud se ve amenazada. Se actualizan las nociones del enemigo interno que causa la enfermedad social. En este caso sirven los jóvenes como pretextos para desplegar los aparatos represivos y aplicar curas dolorosas.

escriben los autores, ese proceso acaba por poner en riesgo el Estado de derecho. Se agravó el derecho penal juvenil y en Honduras el mero hecho de ser pandillero pasó a ser un delito. En El Salvador, Guatemala y Honduras los tatuajes son motivos para la detención policial.[126] En El Salvador y Honduras, el combate a las maras pasó a ser la preocupación primordial de las fuerzas de seguridad. Los Estados Unidos las consideran como parte del crimen organizado e incentivan la cooperación e integración con y entre las policías de Centroamérica. En suma, los gobiernos en cuestión las definen como *supergangs* altamente verticalizadas y jerárquicas que operan a nivel transnacional. En Centroamérica, por consiguiente, se convirtieron en el enemigo número uno de la seguridad nacional (Huhn/Oettler/Peetz 2008).

Con respecto a la mirada académica, Wendy Bellanger y José Luis Rocha disciernen dos tipos de investigaciones científicas: los estudios cuantitativos que se basan en estadísticas oficiales, encuestas, monitoreo de medios, grupos focales, entrevistas y estudio de caso, y los estudios cualitativos que presuponen la observación participativa. Mientras un tipo de investigación prescinde del trato directo con los jóvenes pandilleros o se limita a contactos breves o a través de intermediarios, el otro insiste en un contacto prolongado y personal. La mayoría de los estudios académicos pertenecen al primer grupo. Al analizar estos análisis, Bellanger y Rocha llegan a la conclusión de que ellos efectivamente fortalecen una imagen preestablecida de los mareros la cual consiste en considerarlos básicamente como victimarios. Los jóvenes son vistos como un problema social para el cual se buscan soluciones. Se trata, en otras palabras, de sugerencias para las autoridades. Eso significa que tales investigaciones comparten, en el fondo, la imagen difundida en la opinión pública centroamericana de que los pandilleros constituyen una otredad amenazadora que hay que convertir a la mismidad (cambiando su apariencia y su conducta) y cuya peligrosidad tiene que ser eliminada. Ellas mantienen a los jóvenes en una posición de objetos de estudio sin considerarlos como interlocutores. Las investigaciones académicas, por lo tanto, acaban por reproducir la violencia simbólica de la sociedad contra estos jóvenes que una vez más no tienen derecho a la voz. Por el contrario, a través de un contacto prolongado y personal se permite que la distancia objeto – sujeto se diluya y que se cuestionen las premisas (en la mayoría de los casos y en diversas variantes: el rechazo) que rigen la mayoría de las investigaciones (Bellanger/Rocha 2008).

Un caso interesante es el estudio integral realizado por la empresa Demoscopía y dirigido por José Alberto Rodríguez Bolaños y Jorge Sanabria

[126] Para las diversas políticas de mano dura hasta 2004 véase Peter Peetz (2004).

León. Se trata de un trabajo a largo plazo sobre las pandillas juveniles en El Salvador, Guatemala, Honduras pero también en Costa Rica y Nicaragua. La idea es comparar las pandillas en diferentes países y a la vez emplear una gama variada de métodos como las encuestas sociales, las entrevistas de profundidad y las observaciones directas para obtener una visión diferenciada con base de informaciones extraídas de distintos contextos nacionales y de diversos actores sociales como los propios pandilleros, sus familiares, vecinos, comerciantes, autoridades y otros (Medina/Matau-Gelabert 2007: xiii). Se trata de un estudio cuantitativo sin un contacto prolongado con los miembros de las pandillas. En realidad, se revela que una gran parte de las entrevistas de profundidad se realizó con ex-mareros lo que hace pensar que las informaciones obtenidas resultan de una especie de cerco de investigación que "rodea" a estos jóvenes radiografiando sus contextos pero difícilmente pueda penetrar al núcleo de estas organizaciones. Aun así, el trabajo tiene como objetivo cuestionar la "visión satánica de los pandilleros" al exponer la complejidad de las vidas de estos jóvenes (Medina/Matau-Gelabert 2007: xviii).

Sólo voy a destacar dos aspectos del estudio: la violencia y el crimen organizado, ya que estas cuestiones forman en gran parte el motivo de la obsesión generalizada por las maras no sólo en los mencionados países. En concordancia con estudios realizados en Estados Unidos, los investigadores observan que si, por un lado, la banda favorece una participación mayor en la delincuencia, por el otro, comete menos delitos que los que la imaginación popular le atribuye. Eso quiere decir que, básicamente, sus miembros ocupan una gran parte de su tiempo con actividades que no se distinguen mucho de los otros adolescentes: "En gran medida, los pandilleros son jóvenes, primero, y pandilleros, después" (Demoscopía 2007: 46). Como a los adolescentes no-mareros, les gusta la televisión, la música, el cine, el deporte, estar con los amigos y con la novia. Lo que en su tiempo libre los distingue es que tienden a realizar actividades consideradas de adultos, como frecuentar bares y cantinas, tomar alcohol o participar en juegos de apuesta. Además, en contra de la opinión generalizada de que los mareros no trabajan, resulta que estos desarrollan las más diversas estrategias de supervivencia entre las cuales se encuentran no solo la delincuencia sino también las economías informal y formal. Según el estudio de Demoscopía, entre el 28 y 62% de los mareros trabajan. Al mismo tiempo, entre 45% y 85% contribuyen económicamente en sus familias (Demoscopía 2007: 47-48).[127] Sin embargo, la violencia

[127] En ambos casos, los porcentajes varían según los países (El Salvador, Guatemala, Honduras, Costa Rica, Nicaragua).

claramente distingue a los jóvenes que son miembros de una pandilla de los que no lo son. Si visto desde fuera, esta es una de las características más notorias de las maras,[128] es no obstante necesario entender sus usos y sus contextos. El principal contexto en que ocurren actos criminales es la rivalidad entre maras enemigas, la cual deriva en primer lugar de la división entre la Mara Salvatrucha y la Mara 18. En este caso, los conflictos son causados por disputas sobre un determinado territorio o por cuestiones de venganza. Evidentemente, los conflictos con otras pandillas producen cohesión interna y fortalecen la identidad colectiva. Pero lo que se nota es que este antagonismo es entendido por los propios miembros como *guerra*. Esto tiene como consecuencia que se lucha hasta la muerte, la cual se convierte en una amenaza permanente para todos los miembros. Como advierten los autores del estudio, esa presencia de la violencia en la vida diaria, no debe llevar a creer que sus miembros diabólicamente disfruten de la misma. Por el contrario, los investigadores observan que la actitud más frecuente es el miedo y el fatalismo, ya que para los miembros de una banda no existe otra salida sino el conflicto armado con el grupo enemigo. En la medida en que una pandilla se institucionaliza en un barrio, el nivel de violencia se eleva. A ese aumento no contribuye solamente el afán de proteger a "su barrio" sino también la relación tensa entre la mara y la comunidad en la que vive, ya que esa protección se impone también a la fuerza a los integrantes de la comunidad. Se trata de los "impuestos" que son la forma de financiación más común además de la venta de drogas. Resulta que entre el 17 y 19% de los comerciantes y el 28 y 34% de los vecinos se ven obligados a pagar a una banda. De manera general, el grado de victimización por parte de los residentes de una comunidad adonde se instala una pandilla es alto y de carácter predominantemente violento. Entre el 15 y 38% de los moradores han sido víctimas de estos grupos. Sin embargo, una vez más los autores del estudio insisten en que ese aumento de actos criminales no significa que los mareros sean especialistas de la violencia. Los miembros de una pandilla no son siempre brutales ni todos sus delitos son violentos. La brutalidad no es un fin en sí mismo sino un instrumento para ejercer control y autoridad (Demoscopía 2007: 53-54).[129]

---

[128] Evidentemente, hay otras características que saltan a la vista, como por ejemplo el uso de los espacios públicos (ver Demoscopía 2007: 7).

[129] Aunque el estereotipo de las maras lo contradiga, no siempre las pandillas emplean el ritual violento de admisión de un nuevo miembro (13 segundos de golpiza en la MS13 y 18 segundos en la 18) (Demoscopía 2007: 24-25).

La otra cuestión decisiva en la declaración de las maras como nuevos enemigos de la seguridad nacional son sus vínculos con el crimen organizado. El estudio muestra que el narcotráfico usa a las bandas de jóvenes para diversos servicios, sobre todo para la venta de drogas. Para éstas, el narcomenudeo es una fuente importante de ingresos que les permite financiar sus armas. Para el narcotráfico, estos grupos representan un excelente sistema de distribución dado su control del territorio. Como el estudio sugiere, la colaboración entre las maras y el crimen organizado está evolucionando. En algunos países, éste utiliza las pandillas para los más diversos delitos, incluso asesinatos. Dada la dificultad del acceso a informaciones al respecto, no está claro si esta colaboración se basa en estructuras jerarquizadas o se da de forma desordenada. Pero lo que se sabe es que no sólo el crimen organizado se sirve de los jóvenes para ejecutar actos violentos. También "gente normal, de la sociedad normal" lo hace y contrata los servicios delictivos de los mareros (Demoscopía 2007: 60).

En suma, lo que se destaca en este estudio es que aun siendo violentos, los miembros de las *gangs* no son perversos y no representan una especie de aberración violenta y sangrienta del ser humano. Es cierto que contribuyen a su percepción en la opinión pública como grupos que diabólicamente cultivan la violencia, como se verá más abajo. Pero hay que tener en cuenta que los sujetos en cuestión son jóvenes y niños comunes que por motivos de desintegración familiar y como víctimas tempranas de conflictos domésticos presentan una tendencia a la delincuencia que los inclina a ser miembros de las bandas. Estas les ofrecen formas de un contra-poder que parece capaz de combatir las exclusiones y privaciones sociales de las cuales son víctimas. En este sentido, su subcultura (tatuajes, gestos, lenguajes, etc.) antagoniza y provoca deliberadamente a la sociedad. Pero eso no quiere decir que no sean parte de la sociedad o que no deseen participar en la misma. La existencia de las maras, por el contrario, parece poner de relieve lo difícil que es ser miembro de sociedades que brutalmente niegan a un gran segmento de su población. Al mismo tiempo, las pandillas de los jóvenes reflejan la cultura de la violencia que reina en estas sociedades de posguerra, que toman por natural aceptándola como aprendizaje primordial.

La mara y el miedo

¿A qué se debe la demonización de las maras en la opinión pública? De un lado hubo un incremento de las actividades criminales a partir de 1998, como lo observa Rosana Reguillo. Por el otro, a partir de 2003, las pandillas se convirtieron en "el emblema de violencia brutal, el caos, el deterioro". Las maras se instalan en el imaginario del miedo y se abren "las compuertas del miedo" las cuales legitiman políticas represivas y el recrudecimiento del autoritarismo (Reguillo 2005: 71, 76). ¿Cómo se entiende que esos jóvenes delincuentes se hayan transformado en el símbolo de la amenaza extrema? Para Reguillo, las pandillas se establecen en un vacío de legitimidad y en la ausencia de un proyecto social. La investigadora las considera un reflejo del fracaso del pacto social, el cual –de acuerdo a la filosofía política moderna– legitima el poder en base a la delegación de la autoridad individual al Estado. Ante la cotidianidad de la desesperanza, las maras parecen constituir un contra-poder y una paralegalidad. Según la investigadora, la *vida loca* celebra el rechazo de la norma social con su "afiliación al exceso" respecto a las drogas y a la violencia. Consecuentemente, en la percepción pública, las estos grupos son considerados como negación de la sociedad y situados en "algún afuera de lo social" (Reguillo 2005: 77-81).

El miedo es el motivo de las muchas obsesiones por la mara. Hay muchos ejemplos en la que esta adopta rasgos de un monstruo. Uno es el documental que la periodista estadounidense Lisa Ling hizo para *National Geographic* sobre la Mara Salvatrucha en 2006. El título habla por sí mismo: *The World's Most Dangerous Gang*. Secuencias de brutalidad y comentarios terroríficos presentan el tema con la clara intención de atemorizar a los espectadores. Las primeras escenas del documental muestran un tiroteo que no se explica:

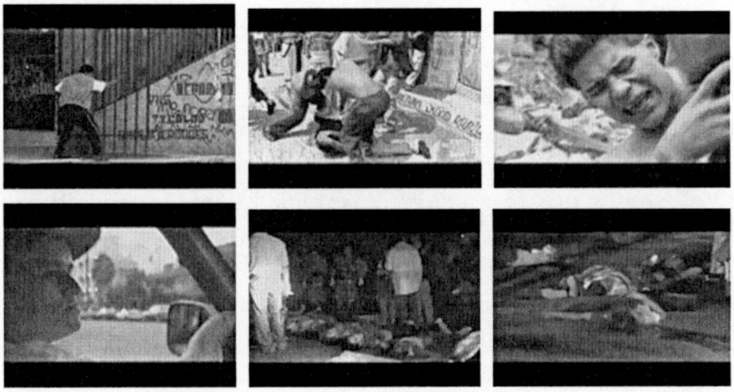

Fig. 2: *The World's Most Dangerous Gang* (2006): 00'00" – 00'12"

Ling sólo dice "It's the most violent gang in America" y al espectador le cabe interpretar estas imágenes como una prueba de la atrocidad de la dicha banda (*The World's Most Dangerous Gang* 2006). De hecho, podría ser una escena cualquiera, en cualquier país hispanohablante. Es evidente que el documental no presenta argumentos verificables sino que intenta causar efectos sugestivos. Las próximas escenas intensifican la apelación emotiva destinada al espectador: Se ve un grupo de muchachos golpeando a un joven indefenso con toda fuerza. Nuevamente no se agrega ningún tipo de información – no se sabe quiénes son los agresores ni quién es el agredido. En seguida se ve la cara dolorida de un joven – ¿será la víctima de la escena anterior? Quién sabe, a lo mejor es un joven cualquier. Su dolor es provocado por quién sabe qué motivo. Sin embargo, la conjunción de la voz de Ling y las escenas nos asaltan con un mensaje difuso: estamos viendo la violencia de la pandilla más brutal. No recibimos más informaciones en estos nueve segundos de apertura del documental, pero desde luego entendemos que esa pandilla es pura violencia. Luego, las primeras informaciones: se ve la cara de un joven manejando y se oye una voz (¿será la voz del joven que se ve pero que no habla?): "You gotta shoot at people. You know, you gotta kill people." (Más tarde se sabrá que el mismo *gangster* mató su primer víctima con nueve años de edad.) Las próximas imágenes de muertos ensangrentados inmediatamente nos aclaran el significado de las palabras : la pandilla no mata – masacra. En seguida, la periodista retoma la palabra: "It has 10.000 footsoldiers in the US, spreading its brutal waves across 33 states." Se ven un par de pies caminando. En el momento en que aparecen algunos grafitis de la MS 13 se escucha otra voz no identificada, una voz femenina que afirma con un tono de especialista en el asunto: "The signs of gang-activity are state-wide. Even rural area." Al mismo tiempo que vemos como un hombre atraviesa un río por la noche nadando, Ling aclara que la pandilla más violenta se aprovecha de los flujos migratorios y está cruzando fronteras: "And now, it's going international, fuelled by migration across Western Hemisphere, crossing borders at will, leaving its bloody mark from Central America to the American Heartland." En el momento en que la periodista habla de "marcas sangrientas" vemos más masacrados y heridos. Luego aparecen los rostros de los pandilleros: jóvenes morenos con cabezas rapadas, caras tatuadas o multitudes haciendo señales raras con los dedos de la mano. Una nueva voz masculina se escucha: "It's like a virus. Really, that's what it is. It is something that is… spreading out." Finalmente, sabemos qué es la pandilla de jóvenes centroamericanos: un *virus asesino*, una enfermedad fatal que se lanza sobre las sociedades. Ling agrega que las policías de seis países luchan para "descifrar su mensaje". Las imágenes no dejan dudas cómo la policía intenta entender los "códigos" de los jóvenes: con armamento pesado. Así terminan los primeros 50 segundos del documental. Después de anunciar lo qué traerán los próximos 50 minutos de la película, finalmente, somos informados de cómo se llama la terrible amenaza a la sociedad: "MS 13 is a name you may have heard and you need to remember". Con esto, la intención del documental se explicita: los espectadores tienen que aprender que la Mara Salvatrucha es un peligro pandémico que puede afectar a todos: "This brutal street gang grew somehow from a local Los-Angeles-problem into an international threat. It may already be in the neighbourhood near you". Y que uno no se equivoque: la Mara es una cultura aparte, que uno no entiende, ni mucho menos sus extraños rituales y señales. Pero el documental tiene la clave para este submundo: él es enemigo de la sociedad y su sentido *siempre* es la muerte: "Wherever MS graffiti appears, violence follows. It's an extreme culture with its own rules and rituals and force to the death." Finalmente vemos que la pandilla ya conquistó una gran parte de Centro- y Norteamérica (marcado en oscuro en los dos mapas) (*The World's Most Dangerous Gang* 2006: 00'00" – 05'25").

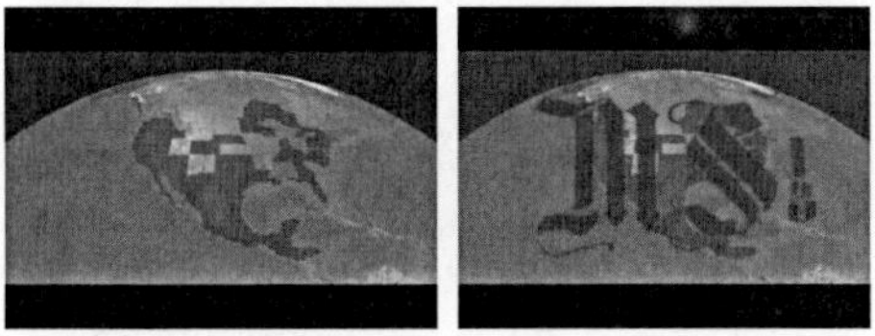

Fig. 3: *The World's Most Dangerous Gang* (2006): 05'16" – 05'22"

La construcción del miedo a las pandillas no podría ser más nítida. La sociedad tiene un nuevo enemigo: los jóvenes mareros. Sin embargo, hay que preguntarse qué fundamento puede encontrar ese miedo. Los primeros 50 segundos de *The World's Most Dangerous Gang* ofrecen las características decisivas: la violencia (golpizas, asesinatos), la "cultura extrema", los rituales extraños, el lenguaje y un sistema simbólico incomprensibles, el cuerpo tatuado, la mirada hostil, la expansión de las pandillas, etc. Es común que grupos juveniles insistan en su identidad propia oponiéndose a la sociedad. ¿Pero cómo es posible que se permita que la otredad pandillera sirva de superficie de proyección para una alteridad radical, que no tiene otro sentido que destruir la identidad, el "nosotros", la sociedad? ¿Cómo es posible negar completamente lo que es tan plausible y lo que los estudios empíricos subrayan? Se trata del hecho de que los jóvenes pandilleros son antes que nada jóvenes, y a su manera y de acuerdo a sus posibilidades, son parte de sus sociedades. A veces son violentos, pero no siempre. Se concluye que existe una predisposición a creer en la existencia de la alteridad radical y amenazadora y en atribuirla a los jóvenes. La sociedad no perdona la oposición de los que ya no son niños indefensos y todavía no son adultos dotados de aquella mezcla de derechos y deberes que cada sociedad define para sí. La dificultad de controlar a esa parte de la población resulta la condición previa para proyectar el temor a la hostilidad absoluta en los jóvenes mareros. Poco importa que ese temor sea evidentemente infundado ya que alimenta su vigor de la mala consciencia. ¿Se vengarán los jóvenes de su marginación actual y de las miles de violencias e injusticias que sufrieron sin resistencia cuando eran niños? ¿Llegará su rechazo a la sociedad al extremo de querer destruirla? ¿Bastará la brutal no-aceptación de los adolescentes por parte de la sociedad para que estos le declaren la guerra? Sólo la mala consciencia respondería a estas preguntas con sí. Además, la invención de la guerra entre sociedad y maras tiene la ventaja de replantear el complejo problema de la inseguridad al identificar, por fin, un enemigo público y perverso.

Sin lugar a dudas, el miedo a las maras es también resultado de sus propias actividades. Una importante característica de estos grupos es su puesta en escena. Claro está, si cada una de las grandes maras se constituye de millares de *clicas* locales que se reparten por Centro- y Norteamérica, es difícil presuponer una identidad homogénea de, por ejemplo, la MS 13 o de la 18.[130] Las escenificaciones de las pandillas se basan en algunos rasgos generales como los tatuajes, los grafitis, el uso de lenguajes gesticulares, etc. (aunque no sean ni uniformes ni imprescindibles). Lo que sobresale, sin embargo, son representaciones individuales, como los incontables *videoclips* que pueblan el internet. En la mayoría de los casos no son otra cosa que *slide shows* (bastante rústicos) de fotos de mareros tatuados con música. En gran parte se trata siempre de las mismas fotos que componen series variadas de imágenes acompañadas de ritmos pesados. Por lo tanto, interpretar estos *clips* como espejo de las respectivas maras real-existentes sólo puede llevar a equivocaciones. En todo caso, vale destacar que el recurso estilístico de estas

---

[130] Existen estructuras organizativas superiores a la clica como la jenga que coordina las clicas. Pero en qué medida el poder en las maras es centralizado y su estructura es verticalizada no está muy claro. Aunque los estudios de campo sociológicos no lo comprueben, las autoridades oficiales parten del principio de que las pandillas están jerárquicamente organizadas (Demoscopía 2007: 15-19). La cuestión es de gran importancia para clasificar las pandillas o como grandes organizaciones criminales transnacionales o simplemente como suma de grupos locales que comparten algunas características generales pero que no se integran en una organización centralizada. Si se trata de organizaciones jerárquicas, ¿cuales son sus vínculos con el narcotráfico? Para Jorge Fernández Menéndez y Víctor Ronquillo, por ejemplo, los autores de De los maras a los zetas. Los secretos del narcotráfico, de Colombia y Chicago, no hay dudas: "lo que fue una pandilla se ha convertido en una peligrosa banda criminal con presencia internacional". En el caso de México, por lo menos, según el reportaje, las maras cooperan estrechamente con el narcotráfico y le sirven como sicarios. Además protegen los cargamentos de droga en el país (Fernández Menéndez/Ronquillo 2006: 43, 60).

escenificaciones individuales es justamente el asombro y el terror. En estas (auto-)representaciones, la perversidad aparece como el rasgo principal: no es sólo el exceso de tatuajes en partes de la piel tan a la vista como el rostro, sino la mirada maligna y desafiadora de los pandilleros lo que les da a las imágenes su carga agresiva. Esa agresión se destina directamente al espectador y su consciencia del bien. La imágenes muestran jóvenes que deliberadamente exponen su perversidad e insisten en ser vistos como malos. El efecto se intensifica por el amplio uso de la simbología satanista. Véase el ejemplo del *clip Mara Salvatrucha*:

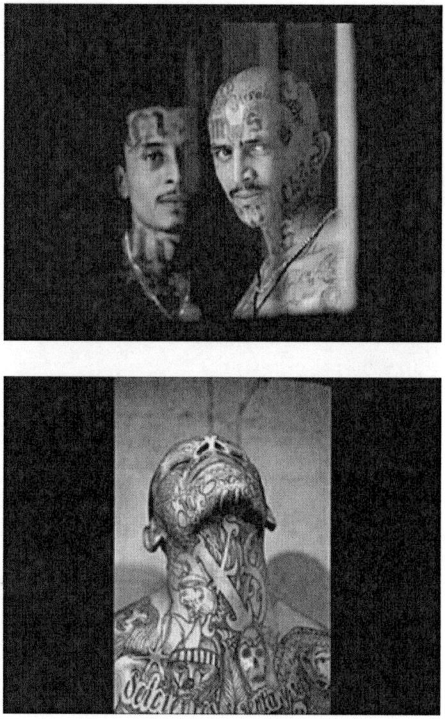

Fig. 4: Mara Salvatrucha, en http://www.youtube.com/watch?v=MDUIxJJbP00&hl=de, visitado el 04/05/2009

La estética de la perversidad consiste en el culto de la maldad. ¿Pero qué es la maldad? ¿Satanás? Satanás –esa sería la idea–, en este contexto aparece antes que nada como una metáfora que condensa todo lo que se subsume como lo maligno en la sociedad y que cada uno concretiza con sus propias visiones. Tatuajes que como animales alienígenas se apoderan de la piel y del cuerpo cubriéndolo todo y casi asfixiándolo, mareros que miran al espectador desde la oscuridad de la cárcel como emisarios de los poderes de las Tinieblas:[131] su

[131] No es una coincidencia que la fotografía de los dos mareros (la segunda del lado derecho) sea una de las más conocidas. Ella aparece, por ejemplo, en la portada del libro de Fernández Menéndez y Ronquillo (2006). (No aparece ninguna indicación concerniente al autor). Esa foto es un ejemplo de cómo las auto-escenificaciones de las

perversidad se consume en la esfera simbólica. No se ve ningún acto de violencia pero el discurso de las imágenes es violento y se dirige al espectador. La mara se opone a su sistema de valores y celebra la identidad con todo lo que el espectador no admite. Esa es la alteridad radical, perversa, pervertida que se escenifica en tales representaciones. ¿Cuál sería la función de esa estética de la perversidad? Un efecto es evidentemente el asombro y el miedo. Los mareros son seres que se entregaron incondicionalmente a la maldad. Ellos llevan su contrato con el Príncipe de las Tinieblas inscrito en la piel, y la validez del contrato es para toda la vida.[132] Eso quiere decir que son una especie de muertos-vivos, que entregaron no sólo su vida sino la decisión sobre su vida y su muerte a la mara. La pandilla, por lo tanto, aparece como la muerte viva. El grupo exige la vida del miembro y su sentido es la misma muerte. O sea, ser marero es matar y morir.[133]

La identificación con la muerte representa la oposición extrema a la sociedad. Tales escenificaciones crean deliberadamente una imagen maligna de las maras y pretenden atemorizar a los espectadores. Existen dos posibilidades: o se trata de retratos fieles a la realidad marera o de escenificaciones artificiales. Como ya se mencionó, las maras son fenómenos extremadamente heterogéneos. Además, los estudios de campo muestran que la cotidianidad de los pandilleros está muy distante de tales idealizaciones. En este caso, ¿de qué tratan estos *clips*? Son antes que nada provocaciones, que pueden ser violentas y que pueden tener su fundamento real pero cuyo *status* discursivo es meramente ficcional. La provocación está en la enemistad con la

---

pandillas se sirven, en parte, del mismo material que los trabajos y reportajes que denuncian con alarma su peligrosidad. En el clip citado arriba, por ejemplo, aparecen imágenes de mareros que también se encuentran en el documental de Ling (2006).

[132] Lo que aquí está en cuestión es la posibilidad de la salida. El grupo de Demoscopía llega a la conclusión de que el proceso es difícil pero no imposible. Lo más importante, sin embargo, es que, con la edad, la mayoría de los mareros se retira. Hay diversos casos de desistencia anticipada sin que esto haya generado problemas, lo que indica que las sanciones son menos rigurosas de lo que se supone (Demoscopía 2007: 95-98). El estereotipo es, sin embargo, el de la salida imposible: "Nadie sale vivo de la Mara Salvatrucha, dicen. La única puerta que se abre es la de los grupos religiosos evangélicos, quienes ofrecen el perdón de Dios y la protección de su creciente fuerza económica y política en Centroamérica y el sur de nuestro país. [...] En la mitología de los mareros no se toca a quienes encuentran a Dios y su perdón" (Fernández Menéndez/Ronquillo 2006: 49, las cursivas son mías).

[133] Ling reproduce lo que se podría llamar la (anti-)ética de las maras: "You live for your God, you live for your mother, you die for your gang" (*The World's Most Dangerous Gang* 2006: 01'14"). Se trata de la afirmación de una marera embarazada que dejó su grupo, colaboró con la policía y fue asesinada por sus ex-compañeros.

sociedad. Las imágenes recurren a fantasías de poder y sugieren que la razón de ser de la mara está en la destrucción del bien y de la sociedad.

Mucho se podría decir sobre los motivos de estas provocaciones. Son, seguramente, expresiones de la desesperación cotidiana y de la falla del pacto social, según la interpretación ya mencionada de Reguillo. Son, también, consecuencia del fracaso del futuro en la medida en que las respectivas sociedades privan a los jóvenes de perspectivas existenciales. Las maras son, entre otras cosas, modos de supervivencia para un segmento de la población para el cual simplemente no hay lugar en sus sociedades. Al mismo tiempo, son una respuesta violenta a esta violencia estructural. Los *clips* recrudecen e idealizan esta resistencia. Se entrevé su mensaje esencial: nuestro lugar social es la nada, pero no dejaremos que nos olviden.

Sea como sea, la opinión pública tiende a *creer* la provocación marera. Ese hecho es a lo mejor el desafío intelectual más importante respecto a estos grupos. En tal creencia de la perversidad de las pandillas reside la violencia más grande de la sociedad contra esos jóvenes y contra ella misma y su futuro. La fobia a los jóvenes reúne la ya mencionada mala consciencia social y la fantasía milenaria de la diferencia absoluta. Tal diferencia absoluta entre los hombres se localiza ahora en el entre-período de la adolescencia. Los ya-no-niños y todavía-no-adultos aparecen como especie humana *aparte*, no como individuos en transición. Finalmente encontramos nuestros nuevos bárbaros: vidas que consumaron la ruptura absoluta con la sociedad y que se consagran a la muerte.

La guerra mara contra mara

18th Street Gang (1950) es un documental sobre la *Mara 18* en El Salvador dirigido por alguien llamado Black Boy. En la película se retrata la vida cotidiana de una *clica* desde su interior y se acompaña a algunos de sus miembros durante un período de algunas semanas o meses. Se muestra el "trabajo" de la mara: la venta de marihuana y las extorsiones de choferes de autobuses. La violencia es un tema importante. Aparece sobre todo de modo intragrupal: hay varias escenas de las golpizas de 18 segundos que sirven como ritual de iniciación para nuevos miembros, incluso muchachas, y también como castigo interno para los pandilleros de la *clica*. La trama, sin embargo, se basa *grosso modo* en la venganza del asesinato de un miembro del grupo cometido por la mara rival, la MS 13. El líder del grupo, Charly, un muchacho de 16 años, consigue armas a través de pandilleros amigos en la cárcel. Travieso, un joven de también 16 años, participa en el acto de venganza que es otro asesinato entre la mara enemiga. No se muestra el enfrentamiento entre los grupos. Travieso es reconocido por alguien en el asalto. En consecuencia es buscado por la policía y se esconde. Por fin es detenido, encarcelado y condenado a 15 años de prisión. Slappy, el veterano del grupo, tiene 30 años y es uno de los fundadores de la 18 en el Salvador. Él fue condenado a 30 años de prisión por homicidio. Sin embargo logró escapar y desde entonces se esconde. Está casado y tiene tres hijos. Su esposa intenta convencerlo de dejar la vida pandillera. Slappy no le hace caso y al final termina preso por haber participado en un nuevo homicidio. Según sus propias afirmaciones grabadas en la cárcel, ya no tiene perspectiva de salir.

Lo que cuenta el documental, básicamente, es la vida de los mareros como historia de diversos actos de delincuencia, de disciplina interna, de guerra con la mara enemiga y, finalmente, de persecución policíaca. Se busca la visión de los propios pandilleros con respecto a su vida. El resultado es una perspectiva que admite sólo un espacio muy estrecho para la vida. Evidentemente esa concepción no tiene nada que ver ni con la adoración de la muerte ni con el satanismo u otras fantasías. Es consecuencia, más bien, de condiciones extremamente adversas y de la inexistencia de alternativas o de la incapacidad de encontrar una salida. La mara aparece como la familia verdadera que, a diferencia de la familia biológica, no decepciona a sus miembros. La verdad es que muchos pandilleros crecieron sin hogar o en condiciones precarias y –dicen– haber encontrado en la mara lo que la familia les negó. Un gran tema en ese contexto son las madres que dejan a sus hijos para irse a trabajar a Estados Unidos. Transcribo la declaración de un joven cuya madre partió cuando él tenía seis meses:

> My love for my mother and my love for the gang are two different things. I love my gang more than my mother because when I needed her, she wasn't there for me. But when I needed the gang, it was there for me. I know my future is in prison, the hospital, [pausa] possibly even death. I'm 17 and I'd like to reach 37, at least, or 39. (*18th Street Gang* (2007): 09'15" – 09'23")

Fig. 5: *18th Street Gang* (2007): 09'15"

Antes que Travieso fuera arrestado, el equipo hizo una entrevista con el joven sobre su situación. Los espectadores se dan cuenta de que la vida de los mareros se somete a la mara y su "causa". Lo terrible es que el adolescente, cuando le preguntan por tal "causa" no sabe dar una respuesta. Resulta que los jóvenes pandilleros están presos en un círculo vicioso de la guerra "mara contra mara". Esa guerra no tiene sentido ni fin. Travieso sabe que su vida está por terminar, por lo menos su vida en libertad. Pocos días después irá a la carcel. El muchacho está convencido de que su alma irá al infierno para "quemarse por toda la eternidad". No obstante, para él, toda alternativa a esta guerra absurda que destruyó su vida en la tierra (y en el cielo) está fuera de su alcance:

> They are looking for me, and if they catch me, it's all over. I'm going to get 35 years at least, because it's homicide. But, you know, it's for the cause. As we all say, it's for the cause. [And what is that cause?] To get shot these [censura]. There's no room for the two of us in this country. It's either us or them. Only one can be in control and that's got to be 18. I know the things I do are bad. I know that in God's eyes, it's bad. But in my eyes and in the eyes of the gang, it's good. But I do ask myself, if they manage to kill me, where does my soul go? To hell or to heaven? I do not know. Where do you think, my soul goes? I think that I'll

go to hell to burn for all eternity. But as I said before, this war won't end. Never. It'll never end. (Travieso en *18th Street Gang* 2007: 54'20" – 55'10")

Fig. 6: *18th Street Gang* (2007): 54'20"

Es cierto, los delitos de las maras perjudican la economía (y causan la pérdida de 3% del producto interno bruto, según el documental) además de elevar la tasa de homicidios y de incrementar la inseguridad. El día a día de los mareros está marcado por la violencia. Pero el enfoque de un grupo concreto en un barrio pobre de San Salvador contradice la visión de una guerra entre sociedad y mara. Los jóvenes que están en las pandillas tienen una perspectiva de vida mínima. Su guerra no es contra la sociedad sino contra ellos mismos. Los olvidados se combaten entre ellos. Lo único que cambió en medio siglo de violencia contra y entre adolescentes es que ahora la sociedad se acuerda de los jóvenes: para combatirlos.

Bibliografía citada

Barbaric, Marijana (2008), *"Maras" – mediale Darstellung von zentralamerikanischen Jugendbanden in ausgewählten Printmedien*. Tesis de maestría. Hamburg: Universidad de Hamburg. Manuscrito inédito.

Bazin, André (1975), "Luis Buñuel", dans: André Bazin (éd.): *Le cinéma de la cruauté: Eric von Stroheim, Carl Th. Dreyer, Preston Sturges, Luis Bunuel, Alfred Hitchcock, Akira Kurosawa.* Paris: Flammarion, 68-76.

Bellanger, Wendy/Rocha, José Luis (2008), "Investigando las maras y pandillas en Centroamérica: reflexiones metodológicas", en: *Imberoamericana*, VIII, 32, 137-152.

Demoscopia (2007), *Maras y pandillas, comunidad y policía en Centroamérica. Hallazgos de un estudio integral.* Guatemala: F&G Editores, http://dhl.hegoa.info/recursos/207-maras-pandillas-comu (23.02.2009).

Fernández Menéndez, Jorge/Ronquillo, Víctor (2006), *De los maras a los zetas. Los secretos del narcotráfico, de Colombia y Chicago.* México, D.F.: Random House.

Huhn, Sebastian/Oettler, Anika/Peetz, Peter (2008), "Anders, bedroht und bedrohlich – Jugendbanden in Zentralamerika", in: Daniela Klimke (Hg.): *Exklusion in der Marktgesellschaft.* Wiesbaden: VS Verlag für Sozialwissenschaften, 159-171.

Marroquín Parducci, Amparo (2007a), "Pandillas y prensa en El Salvador. De los medios como oráculos y de la profecía que se cumplió... con creces", en: Marco Lara Klahr/Ernesto López Portillo Vargas (eds.): *Violencia y medios 3. Propuesta iberoamericana de periodismo policial.* México, D.F.: Insyde, 75-92, http://www.insyde.org.mx/images/marroquin.pdf (31.03.2009).

Marroquín Parducci, Amparo (2007b), "Indiferencias y espantos. Relatos de jóvenes y pandillas en la prensa escrita de Guatemala, El Salvador y Honduras", en: Germán Rey (ed.): *Los relatos periodísticos del crimen.* Bogotá: Centro de Competencia en Comunicación para América Latina, 55-91, http://www.c3fes.net/docs/c3seguridadcentroamerica.pdf (03.04.2009).

Medina, Juanjo/Matau-Gelabert, Pedro (2007), "Prólogo. El presente estudio en el contexto internacional de trabajos científicos sobre las pandillas", en: Demoscopía (org.): *Maras y pandillas, comunidad y policía en Centroamérica. Hallazgos de un estudio integral.* Guatemala: F&G Editores, xi-xxxi., http://dhl.hegoa.info/recursos/207-maras-pandillas-comu (23.02.2009).

Peetz, Peter (2004), "Zentralamerikas Jugendbanden. 'Maras' in Honduras, El Salvador und Guatemala", in: *Brennpunkt Lateinamerika*, n° 5, 12.03.2004, 49-63.

Reguillo, Rosana (2005), "Contingencia y afiliación con el exceso", en: *Nueva Sociedad*, 200, 70-84, http://www.nuso.org/upload/articulos/3297_1.pdf, (03.04.2009).

Filmografía

18th Street Gang vs MS Salvatrucha (2007), Estados Unidos. Producción: In the Hood. Fotografía: Alonzo Marcus. Documental, 90 mns.

Los olvidados (1950), México. Realizador: Luis Buñuel. Guión: Luis Buñuel y Luis Alcoriza. Ficción, 80 mns.

The World's Most Dangerous Gang (2006), Realizador: Lisa Ling. Documental de *National Geographic*, 53 mns.

Nosotros los pobres (1948), México. Realizador: Ismael Rodríguez. Guión: Carlos González Dueñas. Fotografía: José Ortiz Ramos. Ficción, 128 mns.

Auteurs / Autores

Erdmute Alber occupe la chaire d'Anthropologie sociale à l´université de Bayreuth, Allemagne. Ses recherches portent sur l'anthropologie politique et l'anthropologie familiale avec un focus particulier sur l'Afrique de l'Ouest et l'Amérique du Sud. De 2010 à 2012, elle fut vice-doyenne de la Bayreuth International Graduate School of African Studies, et est depuis 2006, l´éditrice du journal *Sociologus*. Parmi ses publications: *Im Gewand von Herrschaft. Modalitäten der Macht bei den Baatombu (1895-1995)* Köln: Köppe, 2000; "Denying biological parenthood – Child fosterage in northern Benin", *Ethnos* 68/4; *Grandparents and grandchildren* (with Susan Whyte and Wenzel Geissler), Edinburgh University Press, 2006; *Generations in Africa* (with Susan Whyte and Sjaak van der Geest) Berlin: Lit, 2008.

Isaac Bazié est professeur au Département d'études littéraires de l'Université du Québec à Montréal. Ses recherches portent sur les théories de la lecture et de la réception, le canon littéraire, le rapport entre littérature, violence, mémoire et identité. Il a publié et co-dirigé plusieurs ouvrages dont: *Violences postcoloniales. Représentations littéraires et perceptions médiatiques* (Berlin: Lit, 2011), *Le corps dans les littératures francophones* (revue *Études françaises*, 2005), *Chaos, absurdité, folie dans le roman africain* (revue *Présence francophone*, 2005).

Sabine Diao-Klaeger est actuellement Maître de Conférence à l'Université Lyon 2 et titulaire d'une chaire d'excellence "Langage, communication et santé" (CNRS/Lyon 2). Elle travaille entre autres sur le français parlé au Burkina Faso et sur l'acquisition du FLE, en s'appuyant sur les méthodes de la linguistique interactionnelle et variationnelle. Sa thèse *La Lutine. Un portrait sociostylistique d'un groupe de squatteurs à Lyon* est publiée en 2007 chez l'Harmattan. Sa thèse d'habilitation avec le titre *Diskursmarker. Eine Studie zum geprochenen Französisch in Burkina Faso* paraîtra en 2013 chez Stauffenburg.

Liliana Ruth Feierstein es investigadora del CONICET en el Seminario Rabínico Latinoamericano en Buenos Aires, y fue entre 2010-2013 investigadora postdoctoral del Consejo Europeo de Investigaciones dentro del marco del proyecto *Narrativas del terror y la desaparición* en la Universidad de Constanza. Sus áreas de trabajo son ética, trauma y aspectos religiosos en la elaboración de experiencias de violencia política, trauma intergeneracional, infancia y dictadura y teorías de la traducción. Últimas publicaciones: *Habitar la Letra. Judaísmo, escritura y transmisión* (Buenos Aires: Acervo Cultural, 2011),

Astillas en la memoria. De fantasmas, heridas y ausencias en los discursos de educación indígena (Buenos Aires: Galerna, 2008).

Ute Fendler est titulaire de la chaire "études romanes et comparatistes" à l'Université de Bayreuth en Allemagne. Ses travaux portent entre autres sur les les littératures francophones de l'Afrique Subsaharienne, antillaise et de l'Océan Indien, comme sur les cultures cinématographiques des pays francophones et lusophones, les téléséries, les phénomènes d'interculturalité et d'intermédialité, de genres littéraires et cinématographiques. Elle a également travaillé sur les questions de migration, de contacts de culture et de la construction de mémoire et d'identités. Publications: "°'Cinémas Mineurs' et esthétique de la lenteur:les films d'Abderrahmane Sissako". Dans: Jean Ouédraogo (éd.): *Figuration et mémoire dans les cinémas africains.* Paris: L'Harmattion (Coll. Images Plurielles), 2011, 73-88; "La "grammaire" de la violence: les films de Raoul Peck". Dans: Isaac Bazié/Hans-Jürgen Lüsebrink (éds): *Violences Postcoloniales. Représentations littéraires et perceptions médiatiques.* Berlin: Lit, 2011, 227-240; "L'imaginaire télécommandé. La construction identitaire dans les films ouest-africains face à la globalisation médiatique". Dans: Garneau/Lüsebrink/Moser (Hrsg.): *Enjeux interculturels des médias. Altérités, transferts et violences.* Ottawa: Les Presses de L'Université d'Ottawa, 2011, 271-288; "La série télévisuelle entre appropriation, remédiation et création: *Kadie Jolie, Vis-à-Vis* et *Commissariat de Tampy* (Burkina Faso)". Dans: *Lendemains.* 35. Jahrgang, Nr. 138/139: Transferts médiatiques entre l'Europe et l'Afrique francophone. Ed. by Alain Pangop. Tübingen: Narr, 2010, 69-77.

Sélom K. Gbanou est professeur au Département de langue française, espagnole et italienne de l'Université de Calgary au Canada. Ses travaux de recherche portent entre autres sur l'espace textuel, le paratexte, l'exil et les théâtres francophones. Fondateur et directeur de publication de la revue d'études francophones *Palabres*, il a publié et co-dirigé plusieurs ouvrages dont: *Enjeux identitaires dans l'imaginaire francophone* (Wissenschaftlicher Verlag Trier, 2013); *Legitimité Légitimation* (Presses de l'Université de Bordeaux, 2011); *Mémoires et identités dans les littératures francophones* (Paris: L'Harmattan, 2008); *Ecrire l'Afrique aujourd'hui* (Langres: Editions Dominique Guéniot, 2008).

Mechtild Gilzmer a enseigné la Littérature et la Civilisation Française et Francophone à l'Université Technique de Berlin au Département de Français comme professeur entre 2004 à 2012. Ses recherches ont porté sur l'histoire de l'internement de femmes en France entre 1939 – 1944. Elle a également travaillé sur la mémoire de la deuxième guerre mondiale en France. Plus récemment elle a réalisé des recherches sur la littérature et le cinéma francophone maghrébine et plus particulièrement sur la diaspora sépharade au Québec. Depuis septembre 2012, elle est enseignante au sein de la chaire des Études culturelles françaises et la communication interculturelle à l'Université de la Sarre. Publications: *Mémoires de pierres. Les monuments commémoratifs en France depuis 1944* (Paris: Editions Autrement, 2009); *Les Femmes dans la Résistance en France*, dans: Gilzmer/Lévisse-Touzé/Martens (éds.). (Paris: Tallandier, 2003); *Camps de femmes: Rieucros et Brens 1939 – 1944* (Paris: Editions Autrement, 2000).

María Imelda González Mecalco es Maestra en Ciencias con Especialidad en Investigaciones Educativas por el Departamento de Investigaciones Educativas CINVESTAV-IPN, licenciada en Psicología Educativa por la Universidad Pedagógica Nacional (UPN). Docente tiempo completo en la licenciatura de Psicología Educativa de la UPN, autora de programas educativos en esta licenciatura y responsable de la misma (2009-2011). Cuenta con publicaciones a nivel nacional sobre la enseñanza de las ciencias naturales y actualmente desarrolla una investigación acerca de las concepciones de la infancia.

Josefina Granja Castro fue Doctora en Sociología por la Universidad Iberoamericana de México e investigadora titular del Departamento de Investigaciones del Centro de Investigaciones y Estudios Avanzados de México (CINVESTAV). Se especializó en problemas de epistemología y educación. Publicó entre otros los libros *Formaciones conceptuales en educación* (México, DIE, 1998) y *Configuración de los saberes sobre lo pedagógico* y *Métodos, aparatos y máquinas para la enseñanza en México en el siglo XIX* (México: Pomares, 2004).

Carolina Kaufmann es Doctora en Educación por la Universidad de Valladolid, España. Es Docente-investigadora del Núcleo Histórico-Epistemológico de la Educación en la Facultad de Humanidades y Artes de la Universidad Nacional de Rosario, Argentina. Dirigió los tres tomos de *Dictadura y Educación* publicados por la editorial Miño y Dávila de Buenos Aires. Coordinó la compilación *Textos Escolares, dictaduras y después. Miradas desde Argentina, Alemania, Brasil, España e Italia* (Buenos Aires: Prometeo, 2012).

Brigitte Lindner a fait des études de langues romanes et d'anglais à Würzburg ainsi que de la littérature générale et comparée à l'université de Bayreuth. Sa thèse s'intitule: *Kindheit in Afrika. Im Spiegel frankophoner Kinder- und Jugendliteratur in West- und Zentralafrika.* (Enfance en Afrique, au prisme de la littérature d'enfance et de jeunesse en Afrique de l'Ouest et en Afrique centrale, 2008.) Depuis quelques années, Lindner est enseignante de français et d'anglais.

Joachim Michael enseña literatura y cultura iberoamericana en la Universidad de Hamburg. Fue profesor invitado en la Universidad de Guadalajara, México. Se doctoró en la Universidad de Freiburg (Alemania) sobre telenovelas latinoamericanas (*Die Zäsur der Television: lateinamerikanische Telenovelas*, 2010). Co-editó las colecciones de artículos *As Américas do Sul. O Brasil no contexto latino-americano* (2001), *Passagens de gêneros na cultura brasileira. Lusorama* (2003), *Massenmedien und Alterität* (2004), *Imágenes en vuelo, textos en fuga. Identidad y alteridad en el contexto de género y medio* (2004) y *Machado de Assis e a escravidão* (2010). Además publicó diversos artículos sobre violencia y apocalipsis en la literatura y el cine, sobre la televisión y medios en América Latina, así como sobre la literatura colonial.

Rossana Stella Podestá Siri es Investigadora del Instituto de Ciencias Sociales y Humanidades de la Benemérita Universidad Autónoma de Puebla. Su trabajo gira fundamentalmente en torno a los niños, niñas, maestros y maestras nahuas, mixtecos, popolocas, mazatecos del centro de México desde hace ya dos décadas. Entre sus temas de investigación se encuentran los estudios de proficiencia linguística, actitudes lingüísticas, etnografía del aula, metodologías colaborativas y representaciones sociales.

Josias Semujanga est professeur des littératures francophones à l'Université de Montréal. Ses champs de recherche sont la théorie des genres littéraires, le roman, le discours social, la réception critique et l'écriture du génocide. Parmi les principaux ouvrages publiés, on peut citer: *Le génocide, sujet de fiction?* (2008); *Le témoignage d'un génocide ou les chatoiements d'un discours indicible* (2007); *Les formes transculturelles du roman francophone* (2004); *La rumeur* (2004); *Origins of the Rwandan Genocide* (2003); *La réception des littératures francophones* (2003); *La littérature africaine et ses discours critiques* (2001); *Dynamiques des genres dans le roman africain. Éléments de poétique transculturelle* (1999); *Les récits fondateurs du drame rwandais Discours social, idéologies et stéréotypes* (1998).

Véronique Tadjo est née à Paris et a grandi à Abidjan, Côte d'Ivoire. Elle est titulaire d'un diplôme de doctorat en Littérature et Civilisation Afro-Américaine de la Sorbonne, Paris IV. En 1983, elle obtient une bourse Fulbright. Elle enseigne à la Howard University in Washington, D.C. puis à l'université d'Abidjan. Résidant actuellement en Afrique du Sud, elle est, depuis 2007, professeur et chef du département des études francophones à l'Université de Witwatersrand. Elle est l'auteure d'une œuvre variée, à la fois romanesque et poétique. Ses trois derniers romans *L'ombre d'Imana, voyages jusqu'au bout du Rwanda* (2000), *Reine Pokou, concerto for a sacrifice* (2005) and *Loin de mon père* (2010), ont été publié chez Actes Sud. Tadjo a reçu le "Le Grand Prix d'Afrique Noire" pour *Reine Pokou.* Elle écrit également pour la jeunesse de nombreux ouvrages qu'elle illustre elle-même:

Mamy Wata et le monstre, Le seigneur de la dance, Le grain de maïs magique, Grandmère Nanan et Ayanda, la petite fille qui ne voulait pas grandir.

Elle a également publié en anglais des recueils de poèmes et de nouvelles d'Afrique pour la jeunesse: *Talking Drums* (2000), *Chasing the Sun* (2006) publiés par A&C Black et Bloomsbury aux États-Unis.

Ulrike Wanitzek est Professeur de Droit à l'Institut d'Études Africaines à la Faculté de Droit et d'Économie, Université de Bayreuth (Allemagne). Enseignements et recherches: Droit de la famille, Sociologie/anthropologie du droit, Droit comparé avec centre d'intérêt le Droit en Afrique. Elle est directrice du Projet: Tanzanian-German Centre for Eastern African Legal Studies, TGCL (Centre Spécialisé Germano-Tanzanien d'Études Juridiques de l'Afrique de l'Est) de l'Université de Dar es Salaam en coopération avec l'Université de Bayreuth. Centre géré en Projet avec le financement du Service Allemand de Coopération Universitaire et du Ministère Allemand des Affaires Étrangères.